"十三五"规划应用型系列教材
上海市应用型本科试点专业系列教材

管理会计案例
——民营企业价值转型与升级

邵军 吴安妮 ○ 主编

立信会计出版社
LIXIN ACCOUNTING PUBLISHING HOUSE

图书在版编目(CIP)数据

管理会计案例:民营企业价值转型与升级/邵军,吴安妮主编.—上海:立信会计出版社,2017.6
"十三五"规划应用型系列教材
ISBN 978-7-5429-5478-7

I.①管… II.①邵… ②吴… III.①管理会计—案例—教材 IV.①F234.3

中国版本图书馆 CIP 数据核字(2017)第 123786 号

责任编辑　　洪梅春
封面设计　　南房间

管理会计案例——民营企业价值转型与升级
Guanli Kuaiji Anli

出版发行	立信会计出版社			
地　　址	上海市中山西路 2230 号	邮政编码	200235	
电　　话	(021)64411389	传　真	(021)64411325	
网　　址	www.lixinaph.com	电子邮箱	lxaph@sh163.net	
网上书店	www.shlx.net	电　话	(021)64411071	
经　　销	各地新华书店			
印　　刷	上海肖华印务有限公司			
开　　本	787 毫米×1 092 毫米	1/16	插　页	1
印　　张	14			
字　　数	262 千字			
版　　次	2017 年 6 月第 1 版			
印　　次	2017 年 6 月第 1 次			
印　　数	1—2 100			
书　　号	ISBN 978-7-5429-5478-7/F			
定　　价	45.00 元			

如有印订差错,请与本社联系调换

序 言 一

改革开放近 40 年来,我国企业在经营和管理的实践中取得了巨大的成就。新兴加转轨的经济环境和制度环境有许多独特的元素,使我国企业面临着许多独特的问题。而这些特殊的元素和问题并没有在理论上得到提炼。现有理论和基于西方发达市场经济的研究成果不足以解释和指导我国现有的企业管理实践。对复杂的经济现象,研究者应该从大量的实例中直接观察并进行归纳(周业安,2001)。

从 2010 年开始,台湾政治大学的吴安妮教授接受我校(上海立信会计金融学院)的邀请,担任我校的"东方学者"讲座教授,并带领由我校会计学院教师组成的战略与管理会计研究团队。研究团队还邀请到台湾东海大学刘俊儒和黄政仁、台湾辅仁大学郭翠菱等台湾的会计学者加入。研究团队对长三角地区有发展潜力的民营企业进行了实地访谈。本书的 11 个教学案例就是吴安妮教授率领的战略与管理会计研究团队实地调研的成果之一。

本书具有以下几个方面的特点:

(1) 本书以案例分析的方式,分析公司在面临战略转型、销售渠道改变等环境下,如何运用作业价值管理(Activity Value Management,AVM)的分析框架,分析成本、质量、利润及风险等相关问题。这些案例公司分布于制造业、金融业、科技业、医疗业及服务业等行业,都有一定的代表性。

(2) 本书的案例写作方式以 HARVARD 和 IVEY 案例为标准,融入了实地调研和访谈中发现的中国特色元素。案例全部来源于真实的企业实况,都是具有中国特色的长三角地区民营企业的真实案例。由于涉及公司的商业机密问题,案例中有部分内容用的是模拟数据。

(3) 本书便于教师教学和学生自学。本书对每个案例都给出了相应的讨论问题,这些问题具有一定的开放性和可讨论性,方便学生学习。本书还配有教学指引,为教师提供了丰富的案例教学素材和理论指引。

本书是由邵军、吴安妮担任主编。吴安妮教授对本案例进行了总体设计和全程指导,并撰写了本书的序言和第一章;邵军教授对本书进行了总纂,并撰写了本书的序言和第三章;上海对外经贸大学的韩志丽撰写了本书的第二章;上海立信会计金融学院的林振兴撰写了本书的第四章;台湾辅仁大学的郭翠菱撰写了本书的

第五章;台湾东海大学的刘俊儒撰写了本书的第六章;台湾东海大学的黄政仁撰写了本书的第七章;上海立信会计金融学院的章立军撰写了本书的第八章;上海立信会计金融学院的郭思永撰写了本书的第九章;上海立信会计金融学院的吴向阳撰写了本书的第十章;上海立信会计金融学院的巩娜撰写了本书的第十一章;台湾政治大学博士生田耕铭撰写了本书的第十二章。台湾政治大学博士生庄千慧做了本书数据的收集和整理工作。

对于会计学、财务管理、工商管理等专业的本科生与研究生而言,本书所提供的案例内容有助于他们了解适合中国国情的管理会计技术与知识。对于企业界人士而言,本书所运用的战略思维与管理知识有助于他们累积企业管理技术和知识。本书给读者展示了管理会计固有的技术、技巧和思想。

本书的编写得到了上海立信会计金融学院的大力支持和帮助,得到上海市应用型本科试点专业(会计学)建设项目的资助。由于时间仓促,加之编者水平有限,书中难免有疏漏之处,敬请读者批评指正。

邵 军

上海立信会计金融学院教授

2017年7月

序 言 二

本人自读博士时即投入作业制成本制度（Activity-based Costing，ABC）的研究，深觉此制度对大中华地区企业的绩效提升有相当大的帮助。经过30年的持续深入研究及26年在大中华地区企业持续进行实务的设计及运用，本人将此制度与许多不同制度整合为一体，命名为"作业价值管理（Activity Value Management，AVM）"。

在面临变化剧烈的国际经贸环境以及日趋激烈的竞争态势的情况下，掌控精确的成本及利润信息、提升作业的附加价值，是企业永续经营及制胜的关键，而AVM能够协助企业达到此目的。这也正是AVM深受管理者重视，使用范畴由原有的制造业延伸至金融业、科技业、医疗业及服务业等其他产业的原因。另外，AVM不仅适用于民营企业，对政府机构行政效率的提升也能发挥效用。

企业内部是一连串作业的连接，从最前端的研发设计、中端的生产至后端的顾客服务，形成企业的价值链。而价值链由许多不同的"作业"组成。本人将"作业"比作管理的"细胞"，是最小单位，却也是最关乎整体管理的基础。因为唯有基础工程稳固踏实，才能让企业策略得以全然贯彻执行。简单来说，企业的管理细胞——"作业"就如同房子的地基，地基不稳，房子终会倾倒，因此，企业建立稳固的基础工程甚为重要。AVM摆脱了会计的细胞——"科目"，从"作业"的角度出发，计算出价值目标，如作业、产品、顾客或员工的成本及利润信息，不仅为企业提供重要的管理决策信息，且可洞察经营的问题及瓶颈，此制度建立后可协助企业奠定20～30年的基础，企业基础稳固，企业的长期经营绩效才易提升。

本书是本人多年来在中国台湾地区及每年寒暑假两次与上海立信会计金融学院的邵军教授及多位老师在中国内地长三角地区民营企业进行深度的实地调研的成果之一。本书以AVM为核心，主要探讨企业转型、战略转型及销售模式或渠道改变等，其过程皆会运用AVM的理论观念，由此分析成本、质量、利润及风险的相关课题。同时，本书中有4个章节讨论台湾地区的公司实施AVM的过程、面临的挑战及相关的管理问题，以供企业界未来实施AVM参考。

本书共分为十二章，第一章主要探讨AVM的理论架构；第二章主要讨论公司产品链和产业链垂直整合后所带来的成本、效应与风险议题；第三章聚焦讨论公司的战略转型所带来的成本、效率及竞争优势的课题；第四章论述公司生产制造模式的转型升级所带来的成本及竞争的课题；第五章探讨 AVM 新制度协助公司从事产品的成本及利润管理；第六章及第七章专门探究公司如何导入 AVM 新制度，以及如何通过 AVM 协助公司解决产品、客户、人员、渠道等成本与利润的管理课题；第八章深入分析公司不同网络平台设立时的成本、绩效及风险的课题；第九章主要解析公司在销售管理中因组织架构调整所带来的成本、质量、效率及效益等问题；第十章探究公司销售渠道转型所带来的品牌成本、利润及效益的决策分析课题；第十一章研讨公司新的营销渠道改变所带来的成本、利润及效益的管理课题；第十二章旨在剖析公司的营业所（渠道面）导入 AVM 新制度的步骤以及面临的挑战。

  本书的案例以 HARVARD 和 IVEY 商学院的案例撰写法为主要编写方法，融入了实地调研的中国内地及台湾地区特色，为教师提供丰富的案例教学素材。对于本科生与研究生而言，本书所提供的案例内容有助于了解适合中国内地及台湾地区实况的管理会计技术与知识。对企业人士而言，本书所运用的 AVM 的管理知识有助于企业累积其管理技术和知识。本书亦适合作为大学本科、MBA、EMBA 等管理会计案例课程及企业内部培训的教材。

吴安妮

台湾政治大学讲座教授

2017 年 7 月

目 录

第一章　作业价值管理（AVM）：以 ABC 为核心　001
　本书教学案例的理论架构　001
　本书教学案例的布局　006

第二章　杭州中威电子股份有限公司　011
　安防视频监控行业简介　011
　杭州中威电子股份有限公司简介　015
　中威电子上市前的产品链经营情况　020
　中威电子上市后产品链扩张的情况　021
　产品链扩张与产业链扩张的成本、效益与风险　023
　商业模式转型的下一步　025
　讨论问题　025

第三章　厦门姚明织带饰品有限公司（A）　030
　织带行业概况　030
　厦门姚明织带饰品有限公司简介　033
　公司内部资源配置现况　038
　公司内部资源配置决策　039
　公司经营模式转型的下一步　042
　讨论问题　043

第四章　厦门姚明织带饰品有限公司（B）　053
　姚明织带的两场官司　053
　生产模式和面临的挑战　055
　出境加工的首个"吃螃蟹者"　058
　姚明织带的下一步战略　060

讨论问题 ··· 061

第五章　日正食品工业股份有限公司（A） ································ 066
引言 ·· 066
台湾食品制造产业情况 ··· 067
日正食品工业股份有限公司简介 ·· 069
作业价值管理（AVM）制度导入 ··· 075
日正食品公司实施作业价值管理（AVM）制度后的下一步 ·················· 085
讨论问题 ··· 085

第六章　上海结建民防建筑设计有限公司 ································ 088
民防设计产业背景 ··· 088
上海结建民防建筑设计有限公司简介 ······································ 090
讨论问题 ··· 100

第七章　晟钛股份有限公司 ·· 108
台湾印刷电路板产业情况 ··· 108
晟钛股份有限公司简介 ··· 110
作业制成本制度导入 ··· 114
作业制成本管理运用 ··· 120
公司ABC项目的下一步 ··· 123
讨论问题 ··· 124

第八章　杭州"形尚众至"服饰有限公司（A） ···························· 131
孕妇装行业概况 ··· 131
我国电子商务发展现状和孕妇产品电子销售趋势分析 ······················ 133
杭州"形尚众至"服饰有限公司简介 ······································ 134
杭州"形尚众至"服饰有限公司电子商务现状 ···························· 138
杭州"形尚众至"服饰有限公司直营和电商部负责人的考核现状 ············ 139
杭州"形尚众至"服饰有限公司销售人员绩效和奖酬现状 ·················· 140
杭州"形尚众至"服饰有限公司电商部绩效考核讨论会 ···················· 141
公司网络销售平台建立后未来发展的下一步 ······························ 145
讨论问题 ··· 145

第九章　无锡威泰迅电力科技有限公司（A） ·········· 153
　　引言 ·········· 153
　　电力行业情况 ·········· 153
　　无锡威泰迅电力科技有限公司简介 ·········· 156
　　威泰迅公司服务顾客的组织架构的现况 ·········· 159
　　服务顾客组织架构转型的下一步 ·········· 160
　　结语 ·········· 162
　　讨论问题 ·········· 162

第十章　杭州"形尚众至"服饰有限公司（B） ·········· 165
　　母婴行业分析 ·········· 165
　　杭州"形尚众至"服饰有限公司简介 ·········· 169
　　不同营销渠道成本、效益与风险分析 ·········· 170
　　公司未来销售渠道转型的下一步 ·········· 174
　　讨论问题 ·········· 174

第十一章　无锡威泰迅电力科技有限公司（B） ·········· 183
　　无锡威泰迅电力科技有限公司简介 ·········· 183
　　威泰迅公司销售渠道的现况 ·········· 185
　　不同营销渠道成本、收益与风险的考虑 ·········· 186
　　营运模式转型的下一步 ·········· 191
　　讨论问题 ·········· 191

第十二章　日正食品工业股份有限公司（B） ·········· 198
　　日正营业所的现况 ·········· 199
　　营业所的顾客经营 ·········· 200
　　营业所的经营模式 ·········· 201
　　营业所的内部价值链 ·········· 201
　　作业价值管理 AVM 制度的导入 ·········· 202
　　讨论问题 ·········· 210

第一章

作业价值管理(AVM):以 ABC 为核心[①]

本书教学案例的理论架构

(一) 引言

美国哈佛大学 Kaplan 教授于 1986 年提出作业制成本制度(Activity-based Costing,ABC),此制度主要解决成本及利润的问题。笔者于美国读博士时即已开始研究此制度,回台湾后于不同制造业或服务业,如台湾积体电路制造股份有限公司、台湾中信银行、台湾明门实业有限公司及日正食品工业股份有限公司等,陆续推动实施此制度,经过 30 年的持续研究及 26 年在大中华地区企业持续进行实务的推广及运用,认为已到可以将此制度加以系统化的时机。因此,将此制度与许多不同制度加以整合,命名为"作业价值管理(Activity Value Management,AVM)"。

由于此制度仍具有部分的 ABC 精髓,为了避免使用者产生误解,故加上"以 ABC 为核心"的字眼,目的是帮助使用者辨识此制度。图 1-1 说明了 AVM 的发展过程:先是由笔者经长久的研究而整合出的创新理论,经过实务运用及修正,以及实务上操作稳定模式之形成的发展阶段,最后才有 IT 系统化的形成。[②]

(二) AVM 的特色

有关 AVM 的特色,简要说明如下。

1. 特色一:整合性的基础工程系统

笔者将 30 年的研究成果整合为"整合性策略价值管理系统(Integrative

[①] 本部分由吴安妮教授撰写。吴安妮,博士,台湾政治大学会计系讲座教授,博士生导师。
[②] 本章的"一、本书教学案例的理论架构"的大部分内容转载自我国台湾地区《会计研究月刊》2015 年 10 月第 359 期的专栏文章。

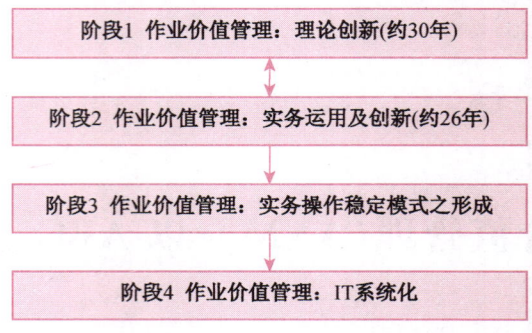

图1-1　AVM的发展过程图

Strategic Value Management System，ISVMS)"，此整合系统包括五大系统，并于2012年及2013年取得中国台湾地区与内地及美国的商标权。AVM为ISVMS五大系统中的系统三作业管理系统及系统四价值管理系统的结合体，如图1-2所示。

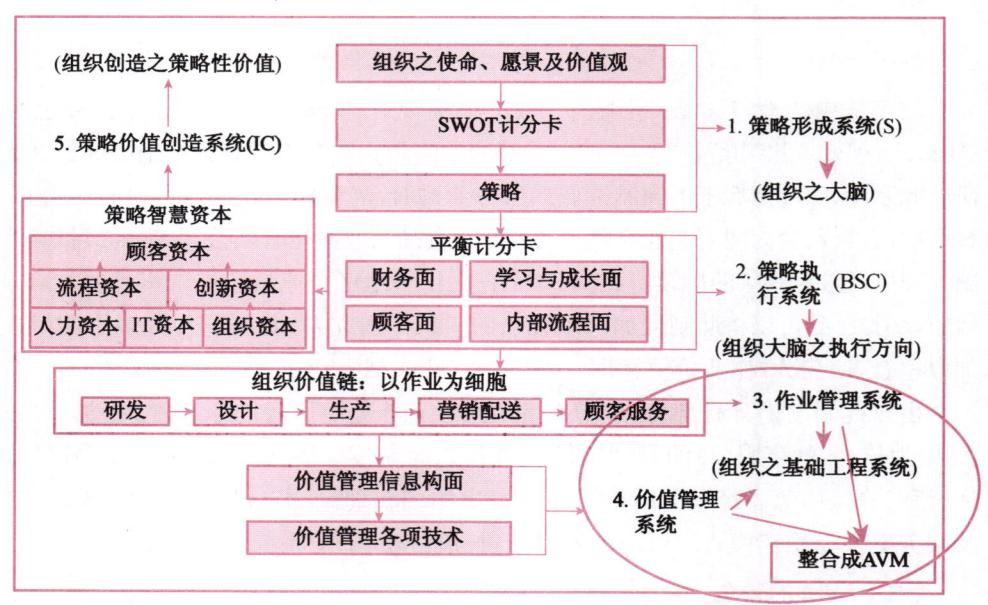

图1-2　组织策略经营系统——整合性策略价值管理系统(ISVMS)

资料来源：修改自吴安妮. 以一贯之的管理——整合性策略价值管理系统(ISVMS)[J]. 会计研究月刊，2011(312):108.

在实务界推动AVM时，笔者深感若要AVM在实务界获得最大的效益，必须从策略形成及策略执行系统着手，如此设计出来的AVM才能产生策略管理决策所需的相关信息，如图1-3所示。

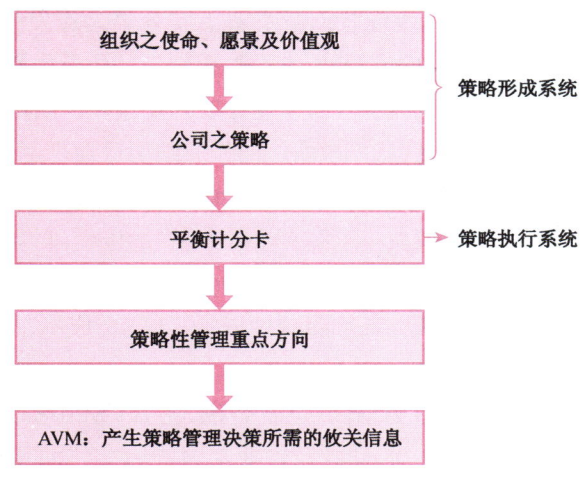

图 1-3　策略形成及执行系统对 AVM 的引导图

2. 特色二：创新的四大模块

AVM 包括四大模块：资源、作业中心、作业及价值目标等模块，如图 1-4 所示。

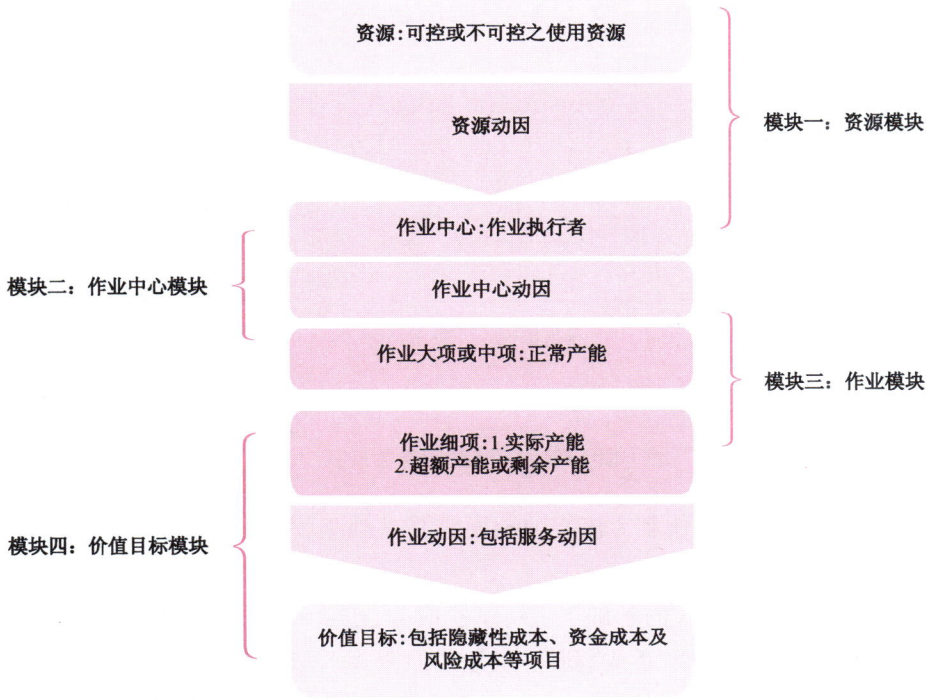

图 1-4　AVM 的四大模块架构图

资料来源：修改自吴安妮. 作业价值管理：以 ABCM 为核心之理论及 IT 实务运用研讨会[R]. 2014，84.

由图 1-4 可知，AVM 各模块皆有创新及解决实务界运用发生的问题的功能。例如，模块一解决可控与不可控的资源使用问题，模块二的作业中心主要可清楚地了解作业执行者是谁，如"人"或"机器"等，而作业大项的重点在于明白作业执行者的正常产能，以解决标准成本的计算问题。模块三的作业细项旨在理解作业的实际产能，以解决实际成本的计算问题，且可掌握产能剩余或产能不足的现象。模块四被称为价值目标模块，而非成本目标模块，因为 AVM 从事"价值管理"的工作，此模块的作业动因包括创新的服务动因，以解决服务业的作业价值管理课题，价值目标的内容包括经常被忽略的三项重要成本：①隐藏性成本；②资金成本；③风险成本。

3. 特色三：以整合性的因果关系为精髓

AVM 以整合性的因果关系为精髓，也就是说，在 AVM 中资源为"果"，价值目标也为"果"，而资源动因、作业中心动因及作业动因皆为"因"，如图 1-5 所示。

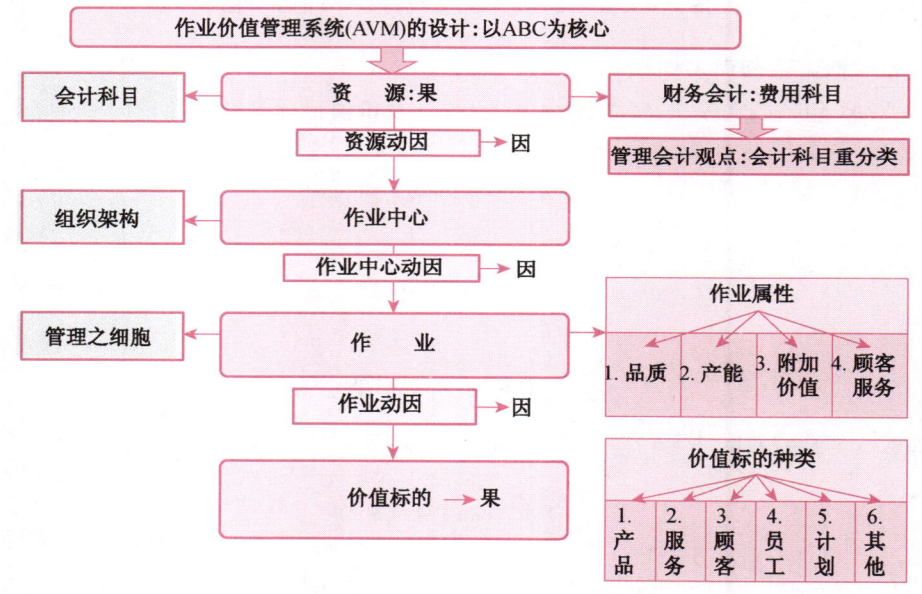

图 1-5　AVM 的因果关系图

AVM 是以诸多以作业为核心的制度为其基础工程的，且将这些制度整合成一体，如图 1-6 所示。

图 1-6 说明，AVM 的基础工程可解决时间、质量及产能管理的大部分问题，这些问题都是"收入""成本"或"利润"发生的原因，AVM 又将时间、质量及产能管理等原因与收入、成本及利润等结果加以整合，由此得以窥见实务层面经营绩效的全貌。总之，AVM 会与工业 4.0、ERP、SOP、TQM、PM，甚至 CRM 等管理制度结合为一体。

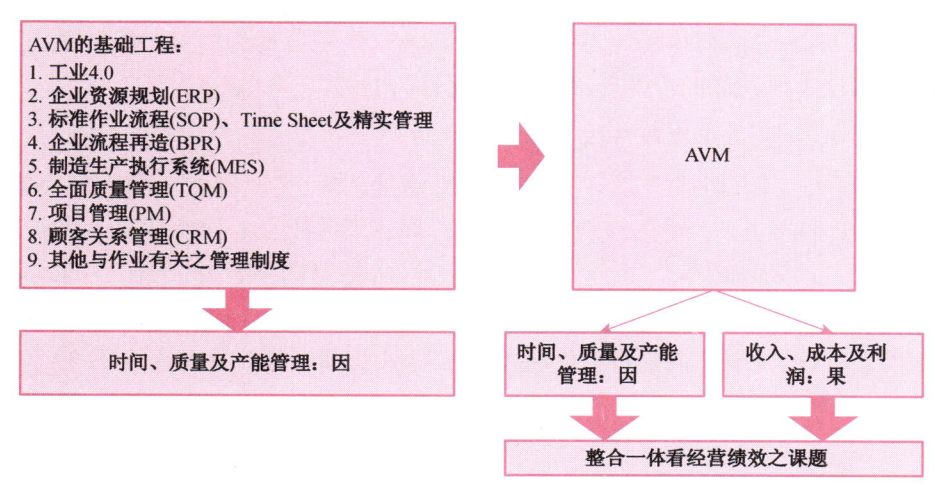

图 1-6　AVM 的基础工程及 AVM 的结合图

4. 特色四：包括四大作业属性

通过 AVM 在实务界的实施过程，笔者发现"作业"此细胞可以发展出四大重要作业属性，包括质量、产能、附加价值及顾客服务等属性，凭借这些作业属性可以了解不同作业的收入、成本或利润与质量、产能、附加价值及顾客服务的关系，进而从事整合性的管理工作，一并解决收入、成本、利润、质量、时间及产能等信息相互分离或冲突的问题，如图 1-7 所示。

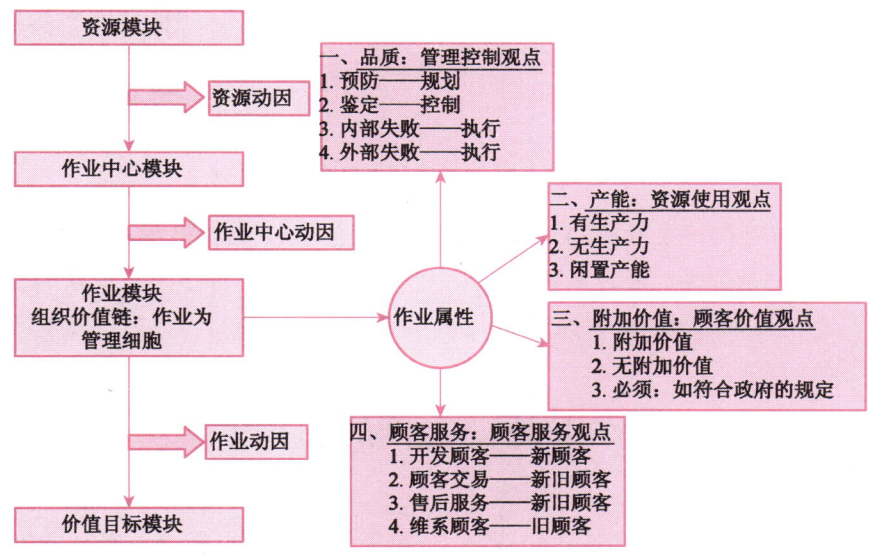

图 1-7　AVM 的设计方向图——作业属性面

资料来源：修改自吴安妮.以一贯之的管理——整合性策略价值管理系统(ISVMS)[J].会计研究月刊,2011(312):106～120.

从图1-7可知,质量属性为"管理控制"观点,产能属性为"资源使用"观点,附加价值属性为"顾客价值"观点,顾客服务属性为"顾客服务"观点。

(三)AVM的未来发展方向

AVM的主要目的在于为不同管理阶层提供正确、实时且相关的管理决策信息,以提升企业的经营绩效,如图1-8所示。大中华地区的企业对于"收入""成本""利润""质量""附加价值""产能"及"顾客服务"等信息的整合有极大的需求,企业若能将AVM产生的信息运用于各种不同的管理决策之中,必能提升企业的决策质量及精准度,并强化企业的经营,进而达到企业长期经营绩效提升的目的。

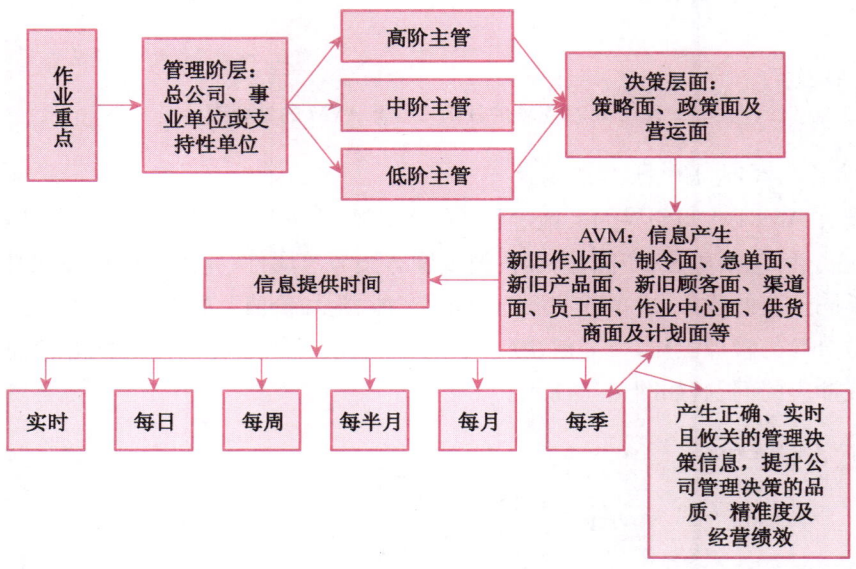

图1-8 AVM的管理信息产生图

关于AVM的未来发展,主要是将产生的信息与BI及大数据整合成一体,为何可以紧密地结合呢?因为AVM拥有全公司经营管理的许多因果关系的整合性数据,并为大数据的分析提供良好的土壤,如图1-9所示。

本书教学案例的布局

本书共有十二章,主要探讨企业转型、销售模式或渠道转变及管理制度的改变,其过程中皆会运用AVM的理论观念,借此分析成本、质量、利润及风险的课题。

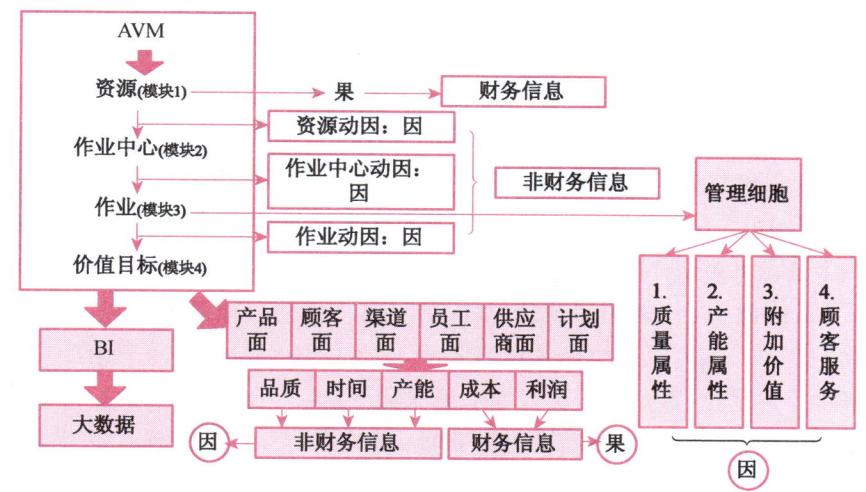

图1-9　AVM的因果关系信息与BI及大数据的关系图

此处就组织价值链的观点,说明整体个案的布局图,如图1-10所示。

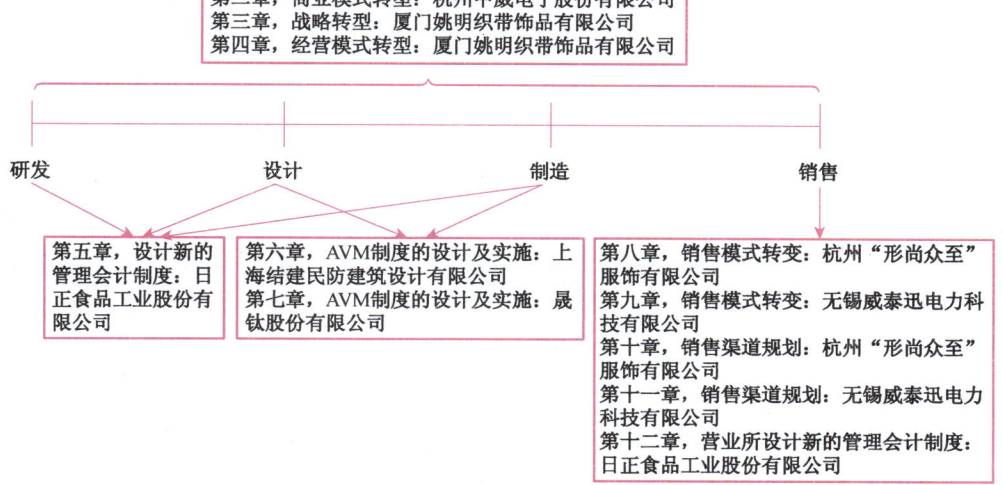

图1-10　本书案例布局图

各章案例的纲要如下:

本书的第二章主要探讨杭州中威电子股份有限公司产品链和产业链垂直整合的成本、效应与风险议题。该公司于2011年上市,伴随着2012年公司产品战略由单一传输者逐步转为安防视频监控系统整体供应商,产品链扩大,成本由此剧增,风险加剧。因此,公司在作出产品链扩张和产业链前向一体化与后向一体化垂直整合决策前,需要对不同的商业模式进行成本、效应与风险的分析。

本书的第三章主要讨论厦门姚明织带饰品有限公司的战略转型带来的成本、效率及竞争优势的课题。公司经历了快速的成长之后,转型问题成为永续经营的一大课题。公司转型便涉及一系列问题,如公司核心能力的保持、海外市场的开拓、行业和经营模式的转变。厦门姚明织带饰品有限公司面临多种转型升级的路径选择。不管最后的决策如何,总有一部分人要接受巨大的挑战:对现有的国内及国际市场进行粗放管理,不调整经营模式,不响应当前的互联网+的大背景;或是借此机会,彻底理顺公司的战略定位,保持公司竞争优势,对公司进行一场大的变革。如何正确抉择并付诸实践,是厦门姚明织带饰品有限公司应对内外部环境迅速变化、保持竞争优势的永恒课题。

本书的第四章是解析厦门姚明织带饰品有限公司生产制造模式的转型升级所带来的成本急剧攀升及竞争优势的课题。经历了市场和品牌的迅速成长后,姚明织带饰品有限公司陷入劳动力和其他生产要素成本急剧攀升的困境。应对巨大挑战的同时,姚明织带饰品有限公司也面临多种转型升级的路径选择,每种转型模式各有其利弊和适用条件。如何正确抉择并付诸实践,是姚明织带饰品有限公司面对瞬息万变的内外部环境,保持竞争优势所要面对的永恒课题。

本书的第五章主要探究日正食品工业股份有限公司的产品的成本及利润管理课题。该公司创立于 1975 年,从菜市场卖酱菜的摊贩起家,如今已经成为台湾小包装食品业界的领导品牌。但成立 30 多年,面临着停滞不前的瓶颈,公司规模未扩大,营业收入受限,利润亦未上升。过去,公司认为通过生产多样不同的产品便可获利,但公司现在拥有多达 427 项的产品,却无法找出哪些为赚钱的产品,哪些为不赚钱的产品。随着台湾食品制造产业市场竞争加剧,消费者对食品安全质量的要求、渠道形态改变等因素,公司管理团队急于寻求新的管理会计制度。通过导入作业价值管理 AVM 系统,并充分运用其核心价值,以有效管理繁杂的产品,创造其竞争优势。

本书的第六章主要讨论上海结建民防建筑设计有限公司身处激烈竞争的市场下,为获取高质量的信息而实施作业价值管理制度,AVM 制度的背景、过程及对后续的管理造成的影响与效益。本案例特别聚焦于在实行 AVM 制度时,所面临的 AVM 设计与执行的问题。

本书的第七章分析晟钛股份有限公司如何导入 AVM,以及如何通过 AVM 协助公司解决产品、客户、人员、渠道等成本与利润的管理课题。晟钛股份有限公司成立于 1987 年,主要从事硬性印刷电路板(Printed circuit board,简称 PCB)制造与加工买卖业务,在战略上致力于差异化市场。晟钛股份有限公司于 2011 年 3 月开始实施 AVM,期望通过 AVM 制度所提供的各种管理信息,能解决与改善长久以来管理层所关心的质量管理问题,并取得更精确的产品、客户、人员、渠道等成本与利润的信息,以作为管理决策的参考,进而维持与提升竞争核心优势。

本书第八章深入研究传统企业的电子商务部门里不同网络平台设立时的成本、绩效及风险。杭州"形尚众至"服饰有限公司准备将销售重点转移至网络平台,但其4个平台内的产品规划、销售人员的考核等重点问题突出,导致销售提升速度缓慢,利润贡献不大,人员的考核出现冲突。公司面临如何合理规划4个网络平台的产品、合理设立网络销售人员的绩效考核的问题,解决公司现有的销售瓶颈问题为当务之急,本案例采用管理层讨论会的方式将以上问题的产生原因一一呈现,且提出具体可行的解决方案。

本书的第九章聚焦威泰迅电力科技有限公司销售管理中因组织架构调整所带来的成本、质量、效率及效益等问题。该公司成立于2002年,在智能电网领域拥有多系列研发平台、自主知识产权、产品和核心技术,在中国电力市场中,是电力监测、控制保护及管理的系统产品与服务的主要提供商之一。本案例旨在通过该公司当前销售所面临的问题,深入分析探讨高科技公司,如何进行客户关系管理,以适应公司规模的快速扩张,保持公司的持续盈利能力。

本书的第十章探讨杭州"形尚众至"服饰有限公司销售渠道转型中的品牌成本、利润及效益的决策分析课题。该公司成立于2003年,是以设计、生产、销售时尚孕妇服饰等为一体的专业服装公司。该公司在起初的10年发展中,主要集中于直营店和代理商两个销售渠道的开拓。但是,随着近年来电子商务的风起云涌,"互联网+"经济模式的出现和风行,公司面临着在直营、代理两种主要渠道下,如何转入电子商务渠道,甚至尝试O2O线上线下电子商务,销售模式的决策问题。公司销售渠道的转型成为管理层面最大的挑战,公司期望能顺利实现渠道转型,以提升公司品牌和业绩。

本书的第十一章主要研讨无锡威泰迅电力科技有限公司营销渠道成本、利润及效益的管理课题。当企业从成长期走向成熟期,企业内外环境发生巨大变化,能否通过合理的营销渠道快速且低成本地为企业获得足够的优质客户,直接关系企业未来的成长性,对企业来说至关重要。无锡威泰迅电力科技有限公司正在考虑培养营销人员、异业结盟、营销外包以及APP营销等四种渠道的效益、成本与风险问题。

本书的第十二章延续日正食品工业股份有限公司(A)案例的脉络,进一步探讨该公司的营业所(渠道面)导入AVM的步骤以及面临的挑战。延续日正食品工业股份有限公司(A)案例的背景,探讨渠道端导入AVM的步骤,也可以于案例中了解到渠道面导入AVM与工厂面导入AVM所面临的不同情况。渠道面主要的日常营运以面对客户并提供服务为主,与厂务面的制造安排,多了更多的弹性与临时应变的挑战,在这样的背景下导入AVM也会面临不同的挑战。

参考文献

[1] 吴安妮.以一贯之的管理——整合性策略价值管理系统(ISVMS)[J].会计研究月刊,2011(312):108.

[2] 吴安妮.作业价值管理:以ABCM为核心之理论及IT实务运用研讨会[R].政治大学会计与智慧资本研究中心,2014:84.

第二章

杭州中威电子股份有限公司[①]

2014年1月7日,冬日的杭州还沉浸在新年快乐的氛围中,石总像往常一样,8点钟就来到了公司总部。推开办公室的窗户后,一阵寒风扑面而来,石总不禁打了个寒战,突然想到近期公司股价就如同最近的气温,持续走低。石总来到办公桌前,开始再次翻看财务总监提交的2013年年度报告。自2012年公司产品战略开始由单一传输提供者向安防监控系统整体产品供应商转型以来,已经经历了2个年头,伴随着产品链垂直整合而来的是短期内成本的剧增和风险的加剧,因此2013年公司的业绩出现了明显的下滑。

安防视频监控行业简介

安防行业发展趋势

我国的安防行业是从20世纪80年代开始起步的,经过30多年的发展,该行业已经形成了门类齐全、技术先进的产业体系。该行业的发展趋势可以概括为以下三个方面。

第一,安防市场快速增长,行业规模逐步扩大。

截至2010年我国安防企业有25 000家左右,从业人员约120万人,行业总产值有2 300多亿元。2010年安防行业实现增加值800多亿元,比2005年增长1.8倍,年平均增长23%,增长速度超过了全国GDP增速的1倍以上,超过同期工业增

[①] 本案例由韩志丽根据实地调研的资料撰写。韩志丽,博士,上海对外经贸大学会计学院副教授,硕士生导师。

加值增幅6个百分点。在安防市场的各个细分市场都保持较高的增长速度,其中视频监控行业发展较快,年增长率达到30%左右。

第二,市场结构日趋合理,细分行业逐步发展。

我国的安防市场结构日趋合理,形成了上游科研开发、中游生产制造、销售代理、施工设计、下游维修维护、报警运营、中介服务等一体的相对较为完整的安防产业链,在2010年我国安防市场规模分布中,其安防产品产值约1 000亿元,占到安防市场总规模的43.5%;安防工程和服务市场约为1 300亿元,占市场规模总量的一半以上。随着市场需求的不断增加,2010年实体防护、入侵报警、视频监控、防爆安检、出入口控制等各个安防领域实现了全面发展,其中视频监控产品已经占到了全部电子安防产品的一半左右。安防行业产品市场结构如图2-1所示。

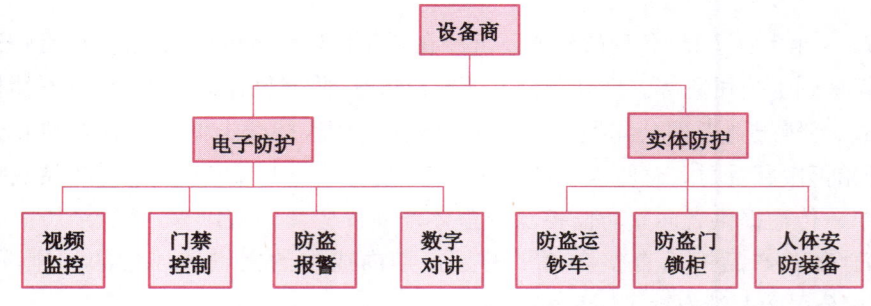

图2-1　安防行业市场结构图

资料来源:中威电子招股说明书。

第三,市场竞争日趋激烈,区域发展特色凸显。

在市场竞争方面,随着我国安防市场巨大潜力的不断释放,大量的外资企业、家电企业、IT企业、电信企业等开始进入我国安防市场,截至2010年年底,我国国内(不包括港澳台地区)共有超过200家的外资及合资安防企业。这些外资及合资安防企业的进入,进一步加剧了我国安防市场的竞争,同时也为国内安防市场注入了新鲜血液。

经过几十年发展,我国安防行业在地域分布上形成了以电子安防产品生产企业聚集为主要特征的"珠三角"地区、以高新技术和外资安防企业聚集为主要特征的"长三角"地区,以及以集成应用、软件、服务企业聚集为主要特征的"环渤海"地区三大产业集群。

安防视频监控行业产业链

随着近年来我国国民经济的持续快速发展,我国安防视频监控行业表现出快速增长的势头。安防视频监控行业的产业链由零部件供应商、视频监控信息方案设计及设备生产制造商、系统集成商、施工方和终端用户组成,具体产业链如图2-2所示。

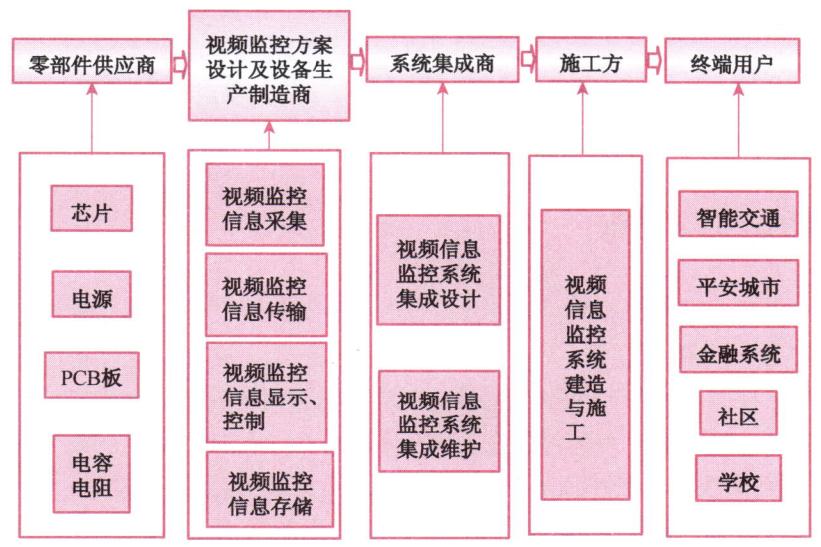

图 2-2 安防视频监控行业产业链

资料来源:中威电子招股说明书。

由图2-2可以看出,安防视频监控行业的上游为零部件供应商,提供集成电路芯片、结构件、PCB板、电缆线、风扇、继电器、电容、变压器等零部件;其下游直接客户为系统集成商,终端客户为高速公路、政府、金融系统、社区、学校、酒店等,终端客户通过招投标的方式向系统集成商招标采购一整套安防视频监控设备及方案,系统集成商向视频监控方案设计及设备生产制造采购、采集、传输、存储与控制、显示等视频监控设备。随着终端客户对视频监控网络规划和建设需求的不断提高,直接带动了设备制造商的发展;设备供应商也深入跟踪终端客户需求的变化,开发更具应用价值的安防视频监控方案及产品,促进行业的整体发展。

安防视频监控行业涉及的产品链

近些年来,随着"平安城市"项目和各行业安防项目需求加速增长等因素的拉动,中国安防视频监控行业取得了飞速的发展。那么,安防视频监控行业究竟包括哪些产品呢?从简单的视频监控系统来看,安防视频监控行业涉及采集系统、传输系统、显示与控制系统和存储系统四大类产品链。其中的采集系统产品包括:摄像机、球机和云台及防护罩等配件设备;传输系统产品包括光端机、视频编码器、显示与控制系统产品和存储系统产品;显示与控制系统产品包括视频矩阵、显示屏、显示墙等;存储系统产品包括DVR/NVR/IP-SAN数字视频存录机。

2012年之前,安防视频监控行业内的大部分企业仅仅围绕一类产品进行经营,如杭州中威电子股份有限公司之前仅做传输系统的产品,2012年之后,整个安防行业则朝着"大"和"全"的方向发展,大系统平台、大集成、综合性应用需求的解决方案日益增多。许多企业开始从原有的产品向上游、下游两端延伸。

竞争者的产品链扩张

杭州中威电子股份有限公司2012年前主要服务于安防视频监控中的视频传输领域,2012年,公司立足"大安防",开始涉足前端设备和后端设备的生产和销售。在整体视频监控行业内作为竞争对手的上市公司还有"海康威视""大华股份"和"英飞拓"。这三家上市公司也在上市后不久作出了延伸产品链的战略转型。

1. 杭州海康威视数字技术股份有限公司

杭州海康威视数字技术股份有限公司成立于2001年,于2010年5月在深圳证券交易所发行上市,上市前公司的产品主要包括后端数据存储及处理设备中的核心设备硬盘录像机(DVR)、视音频编解码卡和前端视音频信息采集处理设备中的监控摄像机、监控球机、视频服务器(DVS)等,其中后端的硬盘录像机、视音频编解码卡是目前公司的核心产品。2009年的主营业务收入中硬盘录像机、视音频编解码卡的销售收入占76%。

公司上市后积极拓展产品线,除从后端视频存储设备拓展至前端视频采集产品外,又陆续推出了中端传输、显示控制、智能分析等产品,目前公司已经具备提供视频监控所需全系列产品的能力。2011年,公司前端产品业务继续保持高速增长,前端产品销售收入与后端已基本持平,彻底解决了过往公司业绩对DVR产品的过度依赖问题,预示着公司完成了从存储产品向前端产品及整体解决方案的跨越。2012年,"海康威视"巩固了以前端设备、主控设备、后端设备及安防软件为基本架构的"大安防"产品立体格局,为公司未来发展打下了良好的基础。

2. 浙江大华技术股份有限公司

浙江大华技术股份有限公司成立于2001年,2008年在深圳证券交易所发行上市,那时公司已经经历了由后端产品为主向前端产品的初步扩展。2010年,公司继续积极拓展产品线,除从后端视频存储设备拓展至前端视频采集产品外,又陆续推出了传输、显示控制、智能分析等产品,目前公司已经具备提供视频监控所需全系列产品的能力。2011年,公司前端音视频产品继续保持高速增长;后端音视频类业务受累于视频编解码卡产品逐步退出市场而销售增长减缓,但 NVR 及网络存储产品已开始进入高速增长期。2011 年,国际权威调查机构 IMS 发布的市场研究报告显示:"大华股份"除 DVR 产品继续保持全球第一的市场份额外,嵌入式 NVR 产品仅次于日本松下居全球第二;目前公司已拥有模拟、网络、高清、红外等完整的前端产品系列,相关技术应用日趋成熟,产品质量稳定,尤其是网络/数字摄像机方面在市场竞争中处于有利地位。2012 年视频产品业务继续强化横向扩张,继在摄像机产品市场中取得全面领先的竞争优势之后,公司视频业务线上的其他类产品继续发力,2012 年,公司在传输与显示单元、网络存储、移动监控产品业务上均取得长足的进步。各块的业务规模均已进入各自细分行业的前列。2013 年,公司强化行业一体化解决方案能力建设和实施,加速产品业务的延伸和扩展。

3. 深圳英飞拓科技股份有限公司

深圳英飞拓科技股份有限公司成立于 2000 年 10 月,于 2010 年 12 月在深圳证券交易所发行上市,上市时该公司的主要产品涉及安防视频监控系统中的前端采集和后端控制与处理领域,其中端的中光端机产品销售收入为 8 115.92 万元,占总收入 20% 左右的比例,市场占有率为 0.65%。2013 年成功实现了从主要模拟视频产品供应商向网络、高清、智能视频解决方案供应商的转变,IP 网络高清产品获得了超过 100% 的增长,特别是前端和平台获得大的突破,为公司未来几年的持续性增长打下了坚实的基础。

基于 2012 年视频监控高歌猛进的发展势头和行业整体动态,2013 年视频监控行业的发展趋势主要表现在:网络摄像机价格进一步降低,将进一步大幅度挤压模拟产品市场。网络摄像机标清产品逐步退出市场,言监控必高清。终端产品利润附加值越来越小,解决方案和平台附加值提升。远程视频监控主要竞争领域开始转变为软件和平台的竞争。更多的远程视频采集融合到物联网项目需求中,作为物联网采集端的一个标准模块。政府项目需求越来越大,要求平台提供的综合能力越来越强;大组网,多功能融合,整体解决方案需求能力凸显。

杭州中威电子股份有限公司简介

背景

杭州中威电子股份有限公司(以下简称中威电子)前身为杭州中威电子技术有限公司,该公司于 2000 年成立于杭州,2010 年整体变更设立为股份有限公司。公司主要从事安防视频监控传输技术及产品的研发、生产和销售,在数字视频光纤传输领域具有技术上的优势,是国内数字视频光纤传输技术领域的开拓者和领先者。公司上市前主要产品为嵌入自主开发核心软件的数字视频光端机、VAR 光平台等,这些产品均属于安防视频监控系统中端的传输领域。

中威电子的产品主要应用领域如表 2-1 所示。

表 2-1 中威电子的产品主要应用领域

类 别	项 目 名 称
高速公路	广东佛开高速、浙江沪杭甬高速、京石高速、福建三福高速、陕西小康高速、福建永武高速、陕西榆神高速、山西太旧高速、浙江杭千高速、内蒙古呼集高速等
港口、机场	宁波港、日照港、舟山连岛工程跨海大桥、日喀则和平机场等
平安城市	昆明市、杭州市、西安市、义乌市、天津市、大连市等
金融系统	中国工商银行浙江省分行、中国建设银行浙江省分行等
电子行业、煤矿、钢铁	浙江华光潭水力发电厂、羊八井地热电厂、华能澜沧江水电厂、辽源矿业、唐山钢铁厂等
高校及其他	广州市仑头大学城、上海世博会场馆等

资料来源:中威电子招股说明书。

中威电子自 2000 年创立至 2011 年上市期间,其产品的演变过程经历了三个阶段:第一阶段,2000—2004 年:公司的创立及初步成长阶段。

这一阶段公司专注于数字视频光端机产品的研发、生产和销售,并主要通过数字视频光端机产品初步奠定了公司在安防视频监控领域的市场地位和技术基础。2000 年,公司率先在国内推出自主研发的全系列非压缩数字视频光端机产品,打破了该时期国外光端机产品垄断中国市场的现状,2003 年,公司率先开发出数字非压缩级联节点型光端机技术,该技术的推广应用为高速公路视频监控系统建设节约了大量的光纤资源。

第二阶段,2005—2008 年:公司成长阶段。

该阶段公司产品核心竞争力逐渐构筑,公司经营理念也日趋完善。在开拓市场的同时,公司加紧技术创新步伐。2005 年,公司开发出"VAR 数字视频综合光传输交换平台"(简称"VAR 光平台"),该系统支持所有格式的数字视频(非压缩、MPEG2、MPEG4、H.264 等)的传输与交换,实现数字视频的任意传输、交换、路由。2006 年,公司率先开发出"IP AIPHONE 传输系统",彻底解决 AIPHONE 信号的远距离传输问题。2007 年,公司率先开发出"VAE 数字非压缩视频汇聚传输网"产品,在提升监控系统视频质量的同时,大大节省主干光纤资源。2008 年,公司推出第二代 VAR 光平台系统,公司在光传输交换平台领域的技术能力再次升级。

第三阶段,2009—2011 年:公司快速发展阶段。

2009 年,公司推出第三代 VAR 光平台系统,全面支持高清视频监控技术,为未来的 3～5 年的技术发展奠定了扎实的基础,巩固和提高了公司在高速公路安防视频监控领域的市场地位并加强了公司在平安城市建设、金融系统领域市场开拓的能力。该阶段公司第二代 VAR 光平台产品开始大规模用于高速公路联网视频监控系统;大型平安城市项目也开始采用 VAR 光平台产品;第三代 VAR 产品已开始部署应用。

2011 年 10 月 12 日,中威电子在深圳证券交易所创业板成功挂牌上市,2011 年全年公司实现营业总收入 11 673.78 万元,截至 2011 年 12 月 31 日,公司员工总数为 247 人。

股权结构、组织架构

中威电子上市后控股股东的持股比例为 59.17%,此外,没有持股比例超过 5% 的法人股东。2011—2013 年的股权结构均如图 2-3 所示。

中威电子的日常经营管理团队由总经理、副总经理、财务总监等组成,在董事会领导下,负责公司的日常经营与管理。公司董事会下设战略与投资委员会、提名委员会、薪酬与考核委员会、审计委员会等专门委员会。公司的主要职能部门包括研发中心、营销中心、制造中心等九个部门,具体的组织结构如图 2-4 所示。

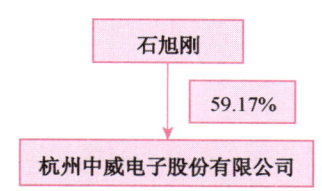

图 2-3 中威电子股份有限公司上市后股权结构图

资料来源:中威电子 2011 年年报、2012 年年报、2013 年年报。

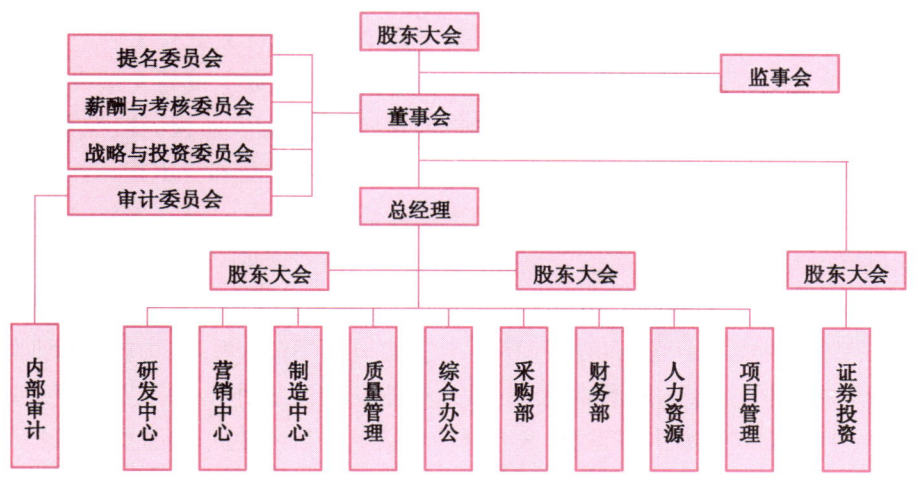

图 2-4 中威电子组织结构图

资料来源:中威电子招股说明书。

公司战略

中威电子的战略是实行差别化定位,为顾客提供定制化的产品。公司将产品定位于行业内的中高端产品,在不同领域采用不同的产品策略。

国内大多数安防视频监控传输设备生产企业缺乏自主创新能力,缺乏独立的设计以及软件开发能力,只能按照既定的设计方案生产通用产品,无法满足交通、平安城市和智能交通、金融系统等个性化要求较高、需要定制化方案及产品的高端客户需求。以高速公路为例,由于各条高速公路在地形地貌、环境、线路布置、收费站设置等方面均具有各自不同的特点,视频监控工程设计及产品均有所不同。中威电子不仅能够就不同环境条件的高速公路提供量身定制的解决方案,还能够开发出符合各类方案要求的产品并嵌入自主开发的软件,从而使得产品技术含量较普通产品大幅提高,产品核心价值也得以完整地实现。公司在产品定制化方面已经积累了丰富的研究和实践经验,通过自主开发形成了丰富的模块,能够按照需求快速提取模块信息进行搭配组合,从而在短时间内提供符合要求的优质方案与产品。

公司内部价值链

研发

中威电子以其在安防视频监控传输技术方面的领先优势获得了顾客的青睐。2000年,公司率先在国内推出自主研发的全系列非压缩数字视频光端机产品,打破了该时期国外光端机产品垄断中国市场的现状,为我国安防视频监控数字传输产品实现进口替代作出了重要贡献。通过10年的技术创新和技术积累,公司在数字视频光纤传输领域已具备了深厚的技术底蕴。通过持续的研发创新,公司目前已获得6项专利技术、6项软件著作权、2项软件产品登记证书,公司"VAR数字视频综合多业务光传输交换平台"项目已被列入2010年国家火炬计划。凭借深厚的技术功底和持续的创新能力,在促使产品快速打开市场的同时,也为相关行业解决了大量的视频监控传输技术难题,为相关行业安防建设作出了重要贡献。2003年,公司率先开发出数字非压缩级联光纤传输技术产品,通过一芯光纤可以把分布在高速公路沿线的多达16个点的视频进行总线式级联传输,彻底改变了原先高速公路隧道监控和道路监控每路视频都需要一芯光纤进行传输的局面,该产品一经推出,便在高速公路领域得到了广泛的应用,目前几乎已成为高速公路隧道监控和道路监控视频传输的标准设计方案。针对银行等金融监控系统传输业务复杂、数据量大、传输可靠性要求苛刻等特点,公司成功研发并推进大容量多业务数字视频光纤传输技术,解决了以往银行监控系统因传输问题而无法进行大规模联网的困难。

生产

中威电子的主要产品为数字视频光端机和 VAR 光平台,这两类产品的生产包括自主加工和外协加工两部分。生产原料采购和产品工艺设计均由公司实施,外协厂商只负责从钢网制作到贴片、焊接环节(即 PCBA 环节)的加工。具体生产流程见图 2-5,其中阴影框(本书用深色阴影表示)标出部分属于外协加工的生产环节。

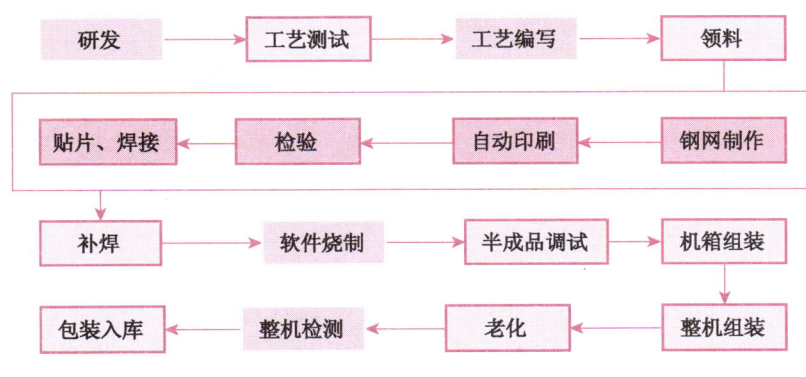

图 2-5　生产流程图

注:无框部分表示的步骤是产品价值最重要的工序。
资料来源:中威电子招股说明书。

销售

公司销售模式主要包括直接参与招投标和间接参与招投标两类,不同的下游客户适用不同的销售模式。目前应对银行用户采购主要为直接参与招投标,应对政府用户和高速公路建设方用户的采购主要为间接参与招投标。间接参与招投标具体模式为:政府、高速公路建设方等用户作为项目业主发布建设招标通知,具有建设部、信息产业部、交通运输部、公安部等部门颁发的专业集成商资质的企业(简称"集成商")参与竞标,集成商参与竞标前要求相关设备供应商对其进行报价并以该报价参与竞标,各集成商中标后再与公司签署正式销售合同,公司相应安排生产并发货。2010 年,公司实现的销售收入中间接中标占 89.1%,直接中标占 9.6%。间接参与招标的流程见图 2-6。

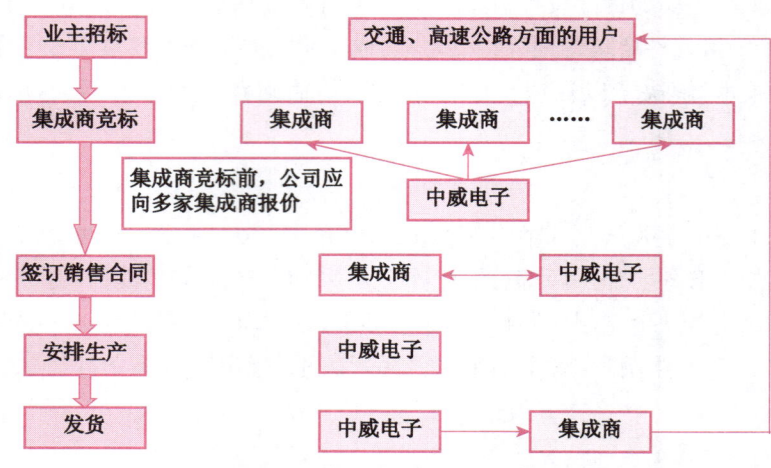

图 2-6 中威电子间接招标流程图

资料来源：中威电子招股说明书。

中威电子上市前的产品链经营情况

中威电子在上市前长期专注视频监控方案设计及设备生产制造中的传输领域。造成其持续生根于传输技术及产品的研发、生产和销售的主要原因包括以下四点：

第一，传输环节是安防视频监控系统的中枢神经，尤其是受长距离传输、高清化传输需求增加诸因素影响，视频监控系统对传输的要求将越来越高，传输环节地位与日俱增。

第二，与采集、显示和控制、存储等环节完全不同的是，传输环节需要深厚的通信技术基础，其关键技术在于高速光纤传输、自愈环网、大容量高速实时数字交换等多项技术，从事该环节需要技术上的长期积累与沉淀，因此，较高的技术壁垒将有效防止行业内其他环节企业向该领域扩张。

第三，从成本效益的原则来看，安防视频监控行业市场空间非常大，中威电子从事本领域市场开拓所获得的收益将远比向技术陌生的其他环节扩张所获得的收益大，并更能发挥技术上的比较优势。

第四，通过 10 年的技术创新和积累，中威电子在数字传输领域已具备了深厚的技术底蕴，具有技术上的先发优势。除掌握了行业必需的多项关键技术外，还拥有多项业内领先技术。

中威电子上市后产品链扩张的情况

2012年后,整个安防行业开始引入"大安防"概念,大系统平台、大集成、综合性应用需求的解决方案日益增多。面对竞争对手均开始从原有的产品向整个产品链延伸的外部竞争格局,中威电子为了进一步完善公司产品线,扩大市场占有率,提高企业核心竞争力,也于2012年不断加大新产品的研发与生产,将产品线从单一的传输产品向前端采集和后端存储拓展,努力向有自身特色的视频监控系统整体产品供应商转变。

中威电子2012年实现主营业务收入14 119.15万元,比上年增长20.95%;公司主营产品毛利率与上年相比基本维持稳定,实现利润总额5 259.99万元,比上年增长27.02%,实现归属于上市公司股东净利润4 536.25万元,较上年同期增长24.20%。2012年与2011年主要财务指标对比具体见表2-2。

表2-2 中威电子2012年与2011年主要财务指标对比　　　单位:万元

项　　目	2012年度	2011年度	增减
主营业务收入	14 119.15	11 673.78	20.95%
利润总额	5 259.99	4 141.13	27.02%
归属上市公司股东的净利润	4 536.25	3 652.47	24.20%
归属上市公司股东扣除非经常性损益的净利润	4 392.79	3 316.41	32.46%
经营活动产生的净流量	178.37	388.44	−54.08%
总资产	51 368.54	46 187.84	11.22%
归属上市公司股东的净资产	47 257.09	43 120.84	9.59%
股本(股)	6 000.00	4 000.00	50.00%

数据来源:中威电子2011年年报、2012年年报。

2012年,中威电子主要产品依然是传输设备之光平台和光端机,占主营业务收入的85.05%,前端设备和后端设备分别实现销售收入1 816.41万元和217.77万元,分别占主营业务收入的12.86%和1.54%。2012年分产品主营业务见表2-3。

表 2-3 中威电子 2012 年分产品主营业务情况   单位：万元

分产品	营业收入	营业成本	毛利率	营业收入比上年同期增减	营业成本比上年同期增减	毛利率比上年同期增减
前端设备	1 816.41	754.76	58.45%	100%	100%	100%
中端设备	12 008.23	3 901.67	67.51%	5.00%	12.83%	−3.23%
后端设备	217.77	112.50	48.34%	100%	100%	100%
其他	76.74	1.01	99.87%	−67.68%	−99.91%	48.19%

数据来源：中威电子 2012 年年报。

2013 年，由于新产品研制、销售渠道的打开需要一定的时间，新产品的推广一定程度上影响了原产品的销售策略，导致本期销售收入比上年同期略有下降。中威电子 2013 年实现主营业务收入 11 927.88 万元，比上年减少 15.52%；公司主营产品毛利率与上年相比基本维持稳定，但研发费用和销售费用增加，最终实现利润总额 1 706.68 万元，比上年减少 67.55%，实现归属于上市公司股东净利润 1 527.33 万元，较上年同期减少 66.33%。2013 年与 2012 年主要财务指标对比具体见表 2-4。

表 2-4 中威电子 2013 年与 2012 年主要财务指标对比表   单位：万元

项　　目	2013 年度	2012 年度	增减
主营业务收入	11 927.88	14 119.15	−15.52%
利润总额	1 706.68	5 259.99	−67.55%
归属上市公司股东的净利润	1 527.32	4 536.25	−66.33%
归属上市公司股东扣除非经常性损益的净利润	1 237.41	4 392.79	−71.83%
经营活动产生的净流量	−209.12	178.37	−217.24%
总资产	50 804.61	51 368.54	−1.10%
归属上市公司股东的净资产	47 584.42	47 257.09	0.69%
股本（股）	12 000.00	6 000.00	100.00%

数据来源：中威电子 2012 年年报、2013 年年报。

2013 年，中威电子主要产品依然是传输设备之光平台和光端机，后端产品销售较少，中后端产品占主营业务收入的 91.95%，前端设备实现销售收入 804.05 万元，占主营业务收入的 6.74%。2013 分产品主营业务情况见表 2-5。

表 2-5　2013 年分产品主营业务情况　　　　　　　　　　　单位：万元

分产品	营业收入	营业成本	毛利率	营业收入比上年同期增减	营业成本比上年同期增减	毛利率比上年同期增减
前端设备	804.05	345.74	57%	-55.73%	-54.19%	-1.45%
中端设备	10 862.27	3407.49	68.63%	-9.54%	-12.67%	1.66%
后端设备	105.62	33.96	67.85%	-51.50%	-69.81%	40.36%
其他	155.94	0.00	100%	103.21%	-100%	0.13%

数据来源：中威电子 2013 年年报。

上述财务数据显示，中威电子作出了产品链扩张的商业模式转型后，短期内出现了营业收入和利润的明显下滑，与此同时，前端设备和后端设备的销售收入均呈现显著下降的趋势。企业内部的部分高级管理人员因此对该商业模式转型提出了质疑，还有的管理人员甚至提出改变扩张产品链为产业链的垂直整合。石总为此让财务总监就产品链扩张和产业链垂直整合进行深入的成本、效益和风险分析，以便公司高管层作出恰当的商业模式转型决策。以下是财务总监分别从产品链扩张、产业链前向整合与产业链后向整合作出的成本、效益和风险分析。

产品链扩张与产业链扩张的成本、效益与风险

产品链扩张的成本、效益和风险分析

在安防视频监控产品链当中，前端的产品主要包括摄像机、球机和云台、防护罩等配件设备，后端产品主要包括视频矩阵、显示屏和数字视频存储录机等。

中威电子在 2012 年之前主要通过自己的中端产品与海康威视、大华股份等公司所生产的标准化前端产品和后端产品相配合的方式来满足终端用户的整体需求。由于前端产品和后端产品属于标准化产品而中端产品是本公司所生产的客制化产品，因此不可避免地存在产品兼容性差、用户使用过程中问题较大、企业维护成本高等问题。中威电子采取产品链向前后两端扩张的策略后，首先，可以实现前端产品与中端产品的无缝对接，保证了产品使用过程的兼容性和稳定性；同时，可以降低顾客使用成本以及公司的售后维护成本；其次，前端、中端产品和后端产品

的同时开发,可以更好地突出公司定制化的生产优势,满足不同终端客户各种客制化的需求。此外,后端设备产生的数据可以使得公司更加有针对性地对顾客进行服务,有利于公司用现有数据进行大数据分析。

公司自成立以来一直专注于视频监控行业的中端传输领域,因此,其研发人员均聚焦于该领域,并没有前端和后端设备研发人员的储备。当企业要实现向视频监控行业前端和后端扩展时,公司需要引进摄像头以及后端存储的技术团队。大量技术人员的引进会带来人员成本的剧增,同时新的研发团队还存在与现有团队融合及适应企业文化等问题。摄像头和后端存储设备的研发需要公司加大研发投入,公司2013年的研究开发费比上年增加了71.28%,这是导致管理费用比上年增加38.45%的主要原因。新产品走向市场离不开销售人员的推广,一方面,原有的销售人员需要进行相关的培训才能够熟悉新产品。另一方面,新业务的拓展也需要引进一批销售人员。这些都会带来销售团队薪酬及业务费的增长,因此,2013年公司的销售费用比上年增加了28.08%。

前向一体化的成本、效益和风险分析

中威电子前向一体化是指将产业链的下游价值链条纳入企业内部价值链当中,自己以集成商的身份参与终端用户的招标。当中威电子同时作为设计和生产制造商与集成商时,其销售模式全部为直接销售。首先,这样企业可以减少原来的向多家集成商报价,与集成商签订合同等环节,节约了大量的谈判、契约等交易成本;其次,当企业作为集成商参与竞标时,与其他单纯集成商身份的竞争者相比,中威电子基于对自己的产品优势的了解及交易成本的节约,能够给出比其他竞争者更加有竞争力的竞标书和更为合理的报价,更容易获得竞标的成功;再次,中威电子的前向一体化所带来的竞标成功率的提升,可以使生产规模扩大,降低生产成本,实现规模经济;最后,中威电子作为集成商后有利于稳定下游的销售,为企业营造一个稳定的外部交易环境,便于公司作出全面的研发与生产规划,进而相应提高自己的产出和销量水平,达到增加市场力量的目的。

作为安防视频监控行业的系统集成商,不仅要具备视频信息监控系统集成的设计能力,还要具备视频信息监控系统集成的维护能力,这对于中威电子目前的人力资源和管理能力都是极大的挑战。此外,系统集成商要对视频监控方案中所有产品有全面的了解,目前中威电子虽然已经开始研发和生产视频监控的前端和后端产品,但其在主营业务中占比还非常的低,还需要其他设备生产商提供商品报价,因此短期内规模效应难以实现。

后向一体化的成本、效益和风险分析

中威电子后向一体化是指将产业链的上游价值链条纳入企业内部价值链当中,直接从事芯片、电源、PCB版等零部件的生产。企业直接生产零部件既可以通过减少采购环节、节约交易成本进而降低生产成本,还可以通过企业自身的质量管理系统保护产品的品质;此外,减少了原材料价格波动对企业的影响;由于可以依据企业内部生产进度安排原材料的生产和供应,因此能够缩短生产周期,快速响应顾客;企业自主生产核心原材料,更有利于掌握生产的主动性和产品的个性化,进一步凸显中威电子定制化的战略优势。中威电子如果采用并购商业供应方的模式进行后向整合,可以与被并购企业实现协同,优化资源配置,缩短技术研发周期,降低技术研发费用。

零部件中的芯片对中威电子来说是技术含量较高的新领域,或者需要引进新的技术团队,或者找到合适的企业对其进行兼并,两种举措均会给企业带来人才引进、技术开发和文化整合方面的风险与成本。

商业模式转型的下一步

石总认真阅读了财务总监的分析报告,进一步厘清了产品链扩张、产业链前向一体化与产业链后向一体化各个商业模式的成本、效益与风险,深刻感受到接下来商业模式的选择对企业今后的发展至关重要,中威电子究竟是否要进一步深化产品链的扩张,是否要进入产业链垂直整合的阶段,已经成为公司当前的决策重点。

讨 论 问 题

1. 运用PEST分析法分析中威电子IPO后的外部竞争环境。
2. 分析中威电子目前在安防视频监控行业所处的产业链和所涉及的产品链。
3. 分析中威电子产品链扩张的成本、效益与风险分析。
4. 分析中威电子进行产业链前向一体化的成本、效益与风险。
5. 分析中威电子进行产业链后向一体化的成本、效益与风险。
6. 如果你是石总,你会在前向一体化、向后一体化与产品链扩张这三种运营模式中选择哪一种,为什么?

附录　相关概念和理论

本附录分为两个部分:第一部分对案例背景和情境中涉及的主要相关概念进行说明;第二部分对案例分析和应用涉及的主要相关理论进行说明。

一、相关概念

纵向一体化战略

经济学中把沿产业链占据若干环节的业务布局称作纵向一体化,它是企业把产品生产及销售,或者产品生产与原材料供应整合在一起的战略形势,是企业在行业内向产业链前方或者后方布局,便于自己进行经营的一种整合方式。纵向一体化战略是在经营领域内向深度发展的一种战略,企业可以凭借纵向一体化战略实现组织核心能力在企业内部扩张。

按照行业向产业链上级或者下级进行整合,纵向一体化战略可以分为后向一体化战略及前向一体化战略两种。

(1) 后向一体化战略。后向一体化战略主要是指企业从产品销售向后方生产或者从生产向供应商整合的方式,主要是为了获得对上游的控制。

企业一般采用后向一体化战略的主要原因包括:市场需求较大而供应商较少,而且企业很难控制供应商的供货数量和时间,往往造成供应的不及时;或者企业的供应商所提供的产品价格较高,而且供应量并不稳定;或者企业的发展速度较快,供应商很难满足企业需求,同时企业所拥有的规模足够承担供应商的生产供应量;或者供应商的行业属于高利润行业,企业值得进入,而且实行后向一体化的技术难度不高,企业所拥有的人力资源及资金足够支撑完成后向整合;企业通过后向一体化可以稳定供应商的供货价格,从而稳定自己产品的价格,获得较大的市场竞争优势。

(2) 前向一体化战略。前向一体化战略是指获得分销商或零售商的所有权或加强对它们的控制,也就是指企业根据市场的需要和生产技术的可能条件,利用自己的优势,把成品进行深加工的战略。在生产过程中,物流从顺方向移动,称为前向一体化,采用这种战略,是为获得原有成品深加工的高附加价值。

二、相关理论

(一) 纵向一体化理论

1. 古典经济学的纵向一体化理论

对于纵向一体化,古典经济学的解释为:企业通过纵向一体化可以将原先属于不同工厂的、分离的生产流程纳入同一工厂，从而降低成本。但这种解释是不能令人满意的，原因在于古典经济学将企业作为特定投入和特定产出的生产函数，而不考虑企业产品之间的边界问题，从而也就不能打破不同产品的界限，将它们纳入同一工厂。产品边界的问题实际上就是企业边界的问题，而这正是现代企业理论所讨论的主要问题。

2. 新制度经济学的纵向一体化理论

与古典经济学把企业作为一种投入与产出间的技术关系不同，新制度经济学认为企业是一系列契约的有机组合，是追求个人效用最大化的个人之间的关系。科斯认为，企业是市场机制的替代物，市场和企业是资源配置的两种可以互相替代的手段。企业出现的原因在于，运用企业内部的行政管理手段比运用非人格化的价格机制进行交易的费用更低。市场交易费用和企业内部行政组织费用间的平衡关系决定了企业和市场的边界。由此可见，企业通过纵向一体化可以将原先的市场买卖关系转变为企业内部的行政调拨关系，从而降低交易费用。如果降低的市场交易费用大于增加的行政组织费用，那么纵向一体化在经济上就是可行的。根据科斯对企业性质的认识，我们可以认为纵向一体化的动机在于降低交易费用，企业纵向一体化的边界条件是降低的交易费用与增加的行政组织费用相等。

威廉姆森（Williamson，1975，1985）从资产专用性、不确定性和交易效率三个维度定义了交易费用，在此基础上分析了企业边界确定的原则，同时还从企业核心技术角度提出企业"有效边界"的概念："企业是一种连续生产过程的纵向一体化实体，这个连续生产过程的不同阶段之间如果通过市场交易关系相联系，就需要签订一系列的合约，而由于信息的不完全和不对称，签订的合约不可能是完全合约，这就给经济主体的机会主义行为提供了条件，这样就会导致专用性资产事前投资不足的问题，为解决这个问题，企业会通过前向或后向的一体化，把原来属于市场交易的某些阶段纳入企业内部，这种情况下的企业成长就表现为企业纵向边界的扩展。"

格罗斯曼和哈特（Grossman和Hart，1986），指出对交易费用起决定作用的是合约的不完备性。完备的合约可以消除机会主义行为，但现实经济中充满了不确定性，并且明晰所有权益的成本过高，所以合约是不可能完备的。企业出现的原因在于，当合约不完备时，纵向一体化能够消除或减少由于资产专用性所造成的机会主义行为，企业实际上是连续生产过程之间不完备的合约所导致的纵向一体化实体。通过强调资产所有权的重要性，格罗斯曼和哈特进一步明确了企业纵向一体化的含义，认为纵向一体化的水平取决于一方或另一方当事人控制专用型资产的程度，并且提出了物质资产专用性和人力资产专用性对于纵向一体化具有不同的意义。

正是由于新制度经济学突破了新古典经济学生产成本的概念,指出了制度成本(如交易成本、组织成本等)的存在,从而把企业的纵向规模问题转换成了相邻工序之间联结方式(市场和企业)的成本比较问题,为企业纵向一体化的研究开辟了新的道路。新制度经济学的局限性是未关注到现代大工业相邻工序的联结除了中间产品的转移外,往往还涉及独立于产品的生产信息的传递和工序间的组织协调,而市场并不具备这些功能。总体而言,市场越发达,市场的适应性就越高,企业的组织协调能力越强,激励机制越完善,企业的适应性就越高。

3. 波特的观点

波特在《竞争战略》一书中,对纵向一体化做了全面论述。他指出,纵向整合表示了企业决定用内部的或行政管理上的交易来代替市场交易去实现其经济目的。他特别指出:纵向整合的利益和成本的战略意义和重要性不仅仅体现在直接的经济范畴内,而且还间接地影响它的组织,这是决策的实质。他认为,如果产量足够达到有效的规模经济,纵向整合最通常的好处是在整合生产、销售、购买、控制和其他领域里获得经济效益或节约费用。

(二)企业纵向边界理论

从企业最初的生产原材料加工开始一直到产品的销售整个过程称为纵向链条,其中企业在产业纵向链条中的位置就是企业的纵向边界。企业纵向一体化战略的核心问题就是如何整合企业所在的纵向链条。企业在产业纵向链条中关于产品或服务的所有活动都是由同一个企业完成,还是将某些活动外包给别的企业完成,就形成了企业的决策。因此,企业在纵向链条中确定自己的边界,通过企业对于自身能力的评估,决定自己的边界是适合生产还是适合购买。从长远发展来看,企业以培养及提高其自身的能力,使企业可以降低交易费用,获得更大收益。

罗纳德·科斯在《企业的性质》这一经典论文中首先提出了"交易费用"的概念,科斯认为,使用市场交易一定产生了成本,并且这些交易成本可以在企业内部得以清除。交易成本主要包括三个方面:谈判、制定和执行契约的时间和费用;机会主义行为的不利后果,以及试图阻止机会主义行为的成本。交易成本产生于交易的一方或多方存在机会主义行为的时候,即追求最小成本和最大收益。不完备契约导致机会主义,增加了市场交换的风险和成本,即使商业法的存在也不能完全解决这个问题。特别是当涉及关系专用性资产时,机会主义行为的问题就特别严重。

为了防止这些费用产生,企业应该采取纵向一体化,它能有效降低由于不完备契约和要挟问题产生的交易费用。纵向一体化具有以下优势:能有效地解决企业内部争议,使交易的适应能力更强;能够提高关系专用资产的投资盈利能力,降低不确定性;可以减少机会主义行为,提高当事人以合作模式进行交易的意愿和能力。

虽然纵向一体化可以防止交易费用的产生,但并不意味着它可以绝对解决交易成本问题,企业选择从外部购买产品还是通过企业内部自行生产产品,主要取决由生产此产品产生的生产成本和交易成本之间的相互比较,企业的战略变革选择也是根据这种成本比较的变化所决定的。

(三) 产业价值链体系

迈克尔·波特认为,每个企业都处在产业链中的某一环节,企业想要赢得和维持竞争优势不仅取决于其企业内部价值链,而且还取决于在一个更大的价值系统中,即一个企业的价值链同其供应商、销售商以及顾客价值链之间的联结形成的产业价值链中。企业的竞争优势来源于企业在设计、生产、营销、交货等过程及辅助过程中所进行的许多相互分离的活动。从价值的角度来界定产业链企业在竞争中所执行的经济活动,被称为产业价值链。产业价值链决定着产业链的经营战略和竞争优势,它代表着产业链的价值书写,体现了产业链背后的价值组织及结构形式。产业价值链的形成充分反映了价值的转移和创造。产业价值链相比产业链,更好地描述了价值在产业链中的传递、转移和增值的过程。

(四) PEST 分析法

PEST 分析法主要通过政治、经济、社会、技术四个方面分析企业所处的外部环境,并评价这些因素对企业制定的战略目标的影响。P 指的是政治因素,主要包括对企业经营活动有影响的政治力量、政府颁布的有关法律和法规,以及国家政治制度与体制等方面的内容。E 指的是经济因素,主要包括一个国家的经济体制与结构、产业布局和资源状况、经济发展水平,以及未来的经济走势、GDP 的变化发展趋势、利率水平、通货膨胀程度及趋势、失业率、居民可支配收入水平、汇率水平等方面的内容。S 指的是社会因素,主要包括企业所在国家的社会文化、民族特征、价值观念、宗教信仰、教育水平、人口规模、人口流动性等方面的内容。T 指的是技术因素,主要包括与企业生产相关的新技术、新工艺、新材料,以及引起革命性变化的发明等方面的内容。

第三章

厦门姚明织带饰品有限公司（A）[①]

2014年的金秋10月，在从深圳交易所返回厦门的高速路上，厦门姚明织带饰品有限公司（以下简称"姚明织带"）的董事长兼总经理姚明望着窗外飞逝的风景，心里沉甸甸的。刚才在深圳交易所上市前的沟通会上提出的问题一遍一遍地出现在姚明董事长的脑海中。姚明董事长回想起自己创业的历程，恍如昨日。虽然在外人看来，公司已经非常成功了，已经取得了令人羡慕的一系列的成就，也走到了IPO上市的前夕。但姚明董事长心里清楚，属于传统制造业的公司的未来发展空间是很有限的。他一直在思考公司应如何利用上市这个机会和平台，做好公司的战略转型，为上市之后的发展打好基础。公司核心能力的保持、海外市场的开拓、行业和经营模式的转型等一系列问题一直萦绕在姚明董事长的心头，让他不敢有一丝的轻松。

织带行业概况

织带是以各种纱线为原料制成的狭幅状织物或管状织物，是属于辅料产品的行业，是20世纪八九十年代由我国台湾、香港地区的生产企业转到我国内地设厂后逐渐被人们认识的。织带的生产技术与传统纺织产品比较接近，进入的门槛比较低。历经了十几年的发展之后，国内织带的生产企业快速崛起。织带生产是对我国纺织产业的结构调整与优化，对我国经济的贡献率越来越大，正在形成我国及世界经济的一个亮点。2012年，我国从事涤纶织带生产加工的企业共1 044家，主要集中在广东、浙江、福建、江苏、上海和山东等省份，织带行业产量达到了952亿

[①] 本案例由邵军根据实地调研的资料撰写。邵军，博士，上海立信会计金融学院会计学院教授、硕士生导师。

米,比 2011 年的 828 亿米增长了 15.34%。据中国产业信息网信息,2015 年我国织带行业市场规模超过 330 亿元,增长率为 11%。近几年我国织带行业产量情况和未来的发展空间如图 3-1 和图 3-2 所示。

图 3-1　我国织带行业的产量情况

数据来源:中国产业信息网。

国际上织带行业已经形成了一定的产业规模,相关的织带产品也日渐完善。但我国的织带市场还未完全成熟,在市场规模、产品档次、品种规格、消费水平等方面还存在相当大的差距。我国织带行业全部是由民营企业来生产和经营的,不像服装业、玩具业、鞋业等传统行业有一定的政府扶持。产品用途和

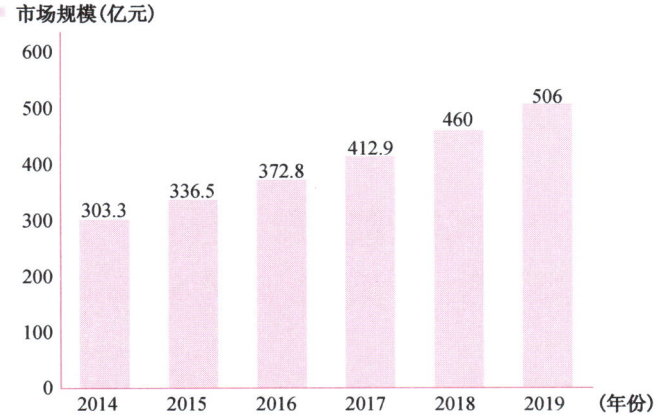

图 3-2　我国织带行业预计的市场规模

数据来源:中国产业信息网。

技术门槛决定了涤纶织带生产行业竞争激烈,单个企业无法建立起相对上游原料供应商和下游各类顾客的主导地位,不存在凭借大库存强迫经销商销售的强势条件。随着织带产品开发速度的不断加快,织带行业产品结构在逐步调整新产品的市场周期不断压缩,服装业对织带业的要求也在不断地提升。织带业产能扩张困

难,普通织带的价格已经接近成本,生产企业的利润空间越来越小,企业生存艰难。由于市场供求格局改变,织带行业功能化的产品市场份额不断地提高,产品多功能比率在提升。功能化对生产企业的设备、技术、管理、资金及人才都提出了更高的要求。

我国是全球最大的织带消费市场,欧美市场是我国主要的直接和间接出口地,虽然我国织带行业的产能比较大,但我国纺织品在世界产业链中还处于低端,出口率低,来样加工较多,利润空间比较小。我国企业进入国际市场后,会面临顾客对织带产品的品质要求的不断提高,特别是国外顾客对高端产品的需求日益增强、技术贸易壁垒及环保性能上的要求日益提高,都给企业带来前所未有的挑战。

织带产品分装饰织带和功能织带两种,功能织带包括弹性织带和刚性织带。织带主要用在服饰品行业中的手表织带、手腕带、服饰装饰辅料、腰带等产品方面。我国织带细分行业 2012 年的市场规模和增长速度如图 3-3 所示。

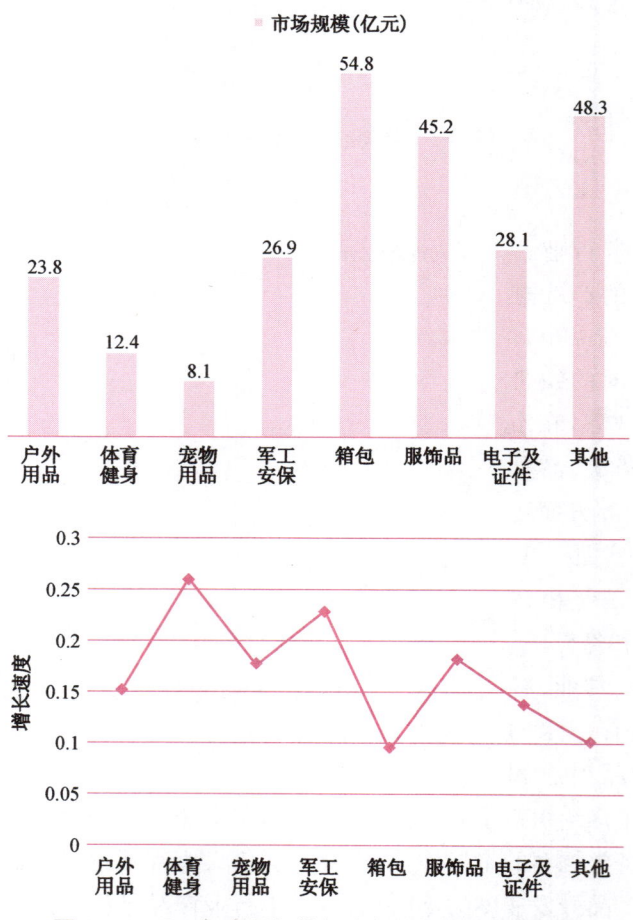

图 3-3 2012 年我国织带细分市场规模及增长速度

数据来源:中国产业信息网。

织带物品种繁多,广泛用于服饰、鞋材、箱包、工业、农业、军需、交通运输等各产业部门。近几年,服装、包装企业、鞋业、饰品业、礼品业等企业日趋壮大,是织带业最大的消费群体。织带上游行业主要为:棉花种植、棉纺、化纤制造业、染料行业和纺织机械等。其下游市场主要是服饰、鞋材、箱包、工业、农业、军需、交通运输等行业,其产业链如图3-4所示。

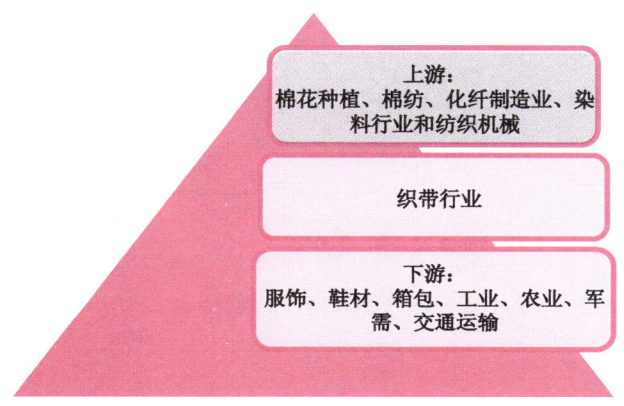

图 3-4　织带行业的产业链

厦门姚明织带饰品有限公司简介

公司背景

　　厦门姚明织带饰品有限公司成立于2004年,是专业生产涤纶色丁丝带、涤纶罗纹丝带、涤纶织边印标丝带等产品的香港独资企业。公司的主要产品是涤纶色丁丝带、涤纶罗纹丝带、涤纶织边印标丝带、尼龙雪纱带、丝绒带、丝带印刷、丝带小包装、丝带发饰和丝带花饰。公司产品主要用于服饰辅料、玩具辅料、礼品包装、家纺装饰等。公司是全球最大的涤纶丝带、丝带印刷、丝带花饰制造商,是国内织带行业第一品牌。公司的注册资本4亿港币(截至2013年)。2008年,公司在原有厦门市集美总部的基础上,投资2亿元兴建厦门市杏林分厂。拥有厂房及办公面积近10万平方米,织带机3 000余台,染色机百余台,印刷平网机近百台,其他机器上千台。公司有员工3 000人。

　　公司专注于专业化和规模化生产,每天生产各类织带突破1 000万码(1码=0.914 4米);印刷丝带150万码;花饰100万个;库存6亿～8亿码丝带。前几年公司的资产状况和盈利情况如表 3-1 所示。

表 3-1 公司的主要财务数据和盈利情况　　　　　　　　单位：万元

	2012 年	2013 年	2014 年
总资产	29 003	30 950	29 171
总负债	8 574	9 589	7 030
营业收入	26 966	27 983	28 970
营业成本	20 591	19 304	16 983
营业利润	6 375	8 679	11 987
净利润	1 138	874	780

资料来源：公司内部数据。

公司在业内的影响力较大，先后获得了"中国优秀企业""厦门 150 家重点工业企业""2011—2012 年厦门十大经济影响品牌"等荣誉。

公司战略

公司愿景：打造全球织带行业第一品牌，引领世界织带行业发展趋势。
公司使命：为社会提供绿色环保的织带产品，让员工过上有尊严的幸福生活。
价值观：诚信、专注、和谐、创新。
竞争战略：低成本（大库存）和差异化战略。

低成本（大库存）和差异化战略依据的是大库存模式。公司首创"大生产、大库存、大销售"模式，基本实现全线产品现货销售，这给公司带来了低成本和差异化的竞争优势。公司常年生产 196 种颜色、19 个规格的丝带，1 年的存货量为 8 亿～10 亿码。在这样的大库存量下，公司还可以做到将顾客所订的货物在 0～5 天之内送到世界各地的指定地点。顾客定制的颜色打样 1～4 天完成，产品 3～10 天交货。公司都可以做到在 1～4 天之内完成设计，并在 3～10 天之内送到顾客手中。差异化还体现在公司织带产品的染色和印染两个程序上的高质量，这也是同行竞争者无法模仿的。

经营模式

公司在织带行业是织带专业化产品的供应者。公司的经营模式以 B2B 为主，也开始做一些 B2C 模式的尝试。在 B2B 模式下，公司是织带行业产品创新的领导者。通过设计新颖、工艺质量高来赢得顾客。产品的销售渠道是国内档口、国际上直接面对大顾客与电子商务三大类的销售模式。公司目前是国内档口销售和国际上直接面对大顾客销售方面的国内领导者,主要是提供整合性解决方案。B2C 模式的定位在终端产品上主要是做文化创意产品,提供织带创新文化和产品。在这一领域国内还属于空白。公司如果深耕这一领域,将有非常大的发展前景,有望成为文化创意产品领域的领导者。

内部价值链

1. 研发与设计

公司在产品的设计和研发方面投入了大量的资金,每年投入当年营业收入的 3% 作为研发费用。2013 年,公司与厦门理工学院开展产学研合作,共同开展领域新技术的研究。公司在全球首创的涤纶雪纱丝带,具有着色度高、环保、保质期长的优点。通过产学合作,公司把多项学术领域的研究转化为实际应用,研究成果多次获奖,有 18 项研究成果已经获得了国家专利。已经突破了雪纱印刷的复杂技术,在实现印刷技术远超行业平均水准的同时,保证了强大的生产能力,在整个行业的技术发展方向上起到了引领作用。公司率先实行印刷丝带"库存销售"的生产模式,彻底解决了长期困扰丝带印刷行业的"订单小、交期长、成本高"的难题。因此,公司荣获"中国管理模式杰出领导力奖"等荣誉称号。

2. 生产

织带企业能否取得优势地位首先取决于能否更好地满足顾客的需求偏好。涤纶织带的顾客,如服饰、鞋材、玩具、礼品等行业的商家,其需求有着多重偏好。世界各国的政府和最终消费者对产品品质和环保的技术标准要求越来越严格,所以尽管多数情况下织带是作为辅料或辅材,但商家采购时对织带的品质普遍高度重视。服饰、鞋材、玩具和礼品等行业的进入门槛较低,为了控制成本,商家对于辅料采购价格比较敏感。受消费者追求新奇和个性的潮流影响,服饰、鞋材、玩具以及礼品等产品的流行期越来越短,企业纷纷设法缩短产品提前期。一旦确定设计,就要求在尽可能短的时间内配齐主辅材并开始投入生产。因此,下游商家要求织带厂家最好能够做到即时交货。

公司拥有全行业规模最大、管理最规范的专业生产体系。配备世界上最先进的瑞士缪勒织机、印刷设备和独一无二的恒温生产系统。日产丝带 2 000 万码,丝带花饰 200 万个,精品丝带套装 20 万套,印刷丝带 300 万码。"姚明织带工业园"规划有高速织机 1 万台,染色机 300 台,印刷机 300 台,员工 8 000 人,日产量达 5 000 万码。可以根据顾客需求进行定制生产。

产品主要的原材料是纱线,约占所有原材料的 60%。公司主要有两个大的战略供应商,其中一个供应商离公司很近。由于原材料的多样性,原材料的供应中断会给公司带来严重的后果。其他原材料主要是根据订单要求来采购。通常需要提前7天订货,最长需要提前30天订货。原材料成本占产品成本的20%。生产成本占此产品总成本的50%。

织带的生产流程要经历5个程序,具体的生产流程见图3-5。生产在中后期比较长,通常从投入到产出需要7天时间。

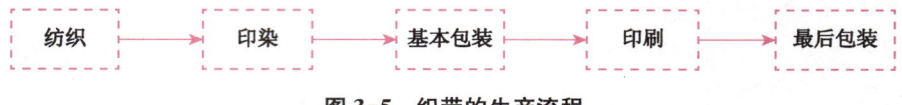

图3-5 织带的生产流程

公司有2 000多个完成一个工序的半成品的仓库库存,可以快速响应顾客的需求。公司的主要产品是涤纶丝带,涤纶丝带具备高品质、低成本的特点。公司选用100%涤纶长丝和绿色环保染料及油墨,严格执行ISO9001国际质量标准体系,精织细染。产品品质获得瑞士Oeko-Tex及欧盟REACH认证。公司按期出货率≥99%,产品出货检验合格率≥98%。

公司建设了"大统一"信息系统平台,包括信息技术管理和业务运作流程管理系统。信息技术管理包括信息管理系统选择、系统实施、系统维护管理与升级。在信息技术管理的基础上,建立业务运作流程管理系统。该系统包括技术与BOM管理、销售管理、供应链物流管理、生产制造管理、财务与成本控制、售后服务管理。该信息系统平台支撑公司的大库存生产模式和订单式生产模式。

3. 销售与售后服务

公司成立初期以开展外贸业务为主,内销业务占比很小。随着企业的发展壮大,公司开始着手布局国内营销网络。2003年7月,公司第一家驻外直属办事处在广州成立。以后相继在上海、杭州、青岛等地设立了直属办事处。目前内销网络已经涵盖了我国12个省、市,轻工、纺织和印刷包装行业发达的地区都已覆盖。对于办事处和代理商无法企及的地区的顾客,由公司在厦门总部的"直销组"专门负责,确保内销网络的"全覆盖"。内销部在广州、上海、义乌、青岛、北京、深圳、东莞、温州、汕头、石狮、常熟、宁波等地设有办事处和门市部。外销部下设美西组、美东组、欧洲组和新兴市场组。北美地区是公司的最大海外市场,公司在美国新泽西州有办事处。欧洲组也在积极扩展销售渠道。"新兴市场组"以中小型顾客居多,但他们的优势在于顾客的价格接受能力强、利润率高。大顾客开发部主要针对大顾客,响应大顾客的需求;市场部主要功能是进行市场调研、设计、产品和企划与推广。电子商务部主要按照销售、运营及顾客服务进行管理。终端产品部主要针对终端顾客进行管理,设有设计研发、渠道销售、推广策划、产品调研、美国分公司等。

营销中心的组织架构具体见图 3-6。

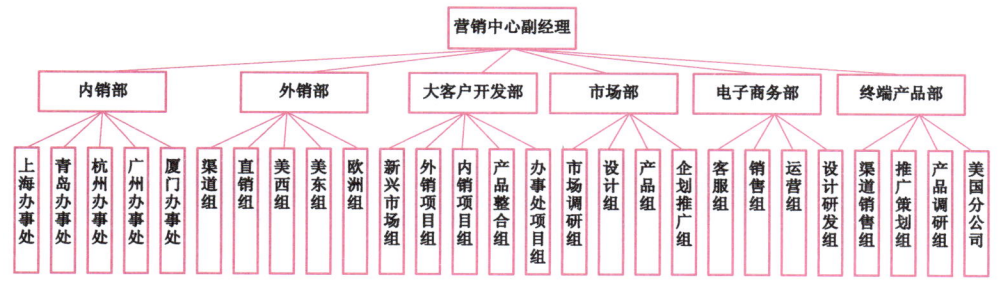

图 3-6　公司营销中心的组织架构

资料来源：公司资料。

近年来，公司一直保持着逐年增长的销售业绩。产品销往欧美等 100 多个国家和地区。在 2011 年全球经济不景气的情况下，公司销售依然保持着 40% 的年增长率。在国内市场的占有率在不断提升。在织带类产品中，2012 年销售收入最多；2013 年与 2014 年的销售收入基本持平。花饰类的产品 2013 年与 2014 年都有较大的增长；印刷类产品 2012 年以来销售收入呈现不断降低的趋势，到 2014 年印刷类产品几乎是 2012 年的一半左右。2014 年销售收入的构成中，以织带和花饰类为主，具体如图 3-7 所示。公司年度重大顾客投诉率≤5（次），顾客满意度≥90%。

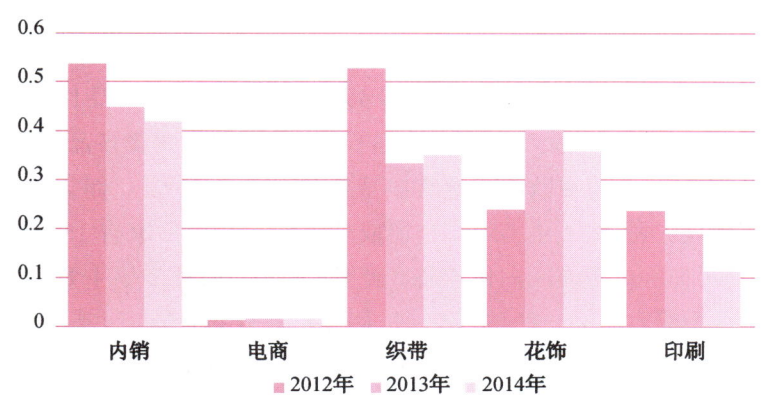

图 3-7　近年来公司销售收入的组成

数据来源：公司内部数据。

公司主要专注于涤纶丝带和花饰的生产与销售，这类产品可以广泛用于服装（女装和童装）、印刷包装、烘焙、家纺、婚庆、工艺礼品、巧克力包装和茶叶包装等，2014 年各细分行业的销售占比具体如图 3-8 所示。

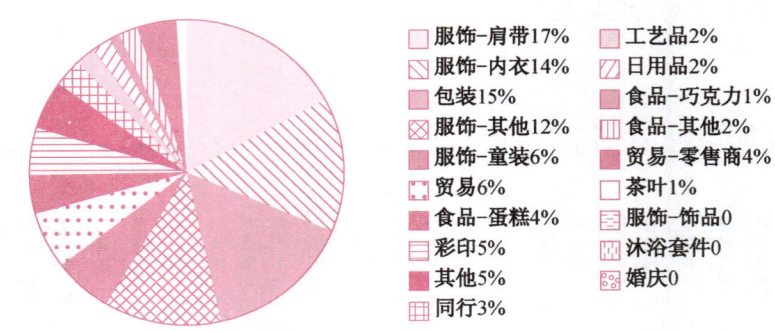

图 3-8　公司产品在各细分行业的销售占比（2014 年）

数据来源：公司内部数据。

公司内部资源配置现况

　　2010 年，公司打赢美国商务部的"双反"官司后，在北美市场的优势地位得到了进一步的巩固。姚明董事长开始考虑海外市场的长远布局问题。目前内销的销售业绩占公司总销售额的比例已经超过 50%，海外最大的市场是北美地区。为了与北美顾客保持更密切的沟通，以便提供更为便利的售后服务，2012 年，公司在美国新泽西州成立了办事处。该办事处为连接总部与美国市场提供了良好的平台和沟通渠道，也为开拓像沃尔玛这样的美国大卖场的市场创造了有利的条件。目前 80% 的全球奢饰品品牌如 Hermes、Dior、LV 等都使用姚明公司的产品作为包装材料。沃尔玛、Hobby Lobby 等大型超级市场都有公司生产的丝带类产品在销售。公司同时加紧在欧洲布局，对在欧洲当地有丰富行业经验的人实行"佣金销售"绩效管理方式进行管理。在 2014 年 12 月，公司成功收购了法国一家有 150 年经营历史的公司，为公司进一步布局欧洲作准备。此外，其他的海外市场主要是新兴市场，目前还以中小型顾客居多。2014 年 8 月，印度厂正式投产运营，其产品主要是返销中国国内市场，同时承接部分出口订单，为后续开拓印度国内市场作准备。

　　姚明董事长深知向产业链下游拓展，靠近终端消费者是生产制造型企业的生存之路。公司的产品，无论是各类丝带还是用丝带做成的花饰，都是下游行业（比如服装和包装行业）的"辅料"。经过反复研讨和调研，公司将战略作了适当的调整：向产业链的下游延伸，做终端产品，即 B2C 模式，将丝带和花饰作进一步的设计加工，加工成为终端消费者可以直接使用的产品，如丝带做的徽章、发夹、礼品花、丝带绣、丝带画、服装和提包手袋等。通过这些产品传播织带创新文化。2014

年10月,公司成立了"终端产品部"专门负责终端产品的销售。

公司也注意到"互联网+"的大背景给公司带来的机遇,决定大力发展电子商务渠道,增加在电子商务渠道上的人才和资金的投入,建立了"淘宝""姚明织带中文商城""姚明织带英文商城"和"姚明织带微信商城"等电商平台。"B2B"线上平台有"阿里巴巴"和"环球资源",适合外销。针对国内的"B2B"平台是"1688(诚信通)"。"姚明中文商城"采取"B2C"的模式,顾客对象除了小型织带贸易商外,还有一大批热衷于织带"DIY"的终端消费者。电子商务使习惯于传统的线下"B2B"模式采购的顾客逐步向电商转移,精简沟通环节,实现了成本和流程的最优化。公司还建立了自己的"微信公众号",高频率地公布最新产品资讯和促销活动,通过这个线上平台来组织线下推广活动,"O2O"的商业模型已经初具规模。公司"微信公众号"的"微粉"数量已经超过10 000人,而且还在快速增长中。

公司内部资源配置决策

2014年,公司召开了战略转型会议,制定了在做强、做大战略决策下的相应策略调整:将公司从国产品牌的低端形象转向中高端形象。为此,应该增加公司在国际市场上的影响力:扩大在美国市场的占有率,增加在欧盟等国家的市场占有率。在可能的情况下,通过收购方式建立在欧洲的影响力。在印度及其他东南亚等国家设厂。国内市场向"体验型"转型,经营模式由原来的B2B向B2C转变,拓展终端产品,拓展丝带的终端应用。同时,随着网络时代的发展,社交媒体及电商渠道的崛起,在"互联网+"的大背景下,公司要从传统的销售渠道向电商等新渠道转型。并将产品从传统产业向文化创意产业转型,将公司定位为丝带文化的传播者。

"资源跟着战略走":战略定位清晰了,资源就要配置上去。资源配置的水平决定了企业的核心能力、流程和战略性资产。如何将这些战略转型落地,是一直萦绕在姚明董事长心头的事情:重新定位公司的战略重点,配置内部资源时,应该考虑哪些因素?如何配置关键资源[①]是决定公司未来能否更好地发展的大问题。

国际与国内的资源配置分析

从公司战略布局来看,国内与国际市场的销售占比要从目前的国内与国际市

---

① 关键资源包括有形和无形资源。有形的关键资源包括厂房、IT设备和其他设施等;无形的关键资源包含知识、人才、企业文化等。

场各占50%,发展到国内占40%,国际市场占60%,以国际业务为主的格局。

关键的有形资源的配置:公司的战略定位是大力发展北美市场,使美国市场占到国际业务整体的60%以上。美国市场主要以大卖场销售为主,去掉中间的代理商。将目前的美国新泽西州的办事处发展成为美国总部,负责北美地区的所有业务。国际化战略要求产品要国际化。要结合北美的文化背景、北美人的消费习惯,在产品的研发方面下工夫,并增加研发方面的投入。具体主要是进行设计创新管理、工艺创新管理和产品研发管理。提升产品设计上的创新度、产品工艺上的创新度。还需要增加在北美渠道方面的布局和投入,做好针对美国顾客的应用性解决方案,并进行顾客应用性解决方案的分类管理。

在欧洲可以考虑采用并购的方式进入欧洲市场。并购能够以快速的方式获得被收购企业的资源,如知识、技术、人力资源、当地的客户渠道等。这是比较快速的进入市场的方式。近年来,欧盟区经济萎靡,可以选择的并购对象很多。2014年,公司收购了法国有150年历史的公司,就是很好的开端。可以为公司做终端产品提供平台。同时,目前公司还为很多奢饰品品牌提供辅料。在欧洲建立基地,既可以作为生产基地,也可以作为商品的中转地。还可以考虑在当地建立联营公司。

在新兴市场经济国家建立生产基地,主要是基于劳动力成本的考虑。2014年,公司已经在印度建立了生产基地。目前还主要是生产以织带为原料的手工制成的花饰类产品,主要用于服装、包装、饰品等行业。所生产的产品主要是返销中国大陆市场,还没有开发当地的市场,产品不在印度当地销售。未来公司要结合亚洲的文化背景、亚洲人的消费习惯,进行设计创新管理、工艺创新管理和产品研发管理,提升产品设计上的创新度、产品工艺上的创新度。未来还需要在印度开拓销售渠道,增加销售渠道方面的投入,还需要加强顾客应用性解决方案的分类管理。

关键的无形资源的配置:国际化布局还需要考虑国际化带来的无形资源的配置需求。在公司进行内部资源配置时,无形资源的配置也需要一并考虑。

国际化布局对人才提出了更高的要求。国际化对企业内部管理提出了更高的要求:需要培养具备国际水平的设计创新能力的设计人才、具有国际水平的工艺创新能力的工艺创新人才和具备国际水平的产品研发能力的产品研发人才。还需要培养具备国际化顾客解决方案能力的人才和具备国际化顾客价值评估能力的人才。需要培养和引进具有绩效及奖酬管理能力的人才、具有作业成本管理能力的人才。

公司的整合性IT系统的构建:要整合国际与国内资源,构建国际与国内一体化的IT系统,构建全球财务共享服务中心。

公司还应该构建与公司战略定位相匹配的企业文化,尤其是跨文化的沟通与交流机制。

目前,公司受现有财务资源的约束,上述国际化的布局要分步骤逐步实施。

B2B 转向 B2C 的资源配置分析

要确定内部资源配置的原则和标准,并按照这样的原则和标准进行内部资源配置。姚明董事长深知,很多知名互联网公司如百度、阿里巴巴都是从 B2B 起家的,后来都转向了 B2C 业务并获得成功。公司现有业务主要是 B2B 业务,在现有的领域公司已经是产品和渠道创新的领导者。现在已经到了向 B2C 转型的关口:如果不转型,公司就可能面临市场萎缩甚至失去竞争优势的可能。面向终端消费者转型就是将公司在市场上的优势进一步向下游拓展,将产品线延伸到消费者,将丝带和花饰等原有的公司产品作进一步地设计加工,加工成为终端消费者可以直接使用的徽章、发夹、礼品花、丝带绣、丝带画、服装和提包手袋等。借此平台将原来的传统产业向文创产业转型,可以改变原有产业的产能过剩和利润空间小的局面。公司应该将终端产品定位为丝带行业的"丝带文化传播者"。

关键的有形资源的配置:信息流是决定企业持续发展的关键资源,可以确保电子商务业务的开展和战略的改变。电子商务要依靠庞大的信息系统实现。信息流包含企业信息的传播和展示。商品浏览、商品订单形成、商品成交交易等购物流程必要环节都需要庞大数据和信息的完美支持。因此信息系统的构建需要配置大量的资金和其他有形资源。这是至关重要的资源投入。

B2C 最重要的特点是从顾客的视角出发进行决策,注重顾客的体验。顾客体验不同于真实生活中的直接接触,顾客决定下单只能通过产品的文字和图片信息、已购买客户的评价,然而这些信息并不能直接获得消费者的信任。如果 B2C 模式成功地将客户体验提高了,B2C 模式就成功了。因此要围绕顾客体验配置有形资源。

顾客区隔对 B2C 模式的建立起基础性的作用。需要对顾客进行区隔,以响应不同顾客的要求。

B2C 模式最关键的活动是供应商的选择。要围绕供应商的选择配置有形资源。由于同质化产品越来越多,顾客作出购买决策的前提是产品质量、规格、价格、特质符合其需求。企业在选择供应商时要谨慎和严格。

供应链管理活动的最终目的是使顾客价值提高,顾客体验提升。应该围绕物流体系的构建配置有形资源。判断供应链管理活动成功与否的标志是是否能够实现高效配送、高质量的售后服务,是关系到取得顾客信任、维持顾客黏性、获得忠诚顾客的重要因素。产品物流体系的建立是电子商务模式的重要一环。产品物流体系的运营可以考虑采用自建物流体系和通过第三方物流体系运营和管理。自建物流体系的实施效果好，但成本高；第三方物流体系成本低，但相对管控难，无法保证物流质量。

公司还可以建立专门组织负责售后及维护，对于任何售出的产品需要及时搜集顾客反馈信息，特别是对于客户不满意的产品要及时处理，按照相关标准和流程进行赔付或通过其他手段进行协商。

此外，网络营销、在线销售与内容维护、电子商务平台建设与运营维护都需要配置一定的有形资源。公司应增加在流量和转化率的管理、运营体系的重塑、网络技术上的资金投入。

关键的无形资源的配置：公司应该保证将资源配置到知识管理与人才培养上。重点是品牌管理、合作伙伴和顾客关系管理、企业文化的塑造、相关人才的培养等方面。

公司应该在品牌建设上下工夫，使公司从一个B2B的品牌转为大众接受的B2C品牌。需要以丝带文化为主线，围绕丝带文化进行公司产品定位，使公司成为"丝带文化传播者"和文化传播领袖者。为此，公司要做好文创产品创新研发管理和文创产品品牌研发管理。提高文创产品的创新程度，并创建文创产品的自有品牌。

资源配置到培养能够适应公司转型的各方面人才，具体包括信息技术（大数据分析和管理）人才、新媒体营销人才、具备文化创意产品的成本核算与管理人才、B2C模式下公司的业绩评价和薪酬设计的管理人才等。

公司经营模式转型的下一步

公司各层面在上述问题上依然存在一定的分歧，但姚明董事长知道他必须在短时间内作出决策。不管最后的决策是什么，总有一部分人要面临巨大的挑战：要么对现有的国内、国际市场进行粗放管理，对经营模式不作调整，对当前的"互联网＋"的大背景不作响应；要么就借此机会，彻底理顺公司的战略定位，保持公司竞争优势，对公司进行一场大的调整。

摆在姚明董事长面前的有两种选择：

第一种选择是继续按照现有的方式和思路对国内、国际市场进行粗放管理，对经营模式不作调整，对当前的"互联网＋"的大背景不作响应；第二种选择是借此机会，彻底理顺公司的战略定位和未来的竞争优势，对公司进行一场大的调整。

姚明董事长明白公司必须在上述问题上找到一个平衡点。他在不断地问自己,面对激烈的市场竞争和行业竞争,我们公司准备好了吗?

讨 论 问 题

1. 请用 SWOT、PEST、钻石模型等分析工具中的 1~2 个分析工具,分析姚明织带自身的环境和应该采取的竞争战略。

2. 厦门姚明织带饰品有限公司为什么要积极拓展国际市场?你认为应该如何开拓国际市场?

3. 你认为厦门姚明织带饰品有限公司拓展国际市场,在资源配置上应该考虑哪些事情?

4. 从 B2B 向 B2C 模式的转型应该注意哪些问题?你认为厦门姚明织带饰品有限公司为什么要从 B2B 模式转向 B2C 模式?

5. 你认为厦门姚明织带饰品有限公司向 B2C 模式的转型时,应该如何进行内部资源的配置?

6. 你认为厦门姚明织带饰品有限公司为什么要向文创产品转型?应该如何做好从传统产品向文创产品的转型?

附录　相关概念和理论

一、SWOT 分析

20 世纪 80 年代初,SWOT 分析由美国旧金山大学的管理学教授韦里克提出,经常被用于企业战略制定、竞争对手分析等场合。SWOT 分析就是关于企业的优势(Strengths);劣势(Weaknesses);机会(Opportunities);威胁(Threats)的分析,是对企业内外部条件各方面内容进行综合和概括,进而分析组织的优劣势、面临的机会和威胁的一种方法。

优劣势分析主要着眼于企业自身的实力及其与竞争对手的比较。竞争优势是指一个企业超越其竞争对手的能力,这种能力有助于实现企业盈利这个主要目标,是一种综合优势。在作优劣势分析时必须从整个价值链的每个环节,将企业与竞争对手作详细的对比。衡量一个企业及其产品是否具有竞争优势,只能站在现有潜在用户的角度上,而不是站在企业的角度上。但竞争优势并不一定完全体现在较高的盈利性上,可能更多的是体现在企业市场份额的增加、产品线的宽度、产品质量、可靠性、适用性、风格和形象以及服务的及时与态度等。在分析时,应把所有的内部因素(即优劣势)集中在一起,然后用外部的力量来对这些因素进行评估。机会与威胁分析中的威胁指的是环境中一种不利的发展趋势所形成的挑战。如果不采取果断的战略行为,这种不利的趋势将导致公司竞争地位受到削弱。机会就是对公司行为富有吸引力的领域,在这一领域中,该公司将拥有竞争优势。机会和威胁分析将注意力放在外部环境的变化及对企业的可能影响上。

(一) SWOT 分析模型的方法

1. "优势＋机会":杠杆效应

企业可以用自身内部优势撬起外部机会,使机会与优势充分结合并发挥出来。

2. "机会＋劣势":抑制性

当环境提供的机会与企业内部资源优势不相适合,或者不能相互重叠时,企业的优势再大也将得不到发挥。

3. "优势＋威胁":脆弱性

当环境状况对公司优势构成威胁时,优势得不到充分发挥,会出现优势不优的脆弱局面。

4. "劣势＋威胁":问题性

当企业内部劣势与企业外部威胁相遇时,企业就面临着严峻挑战,如果处理不当,可能直接影响到企业的生死存亡。

(二) SWOT 分析步骤

(1) 确认当前的战略是什么。

(2) 确认企业外部环境的变化(波特五力或者 PEST)。

(3) 根据企业资源组合情况,确认企业的关键能力和关键限制。

(4) 按照通用矩阵或类似的方式打分评价。

(三) SWOT 模型的局限性

以前的企业可能比较关注成本、质量,现在的企业可能更强调组织流程。SWOT 没有考虑到企业改变现状的主动性。企业可以通过寻找新的资源来创造企业所需要的优势,达到过去无法达成的战略目标。

二、PEST 分析

PEST 分析是指对宏观环境的分析,P 是政治(Politics),E 是经济(Economic),S 是社会(Society),T 是技术(Technology)。在分析一个企业进行跨国经营时,通常是通过这 4 个因素来进行分析企业所面临的状况(见图 3-9)。

根据 PEST 框架,主要考虑以下几个方面。

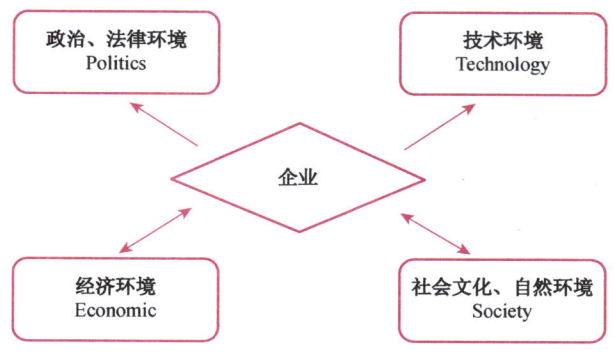

图 3-9　PEST 分析框架

（一）政治、法律环境

政治、法律环境主要包括政治制度与体制、政局、政府的态度等；法律环境主要包括政府制定的法律、法规。具体包括：政治体制；世界贸易协定［如欧盟（EU）、北美自由贸易区（NAFTA）、东盟（ASEAN）等］；政府所持的市场道德标准；垄断与竞争法律；环保法律；就业政策与法规，贸易规则；政府关于对待外商投资的政策；现有法律对控制权的要求，对投资者的保护程度；现有的税收政策等。

（二）经济环境

构成经济环境的关键战略要素：GDP、利率水平、财政货币政策、通货膨胀、失业率水平、居民可支配收入水平、消费偏好、储蓄情况、就业程度、汇率、能源供给成本、市场机制、市场需求、证券市场状况、进出口因素、贸易周期等。

（三）社会文化、自然环境

社会文化、自然环境中影响最大的是人口环境和文化背景。人口环境主要包括人口规模、年龄结构、人口分布、种族结构以及收入分布等因素。文化背景主要包括居民教育程度和文化水平、宗教信仰与风俗习惯、审美观点、价值观念、气候和文化、收入分配、人口流动性、生活方式及价值观、消费结构与水平等。

（四）技术环境

技术环境不仅包括发明，而且还包括与企业市场有关的新技术、新工艺、新材料的出现和发展趋势以及应用背景。具体为政府对研发的支出、政府对技术的关注度、劳动生产率、技术工艺发展水平、相关配套产业发展状况、技术转移和技术商品化速度、对知识产权的保护程度、网上银行、新一代手机等。

三、"钻石模型"

钻石模型是由美国哈佛商学院著名的战略管理学家迈克尔·波特提出的。钻石模型用于分析一个国家某种产业为什么会在国际上有较强的竞争力，是理解国家或地区全球竞争地位的全新方法，已经成为国际商业思维中不可或缺的一部分。波特认为，决定一个国家的某种产业竞争力的有四个因素：生产要素、需求条件、相关产业和支持产业的表现及企业的战略、结构、竞争对手的表现。四个因素之间的关系见图3-10钻石模型分析框架。

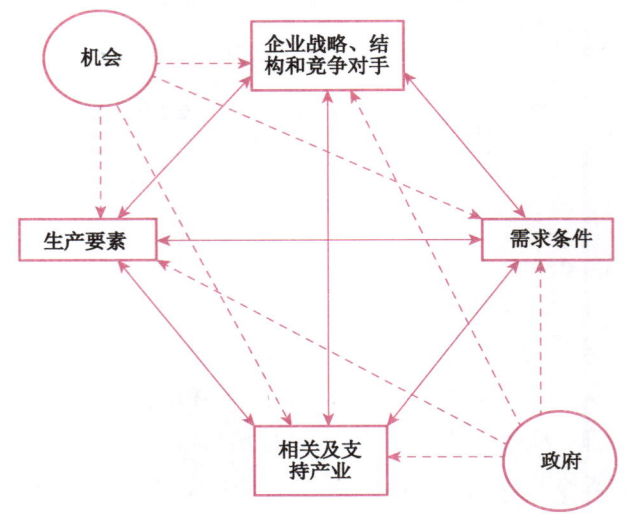

图3-10　钻石模型分析框架

四、国际化战略

国际化是指企业发挥内部资源优势来获得尚未被开发与占领的世界市场。这个市场包括产品市场、资本市场、技术市场以及知识信息市场等（Delios和Beamish，1999；Kotabe、Srinivasan和Aulakh，2002）。企业国际化是企业有意识地追逐国际市场，积极参与国际分工，由国内企业发展成为跨国公司的过程。企业的国际化经营是以资源配置的逐渐优化，生产组织的日益合理，产品市场和劳务的逐渐扩大为内容的，以母国为基础向其他国家和地区开展生产经营活动的总称。

（一）企业实施国际化战略的动机

（1）资源、生产要素驱动。资源特别是国外市场低价优质资源对于企业实施国际化战略有强大的吸引力。

（2）市场驱动。国内、国际两个市场是任何一家企业都必须要考虑的现实问题。当国内市场面临饱和，国内行业红海竞争局面愈发激烈时，而且国际市场的盈利空间较大，可以有效地弥补和支撑企业在本国市场竞争时，企业就会积极开拓国际市场，以减少国内市场竞争强度。

（3）技术创新驱动。全球的技术资源分布存在很大的不均衡性，经济发达国家在技术水平方面遥遥领先世界其他国家和地区,且技术变化与更新速度快和具有产业集聚的特点,因此,为了在技术上与世界最先进的水平同步,许多企业纷纷将研发中心迁址至相应区域或直接收购国外企业。

(二)企业国际化投资方式选择的理论基础

1. 交易成本理论

科斯在《企业的性质》和《社会成本的问题》中,静态分析了企业替代市场状态。发现只要企业的组织成本低于其所替代的市场交易成本,通过企业这种组织形式就会优于市场形式(Coase,1937)。而交易成本是资产专用性、不确定性和交易频率的函数(Williamson,1985)。跨国并购可以使收购方获得被收购企业的资源,如知识、技术、人力资源、当地的客户渠道等(Harzing,2002)。

2. 战略行为理论

跨国公司战略是公司价值链上各环节经营活动在世界各地区的布局及各战略变量的不同组合。跨国并购是对外直接投资方式的首选,跨国并购不是由短期利益所驱动,而是在经济全球化背景下跨国公司资源的重新部署,是重新协调企业与市场、企业与企业关系的理性反应(Porter,1986)。跨国并购可以迅速地获得目标企业的资源和能力优势。跨国并购的战略动机主要有:从外部寻求战略性资产(Hagedoom et al.,2002);构建核心能力(Hopkins,1999),弥补公司自身能力的不足(Eisenhardt et al,1996;Teeceetal,1997),获得速度经济性;迅速进入某一地区或市场等。

3. 组织能力理论

组织能力包含企业知识、技术等资源和能力。该理论认为企业是一系列的资源与能力的组合。企业因拥有不同的资源而呈现异质性,企业就有持续的竞争优势。企业的增长过程就是更为充分利用自身现有资源以及更大限度地获取外部可用资源和能力的过程。当资源可以通过市场进行交易时,企业可采用新建方式进入(Brouthers,2000)。由于有价值的资源往往与其他资源嵌入在组织内部,因此某些资源不能完全通过交易得到,企业需要通过并购的方式获得这些资源,来实现经营协同效应(Hennart,1991)。

4. 产业组织理论

该理论认为,并购的动因在于:第一,企业可以通过并购减少市场上的竞争对手,提高市场占有率,取得垄断和寡占的地位;第二,可以有效地降低或消除进入壁垒,实现企业低成本、低风险的国际扩张。

5. 价值低估理论

该理论认为,并购的动机在于目标企业价值的低估值。托宾提出了托宾Q系数,认为并购有效的前提是Q值小于1。新建投资和跨国并购的关键区别在于与对外直接投资所需的相关投入是否可以在不同的市场获得(Hennart,1991)。

(三) 跨国经营的市场进入战略

国际市场进入战略是指企业将其资金、产品、技术、工艺、管理及其他资源投放到其他国家(地区)市场的一种规范化的部署。跨国经营企业的国际市场进入是指企业直接投资的进入方式,即企业通过契约或者股权方式投资海外目标市场,并通过在国外建立生产性、销售性或服务性企业实现企业的经济目标。企业跨国经营投资进入模式框架如图3-11所示。

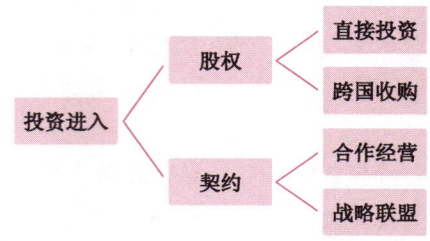

图 3-11　企业跨国经营投资进入模式框架

(四) 跨国经营的开发模式选择

(1) 由易后难型国际市场开发模式。在该模式下,企业先从跨国贸易入手,逐步选择一些难度高的方式如并购等开拓市场。

(2) 由难后易型国际市场开发模式。

(3) 由 OEM 及 OBM 市场开发模式。一些企业是从 OEM(贴牌生产)起家的,利用 OEM 打开渠道和市场,在积累一定的技术、管理经验和品牌基础上,加大自主品牌的开发与推广,逐渐转变为 OBM(独立品牌)企业。

(4) 重点控制渠道的市场开发模式。由于自身品牌在国际上缺乏知名度,只能选择通过代理商品牌出口。但要通过控制当地市场营销网络来保证自身产品在海外市场的销售。

五、B2B 与 B2C 模式

B2B 是指 Business to Business,是企业之间通过电子商务的方式进行交易,B2B 也泛指企业间的市场活动。B2C 是指 Business to Custom,是从企业到终端顾客(包括个人消费者和组织消费者)的业务模式。在电子商务时代的 B2C 是通过电子化、信息化的手段,尤其是互联网技术把本企业或其他企业提供的产品和服务不经任何渠道,直接传递给消费者的新型商务模式。从 B2B 到 B2C,我国经历了 10 年的发展。目前 B2B 和 B2C 模式都已经相对成熟了。但 B2B 仍然是我国电子商务的主流,其交易额仍占我国电子商务总交易额的 80% 左右。

B2C模式是在虚拟网络平台上开展的提供实体商品业务,线上信息流提供和线上产品提供应该保持一体化、整体化。图3-12所示的是B2C商业模式涉及的主要内容。电子商务模式最大的阻碍在于将组织资源与电子商务结合的能力。从订单响应、订单满足率、库存周转率到补货响应能力等都考验电商的运营和管理能力。线上线下资源的整合能力和管理能力是B2C模式经营所面临的挑战。

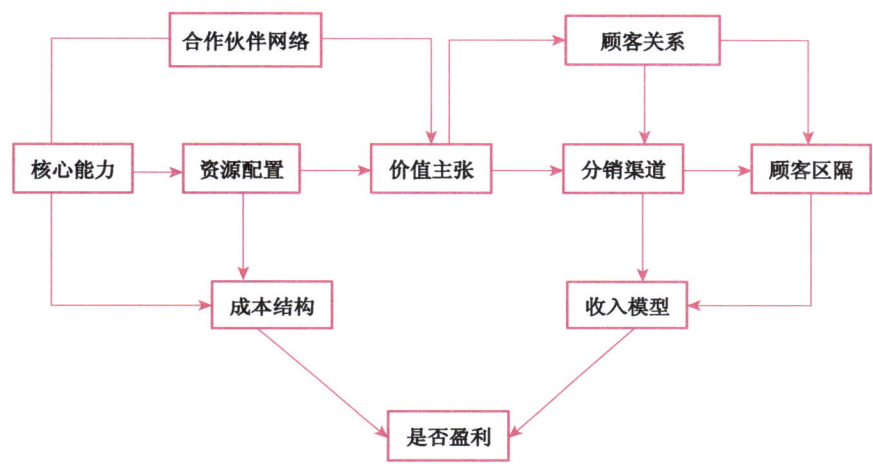

图3-12　B2C商业模式涉及的主要内容

资料来源:苏慧文.我国B2C商业模式的设计研究.中国海洋大学硕士学位论文,2013(5).

合作联盟在体现企业的核心能力,为顾客创造价值方面有非常重要的作用。伙伴关系的建立有利于降低产品成本、减少经营风险,获得更多顾客的访问,获得更强的市场竞争力。企业要根据自身内部资源优势与劣势,在双方都能够获得互补能力的前提下,谨慎选择B2C模式的合作伙伴。

合作双方需要合作处理业务时,两方的团队之间如何作出决策、如何将两者文化相融合是一个值得思考研究的问题。

在B2C模式下,供应链管理和成本控制是经营的核心,支撑运营需要建立强大的IT系统和物流体系。虽然前期投入大,但后期收益将远远超过前期,在保持低成本状况下,加快库存周转率和现金周转速度,为顾客创造更多的价值。

六、文化创意产业

从广义上讲,一切由创意推动的产业可称为创意产业,通常把以创意为核心增长要素的产业或缺少创意就无法生存的相关产业称为创意产业(厉无畏,2006)。金元浦(2006)则认为,"文化创意产业是在全球化背景下,以精神文化的需求为基础,以高科技手段为支撑,以网络等新媒体为主导,以文化、艺术与经济全面结合形成跨国、跨行业、跨部门、跨领域重组或创建的新型产业集群。强调一种主体文化或文化因素,通过技术、创意和产业化的方式开发、营销知识产权的行业"。创意人才是构成创意生产力的基本要素,是文化创意产业发展的核心要素,是创意产业核心竞争力的载体,是创意经济最核心的产业要素和资源(厉无畏,2006)。文化创意产业的外延见图3-13。

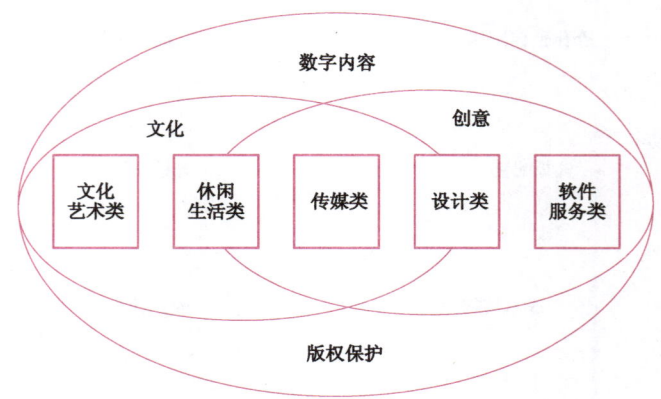

图3-13 文化创意产业外延图

资料来源:王伟伟.加快中国文化创意产业发展研究.辽宁大学博士学位论文,2012,6.

从全球文化创意产业整体来看,美国、英国、澳大利亚、韩国、日本等国都是发展文化创意产业的典范国家。美国的文化创意产业以"版权产业"为基础,包括核心版权产业、交叉版权产业、部分版权产业和边缘产权产业等。美国的文化产业产值为世界最高水平,其占GDP的比重为18%～25%,尤其是有美国版权的产业产值9 318.2亿美元,相当于GDP 6.3%。文化创意产业在给美国带来巨大的经济效益的同时,也将美国的文化价值体系迅速地向世界其他国家和民族进行推广,美国的价值观念通过美国的影视作品在全世界范围内得到了传播。英国的创意产业的企业总数达到18.21万家,占英国企业总数的8.7%;创意产业出口173亿英镑,占英国全部出口总额的4.1%,已经成为世界文化创意产业的"标杆国"。其创意产业创造的年均产值超过600亿美元,平均年增长率为6%以上,占GDP的8%,是世界上仅次于美国的第二大创意产业国。亚洲的韩国和日本在发展文化创意产业方面也取得了巨大的成绩。日本的文化创意产业产值占GDP的比重为15%。我国文化产业虽然发展速度较快,年均增长速度超过20%,但文化创意产业产值仅相当于GDP的2.75%,我国文化创意产业与发达国家相比还有一定的差距。约翰·霍金斯在《创意经济》一书中指出,全世界创意经济每天创造220亿美元,并以5%的速度递增。阿特金森(Atkinson)和科特(Court)于1998年明确指出,新经济就是知识经济,而创意经济则是知识经济的核心和动力。美国人已经发出"资本的时代已经过去,创意的时代已经来临"的宣言。根据《2010 创意经济报告》,2008 年国际贸易额减少 12%,但是,文化创意产品与服务的世界出口额却比 2002 年增长了 1 倍多,达到了 5 920 亿美元,6 年来年均增长率为 14%。这种趋势还有可能会延续下去。

文化创意产业是以文化资源的投入为基础的产业;具有知识和创新密集型的产业的特点。凯夫斯将创意产业归纳了七个特点:创意产品具有需求的不确定性、创意产业的创意者十分关注自己的产品、创意产品不是单一要素的产品,其完成需要多种技能、创意产品特别关注自身的独特性和差异性、创意产品注重纵向区分的技巧、时间因素对于一个创意产品的传播销售具有重大意义、创意产品的存续具有持久性与盈利的长期性。文化创意产业本质内涵和实践意义强调创新发展的内在确定性,这种内在确定性就是将科技创新与文化创意融入产业发展的坚实依托和发展的两翼。文化创意产品的价值链见图 3-14。

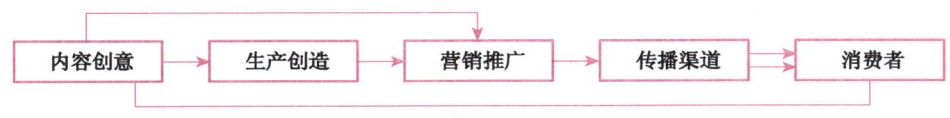

图 3-14　文化创意产业的价值链

资料来源:厉无畏.创意产业导论[M].上海:学林出版社,2006.

文化创意产业主要包括广播影视、动漫、音像、传媒、视觉艺术、表演艺术、工艺与设计、雕塑、环境艺术、广告装潢、服装设计、软件和计算机服务等方面的创意群体。

参考文献

[1] ALCHIAN A A, DEMSETZ H. Production, Information Costs, and Economic Organization[J]. American Economic Review, 1972, 62(5):777-795.

[2] AFUAH A. Business models: A strategic management approach [M]. New York: McGraw-Hill Irwin, 2004.

[3] COASE R H. The Nature of the Firm[J]. Economica, 1937(4):386-485.

[4] EISENHARDT K M, SCHOONHOVEN C B. Organization of Innovation Trough Strategic Alliances[J]. Academy of Management, Cincinati, 1996.

[5] HOPKINS H D. Multinational Enterprises and Economic Analyses: Global and Regional Perspectives[J]. Journal of International Management, 1999(5):207-239.

[6] HENNART J F. The Transaction Costs Theory of Joint Ventures: An Empirical Study of

Japanese Subsidiaries in the United States[J]. Management Science，1991(9)：37.

［7］ PORTER M E. Competition in Global Industries[M]. Boston：Harvard Business School Press，1986.

［8］ WEILL P，VITALE M. What IT infrastructure capabilities are needed to implement Ebusiness models[J]. MIS Quarterly Executive，2002，1(1)：17-34.

［9］ ZOTT C，AMIT R. Business model design and the performance of entrepreneurial firms[J]. Organization Science，2007，18(2)：181-199.

［10］ TEECEETAL D J. Multinational Enterprises and Economic Analyses[J]. Strategic Management Journal，1997，18(7)：509-533.

［11］ WLLIAMSON O E. The Economic Institutions of Capitalism：Firms，Markets，Re-lational Contraction，[M]. New York：The Free Press，1985.

［12］ 厉无畏. 创意产业导论[M]. 上海：学林出版社，2006.

［13］ 金元浦. 文化创意产业概论[M]. 北京：高等教育出版社，2010.

［14］ 苏慧文. 我国B2C商业模式的设计研究[D]. 中国海洋大学硕士学位论文，2013.

［15］ 唐志超. 中国民营高科技企业的国际化战略研究[D]. 北京交通大学专业硕士学位论文，2013.

［16］ 王伟伟. 加快中国文化创意产业发展研究[D]. 辽宁大学博士论文，2012.

第四章

厦门姚明织带饰品有限公司(B)[①]

在厦门、金门之间的海域上,一艘汉斯 Hanse505 帆船,正鼓足风帆,优雅而又有力地破浪行驶。这是亚洲首艘德国汉斯 Hanse505 帆船,她的名字是"姚明号",船的主人是厦门姚明织带饰品有限公司的董事长姚明。姚董事长此时正亲自掌舵,率领着 10 位公司高管,在海面上"飞翔"。这是一次公司高管的团队拓展活动,姚明希望能让大家好好放松,感受到扬帆出海的激情,当然也还要意识到看似平静的大海背后隐藏着风云莫测的风险。

姚明织带的两场官司

厦门姚明织带饰品有限公司由姚明先生创立于 2004 年,公司专业生产高品质涤纶色丁丝带、涤纶罗纹丝带、涤纶织边印标丝带、尼龙雪纱带、丝绒带、丝带印刷、丝带小包装、丝带发饰和丝带花饰。自成立至今,短短几年时间,姚明织带专注于专业化和规模化生产,打造高品质产品,树立企业优异形象,企业信誉和产品质量在织带行业内被公认为最好,公司产品远销世界 100 多个国家和地区,在国内的市场占有率稳步提升。为全球最大的涤纶丝带、丝带印刷、丝带花饰制造企业。

近年来,姚明织带发展迅速,在业内影响力越来越大。获得了"中国优秀企业""厦门 150 家重点工业企业""2011—2012 年厦门十大经济影响品牌""中国管理模式杰出领导力奖"等荣誉称号。

在接受《世界经理人》杂志采访时,姚明董事长认为是两场官司成就了姚明

[①] 本案例由林振兴根据实地调研的资料撰写。林振兴,博士,上海立信会计金融学院会计学院教师。

织带。

第一场官司是和美国商务部进行的"双反之战"。2009年7月9日,拥有65年历史的美国宾夕法尼亚州BERWICKOFFRAY公司及其全资子公司狮子绸带公司向美国商务部提出申请,要求对中国产窄幅织带发起反倾销反补贴调查。当年7月23日,美国商务部立案,发起对中国纺织品首起"双反"调查,也是后配额时代美国对中国纺织品采取的第一起贸易救济措施。厦门姚明织带饰品有限公司因出口量位居中国同行业榜首而首当其冲。

"我们企业没有存在任何倾销和补贴生产的情况,为什么要被扣上这样的帽子呢?"姚明不服气,他说:"打这个官司更主要的是要讨一个清白的说法。"经过再三的缜密考虑,厦门姚明织带饰品有限公司于接到"双反"调查通知后的一周内即决定应诉,姚明特别拨款200万元作为应诉专项经费,并成立应诉小组,开始了艰辛而漫长的应诉之路。

2013年7月13日,美国商务部的终裁终于让历时1年的中国产窄幅织带"双反"调查尘埃落定。作为中国大陆唯一的应诉企业,厦门姚明织带饰品有限公司成为中国唯一一家获得零税率的企业,也基本上为自己赢得了独家进入美国市场的入场券。其他中国织带企业由于没有应诉,则不得不面对高达123.83%或247.65%的反倾销税。而在反补贴方面,另一家遭强制应诉的长泰荣树纺织有限公司也因没有应诉不得不接受117.95%惩罚性反补贴税,其余没有遭到起诉的同行则得以享受与姚明织带同等的1.56%的反倾销税。

第二场官司是和篮球巨星姚明的商标之战。厦门姚明和前NBA篮球巨星姚明,两人有关"姚明"两字的商标纠纷,始于2004年。当年8月17日,厦门姚明提出"姚明"商标注册申请,2007年11月19日,该申请被商标局以"姚明是我国著名篮球运动员,有很高的知名度,不得注册"为由驳回。随后,厦门姚明向国家工商行政管理总局商标评审委员会提出商标驳回复审申请,商评委于2008年12月8日作出商标驳回复审决定,决定对该商标予以初步审定。

就在初审公告期内,有人对该商标提出异议,商标局于2011年5月25日作出异议裁定书,裁定其不予核准注册。厦门姚明不服商标局的异议裁定,在规定期限内,再次向商评委申请复审。2013年6月28日,商评委作出复审裁定,姚明所提异议复审理由成立,"姚明"商标予以核准注册。这也意味着,厦门姚明织带与前NBA球星姚明闹了9年的商标纠纷,终于以厦门姚明织带胜出而告一段落。

这两场官司不仅为姚明织带在国内外市场竞争扫清了障碍,更极大地提升了姚明织带的知名度,奠定了其在织带行业的领导地位。

生产模式和面临的挑战

在生产领域,姚明织带的独特之处在于其"大库存"模式。与提倡"安全库存"或"零库存"的制造企业不同,姚明织带选择了另一条与之相悖的道路。公司常年备有 8 亿~10 亿码的丝带库存,一旦客户下单,便可以实现现货交易。据公司称,织带的差别主要体现在染色和印刷上,而姚明织带的客户的需求普遍集中在 196 种颜色、11 种材质的产品中。进一步说,公司 2/3 以上的客户都是这 196 种固定颜色织带的买家。于是,姚明织带选择大批量生产这 196 种颜色的织带,并常年供应现货。通常情况下,根据运输距离的长短,现货可以在 0~5 天内交货。对于少数需要定制颜色的客户,公司也可以在 1~4 天内完成打样,3~10 天内交货。

姚明织带生产副总陈荣明将"大库存模式"的特色总结为三点:一是常年对外承诺备有现货;二是遇到补充库存与客户订单间出现排产冲突时,用补充库存为优先原则;三是在库容允许的情况下,开足马力生产而不考虑库存水平超出安全库存的程度。

相比之下,国内大部分制造企业采取的是安全库存的模式。一般而言,实行安全库存的做法是预测未来一段时间内的订货需求,并设置一个订货点,当库存水平降低到这个订货点时,就启动生产进行补货。从这个角度看,实施安全库存战略的企业可以在库存成本与品质和交期之间取得一个平衡。但它的不足是,企业一般不会追求绝对满足客户的现货需求,也不会进行超出安全库存的生产。一旦遇到大规模的订单,企业仍可能出现缺货的现象。在此基础上,假使行业内的企业全都采用安全库存的战略,那么其结果必定会催生出新的战略选择。进一步说,只要有一家企业采用大库存模式,在安全库存的基础上降低了生产转换成本及色差产生的损失,那么安全库存模式的绩效就会大打折扣。

在陈荣明看来,在织带业近乎红海的竞争中,促使姚明织带采用"大库存模式"的恰恰是客户的需求。据悉,织带业的客户多为服饰、玩具、礼品、鞋材等行业的商家,它们对织带也呈现出多重的偏好。

第一,世界各地的政府与消费者对产品品质与环保技术的要求越来越严格。尽管织带在多数情况下属于辅料,但商家对织带品质的重视程度仍与日俱增。

第二,服饰、礼品等行业的进入门槛较低,商家对成本十分敏感,因此对辅料的采购价格也十分在意。换言之,姚明织带的目标客户群具有很强的物美价廉的偏好,因此公司必须在价格上作文章,实行平价的差异化战略。在这种情况下,大批量的生产有益于公司降低生产成本。

第三,服饰、玩具、鞋材等行业的产品流行期越来越短,这意味着商家一旦确定款式设计,就会要求在尽可能短的时间内配足主辅料开始生产。因此,下游客户会要求织带厂商尽可能即时交货,对姚明织带而言,以提供现货来形成交期上的优势,就成了其竞争的利器。

而就织带行业本身来说,它的生产技术与传统纺织产品十分接近,因此进入门槛较低。进一步说,产品用途和技术门槛决定了这个行业的竞争十分激烈,单个企业几乎很难建立起相对上游原料供应商与下游客户的主导地位,也不具备大力逼迫经销商快速销售的话语权。

这样的行业性质,迫使姚明织带采用大库存模式来形成相对的竞争力。值得一提的是,大库存并不简单地意味着库存越多越好,姚明织带同样预见到了可能遭遇的风险。为此,公司设计了具有"姚明特色"的库存策略。

其一,假使公司在所有织带品种上都采取现货供应,那么占用的资金量将使公司难以承受。因此,姚明织带选择的库存集中在 196 种颜色、11 种材质的品类中。其二,为了兼顾锁定品类的产能以及产品线的扩充,公司采用了产能与产品线滚动式扩张的战略,既考虑到即时交货的需求,也满足了产品线的扩展。与此同时,公司在销售淡季仍开足马力生产,试图为接下来的销售旺季提供充足的现货。

在金蝶商业价值研究院副院长吴生平眼里,姚明织带的"大销售、大生产、大库存"模式的核心就是通过规模化生产和精益化管理降低生产成本,通过库存规避由各种因素导致的原材料价格上涨风险,并应对市场销售价格下降的挤压。

但不得不说,满足了客户的现货需求,并取得了稳定的产品品质后,由此带来的高库存成本,也可能削弱产品的价格竞争力。

对此,陈荣明称,姚明织带的库存一般会在最长不超过 6 个月的时间内全部消化掉。他同时坦言,这种大库存模式有其历史的特殊性:"一方面,素色带的需求在 80% 以上,我们备的库存绝大部分都是素色带,不太可能滞销;另一方面,国内的 GDP 在上升,原材料价格也在不断上涨,提前备货可以锁定成本。"

对于陈副总而言,带来更多挑战的是生产任务的达成。自 2012 年以来,姚明织带一直面临产能负荷不足的问题。图 4-1 和图 4-2 分别是姚明公司 2012—2014 年织带和染色的产能与实际产量达成的比较。

从图 4-1、图 4-2 可见,2014 年织带和染色的产能负荷均不足 60%,织带产品 2014 年的产能负荷仅为 53.5%,且处于进一步下滑趋势。其实造成这一困境的主要原因并非订单不足,而是生产线员工的不足。

自 2012 年以来,姚明织带生产线员工的数量持续下降,如表 4-1 所示。

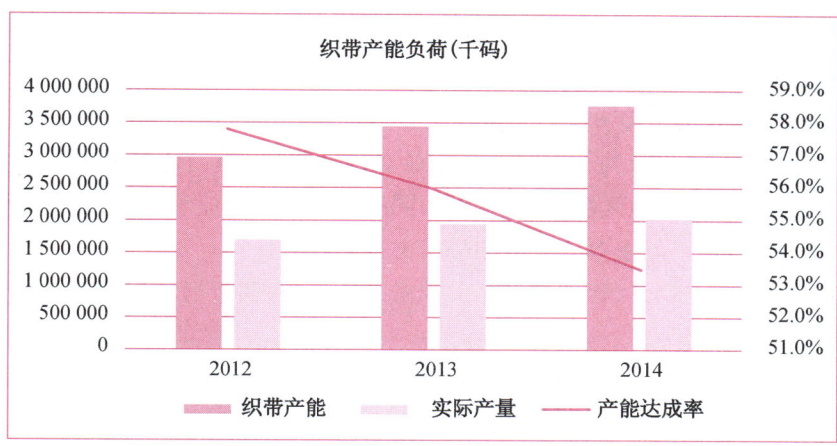

图 4-1　2012—2014 年姚明织带产能负荷

数据来源：姚明织带内部数据。

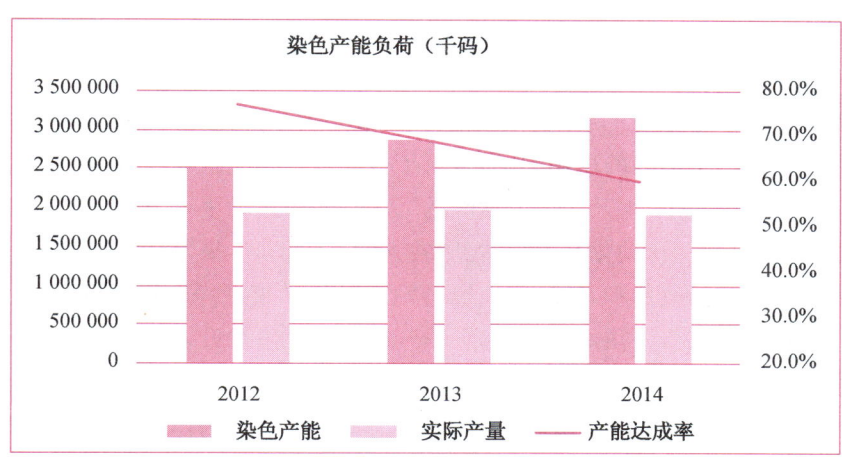

图 4-2　2012—2014 年姚明织带染色产能负荷

数据来源：姚明织带内部数据。

表 4-1　姚明织带生产线员工变化（2012—2014）

年份 项目	2012	2013	2014
全部员工数	1 482	1 518	1 250
产线员工数	1 077	1 136	882
产线员工缺编率	24%	32%	40%

数据来源：姚明织带内部数据。

2014年生产线员工在职人数仅为定编人数的40%，缺编严重。这样的结果是造成设备产能严重浪费，生产目标却常常无法达成。

员工缺编的原因：一方面是招不进来，另一方面是留不住。近3年生产线员工的年度流失率都高达90%以上。董事长姚明认为，沿海企业招工难跟国内制造业等产业向中西部转移有关。由于大量企业在内地设厂，给当地带来了更多的就业机会，相比之下，沿海地区生活成本高企，同时受到这些产业利润不高的影响，工资水平提升有限，对于外来务工人员的吸引力逐渐降低。

面对生产成本攀升、管理难度加大带来的挑战，姚明董事长和管理层近年来进行了很多探索和努力。

首先，不断提升员工薪酬在市场上的竞争力。一方面不断提高员工的薪酬，一线员工的平均月薪资从2012年的3 154元提高到2014年3 860元；另一方面还想方设法增加和改善员工的福利。2011年以来，姚明织带公司连续获评"厦门打工者最信赖十佳雇主"。

其次，在员工管理和激励方面也不断探索创新。2013年，生产团队开始实施"团队绩效"的激励方案。方案的核心是员工的薪酬与生产班组或车间的整体绩效紧密挂钩，在达成整体目标后，员工薪酬较个人计件薪酬会有较大幅度的提高。团队绩效方案实施后很好地调动了员工的积极性，生产效率大为提升，取得了很好的效果。

但是姚明织带面临的现实问题是，对于劳动力密集型企业而言，人工成本已经到了一个较高的水平，生产线员工薪酬的"天花板"已经触手可及。

再者，就是通过自动化升级来达到"省人化"。近3年来，姚明织带投入大量资金进行生产设备的改造和升级，投入资金额超过3年累计净利润的50%。生产设备的升级和改造取得了很好的效果，各项产能有了显著提升，同时生产线员工的需求数量也大幅下降。

然而随之而来的是两个新问题：第一是升级改造后的生产线对于员工的经验和技能提出了更高的要求，而员工的高流动性使得高技能的熟练工比例过低，无法满足生产线要求；第二是旧设备的闲置和新设备的利用不足，这两方面都造成了制造成本的较大提升。

面对这些问题，什么是根本解决之道？姚明董事长想到的是生产转移，寻求劳动力成本更低的地区设厂生产。

出境加工的首个"吃螃蟹者"

2014年10月，姚明织带获得厦门海关核发的《出境加工贸易纸质手册》，成为福建省出境加工业务的首个"吃螃蟹者"。

所谓"出境加工"业务,是指由国内企业承接国内订单后,借助境外劳动力开展出境加工再返内销的业务,海关只对出境加工成品增值部分征税。2014年8月,海关总署正式批复同意姚明织带开展出境加工业务试点,期限为2年。当月,姚明织带就在印度南部城市布兰迪克服装城新成立一家工厂——印度瑞蓓丝织带饰品有限公司。

姚明织带印度公司的总经理林总认为,选择印度设厂主要有三方面的原因:第一,劳动力资源丰富且成本低,姚明织带在中国织带行业已具有统治性优势,但在延伸的花饰领域中由于劳动力成本居高不下,没有优势,在印度设厂可以充分利用当地劳动力资源优势形成花饰产品的竞争优势;第二,当地工业园区基础设施良好,管理水平先进,未来将成为纺织行业垂直一体化的范例,为运营提供了可靠的保障;第三,随着产业迁移的加快及经济的加快发展,未来印度将有很大潜力成为继中国之后又一个高速发展的大型经济体,在此设厂,提前进行布局,未来将能够更好把握由此带来的系列商机。

从投资决策到工厂投产,印度公司的设立仅历时不到1年,可谓迅速。印度厂注册资本100万美元,一期厂区占地7 000平方米,规划产能日产花饰50万件,年产值500万美元,远期目标规模达到员工3 000人,日产花饰250件。现印度厂日产能为各类花饰产品10万件,处于6天8小时满负荷生产,厂房最大容纳能力为两班共1 000人。

目前印度厂产品是利用织带为原料手工制成的花饰类产品,广泛应用于服装、包装、饰品等行业,产品主要返销中国国内市场,同时承接部分出口订单,并且后续会开拓印度国内市场。

在国内花饰市场上,姚明花饰产品属于中高端产品,由于花饰属于人工工费占比很高的产品,随着印度厂的投产,姚明将在保持优良品质的同时,大大降低产品售价,并且针对市场热销款式提供库存式现货销售,以优质、低价、现货形成竞争优势。

在员工方面,目前共有员工约350人,其中一线作业人员300人,管理人员及辅助岗位员工50人,中国籍管理人员4人,其余全部为印度职员。

当地一线员工月总用工成本约750元人民币,仅为国内工厂的1/5。一线作业员工主要来自工业区周边的农村,来源充足。

与国内厂相比,印度工厂产生了一些不同的新问题。

第一,在员工方面,员工吃苦耐劳和勤奋不如中国,并且印度当地劳工政策法规与中国国内不同,不允许采取计件工资制,不得因绩效解雇员工。这使得员工的生产效率较低,并且管理难度较大;第二,员工的执行力较差,典型体现在员工的时间观念很差,工作常常无法按时完成,并不以为然;第三,一线员工文化素质低,大部分无产业工人经验,接受和适应能力差。此外,部分印度职员职业道德缺失,有损害公司利益行为。

针对这些问题,印度公司管理层经过讨论和探索,确定了管理原则和解决方法。总的管理原则是在文化、习俗、政策方面充分尊重当地客观情况,在涉及生产运营的标准、流程坚持企业既定原则。

在生产管理方面,细化管理制度,明确管理目标,对于生产运营和常态化的工作做到标准化、流程化,尽可能将工作量化衡量并形成报告,确保工作质量;对于非常态的工作制订明确的日程计划,高层管理人员及时跟催。

在员工管理方面,对所有员工建立评估和考核机制,奖善罚恶。一方面,通过超产激励等手段正向鼓舞员工提高效率;另一方面详细分析生产数据,在员工试用阶段就有效评估员工效率水平,在试用期淘汰不合适人员;对于各关键岗位人选选用时将诚信、可靠作为第一要素,并注意培养诚实、优秀的年轻人才作为储备。

在管理人员培养方面,花大力气建立和培养基层管理人员队伍,选用高学历、资历浅、上进心强的年轻人作为基层管理人员,在经营过程中随时了解和分析他们的能力及需求,不断进行针对性的培训和教导,以能力和事业心都较强的基层管理人员队伍克服员工的不利因素。

经过1年多的运营,印度工厂的管理和运营都已经上了轨道。下一步,姚明织带将在印度设立织带工厂,面向印度国内市场进行布局。随着纺织业向东南亚及南亚地区的迁移,未来印度在纺织行业的生产和消费两端都将是世界纺织业的下一个增长的热点,姚明织带将利用成熟的技术、优良的品质以及对印度运营的成功经验抢占先机,成为印度织带领域的领导者。

姚明织带的下一步战略

在接受《世界经理人》杂志采访时,姚明董事长提到了公司的下一步战略:"我们公司未来的战略是:轻资产、重品牌、强渠道。我们公司发展得这么快,跟轻资产有很大关系。目前在厦门没有买土地,都是租的房子,这也经常被厦门作为一个谈资,我说买房子太贵了,如果要住1 000万元的房子,我不需要把1 000万元的资金放在买房子上。

我们目前90%的产品是自产自销,10%的产品是外面加工的。我们希望通过团队跟品牌的发展,在5年甚至更长时间内,20%是自己生产,百分之七八十是OEM生产的。我们会在国外丝带需求比较大的地方设一个这种渠道。"

面对内外部环境的迅速变化,如何转型升级似乎是姚董事长永恒的课题。

讨 论 问 题

1. 姚明织带国内工厂采取何种生产模式?这种生产模式有何特点?
2. 姚明织带在生产上面临哪些挑战?
3. 姚明织带生产转型升级有哪些选择?各有何利弊?
4. 姚明织带进行国际化生产转移采用何种模式?为何?
5. 姚明织带印度工厂面临哪些问题?如何解决?
6. 你对姚明织带的转型升级有何建议?对于其他中小型制造企业有何启示?

附录 相关概念和理论

1. 产业升级

作为产业经济学的基础概念和理论,产业升级的重要性毋庸置疑,但其概念和内涵至今仍然很难完全统一。唐晓云(2012)对相关研究进行了梳理。Ernst(2001)指出,产业升级概念复杂,涉及广义的创新活动,不同产业和国家的产业升级会呈现不同特点。在概念界定上,国际贸易理论多从中观和宏观层面分析,将产业升级和产业比较优势相联系,如认为产业升级是指在某产业内国家转向高附加值产品生产的动态专业化。Porter(1990)认为,产业升级是当资本相对于劳动力和其他资源禀赋更加充裕时,国家在资本和技术密集型产业中发展比较优势。而大多数经济学和管理学文献是从微观层面来界定产业升级的,这常常见诸企业竞争力研究文献中。Gerefi(1999)认为,产业升级是一个企业提高在更具盈利能力的资本和技术密集型经济领域的能力的过程,这一过程是在价值链内部从低到高的增加值活动转变。Poon(2004)认为,产业升级就是制造商成功从生产劳动密集型低价值产品向生产高价值的资本或技术密集型产品转换的过程。

Ernst(2001)提出了产业升级的5个分类:①产业间升级,在产业层级中从低附加值产业向高附加值产业的移动;②要素间升级,在生产要素层级中从"禀赋资产"或"自然资产"向"创造资产",即人力资本和社会资本移动;③需求升级,在消费层级中从必需品向便利品和奢侈品移动;④功能升级,在价值链层级中,从销售、分配向最终的组装、测试、零部件制造、产品开发和系统整合移动;⑤链接上的升级,在前后链接的层级中,从有形的商品类生产投入无形的、知识密集的支持性服务。后4种都属于产业内升级。

Kaplinsky 和 Readman(2005)则将产业升级和创新区别开来。他们认为,创新指相对自己先前状况而言,即公司改进或开发新产品或工艺;而升级则指相对他们的竞争者而言,即公司如何快速适应变化的环境。这一界定将动态分析加入产业升级概念。

2. 微笑曲线与产业价值链

微笑曲线理论(Smiling Curve)由宏基集团创始人施振荣先生在1992年提出,以作为宏基的策略方向。微笑曲线理论虽然很简单,却很务实地指出我国台湾地区产业未来努力的策略方向,在附加价值的观念指导下,企业只有不断向附加价值高的区块移动与定位才能持续发展与永续经营。当时台湾的一些主力产业正面临着产业成熟化、市场饱和及只重视在低附加价值领域里竞争的局面,整个制造业经历了十多年的景气低迷。微笑曲线的理论为台湾制造产业的中长期发展策略提供了一个新的思考方向。在新经济形势下,我国的中小制造企业面临着当年台湾制造业同样的问题,因此研究微笑曲线理论,找准企业发展在产业链中的定位有着相当重要的意义。微笑曲线示意图见图4-3。

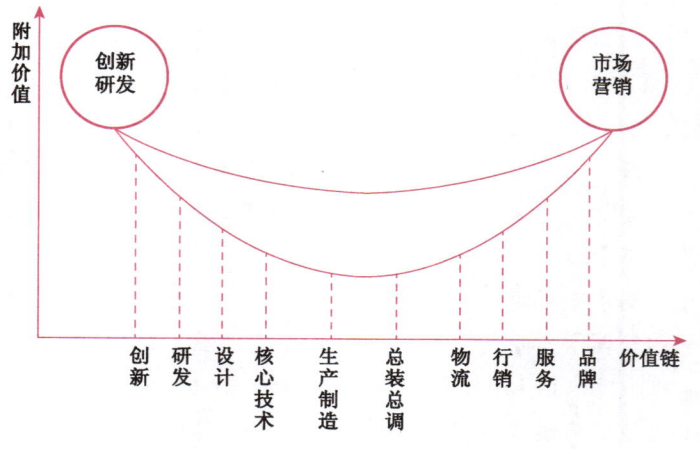

图4-3 微笑曲线示意图

从图4-3中可以明显看到,在产业链中,企业盈利能力最强的是在两端的项目。左端是知识产权,指产品的创新开发和专利技术。创新技术不断突破将有力地拉动产品在制造中的附加值,形成企业核心竞争力。右端是品牌和服务,指企业在经营过程中依托其品牌影响和服务质量,不断提高产品的价值。处于中间环节的制造附加值在整个产业链中相对获利能力最低,而且随着20世纪六七十年代后兴起和发展起来的"品牌、物流、金融"等现代服务业和20世纪90年代开始的信息产业发展,曲线两端越发上翘,制造业的位置也越来越低。

沿海地区制造业发展的成功,使我国的中小制造业曾长期满足于劳动密集型传统制造业发展的思维,忽视新的国际产业链的形成及其进一步演变的新趋势。这些中小制造企业由于缺少核心技术,主要从事制造加工环节的生产。然而,无论加工贸易还是贴牌生产,制造加工环节付出的只是土地、厂房、设备、水、电等物化要素成本和简单活劳动成本。虽然投入很大,但在不同国家间具有可替代性。企业为争取订单,常常压低价格,降低利润。而跨国公司掌握的研发环节和流通环节,其所投入的信息、技术、品牌、管理、人才等属知识密集要素,具有不可替代性,获取最大的利润。同时知识产业、文化产业、现代商务服务产业等非物质经济产业已经成为世界强势产业和经济发展主流,而加工制造业等物质经济正在被相对边缘化,成为弱势产业。"微笑曲线"揭示了这一利益变动新格局,即产业链的两端成了产业价值链的高端,综合收益最高;相反,中端(生产制造)被挤到国际产业价值链低端。基于上述的发展变化,中小制造企业如果固守在"锅底",必然面临巨大的风险。企业未来是迈向创新研发,向曲线的左端发展,还是加强客户导向的营销与服务,向曲线右端延伸,抑或是提升技术层次,拖动曲线水平上移来增加企业盈利。微笑曲线给中小企业产业价值链定位和商业模式转型提供了多种思路。

3. 制造业转移

第二次世界大战之后,随着各国经济的起飞,国际产业转移不断加强,从而引起学者的广泛关注。闵琳佳(2012)对于国内外的相关研究进行梳理。

"雁行模式"(Flying Geese Model)是由日本经济学家赤松要(Kaname Akamatsu)在20世纪30年代提出并在之后数十年中不断完善的产业转移理论。"雁行模式"理论高度概括了19世纪末到第二次世界大战后这一期间以日本为"雁头"的东南亚各国各自经历的产业发展和各国间梯度转移,形象地表明了后进国家在工业化进程中某些产业从进口、国内生产到出口发展的整个过程。该理论认为发达地区应专注于知识技术密集型产业,将其他成熟产业转移至落后地区,而落后国家在工业化初期受制于国内资源短缺和市场规模小等条件,只能通过进口产品的方式向发达国家开放市场,等到产业发展所需的资源和市场需求逐渐产生壮大后,利用劳动力等要素禀赋的优势,引入工业产业进行进口替代以满足国内需求,最终实现产品出口。"雁行模式"的产业转移可以看作是一个产业从高梯度地区(经济发达地区)逐渐向低梯度地区(经济欠发达地区)不断转移,从而完成工业化的过程。

弗农(Raynomd Vernon,1966)的产品生命周期理论为产业转移的动力机制提供了一个全新的角度。该理论认为产品的生命周期可以分为3部分,即新产品、成熟期和标准化时期。3个不同的产品生命期面临的竞争压力和所需优势亦有所不同:新产品具有突出的技术优势,通常仅能在发达国家中实现生产,并且主要的消费市场也在发达国家;成熟期的产品逐渐从技术竞争向价格竞争转变,为获得生产成本的优势产业,具有寻求低成本生产资料的扩张需求;当产品进入标准化时期,价格成为最重要的竞争因素,降低成本成为唯一出路,企业将生产转入发展中国家,压低成本然后从发展中国家进口。可见,处于不同生产周期的产品对生产要素的需求程度不同,因此会引起产品向所需生产要素丰富的国家进行转移。弗农的观点虽然是从产品生产周期角度切入,但仍是以地区间要素禀赋的不同为基础阐述产业转移的规律。

基于产业由发达国家向中国转移以及在中国地区间转移的实际情况,国内学者发现、总结了多种关于产业转移的模式,曹荣庆(2002)将产业转移和产业结构优化的模式分为6种,分别是:整体迁移模式,该种转移方式可能是由于转出地出现对原有行业完全替代的新兴产业或者企业已超过边际成本、边际收益平衡点导致收益降低;商品输出型,单个企业向外部市场拓展;市场拓展型,某一类企业组合共同对外部市场进行拓展;资本输出型,类似国际间直接投资,将生产基地从转出地向转入地迁移,并将产成品就地销售;产业关联型,基于产业之间某种内在联系进行渗透式的扩张;人才联合型。陈建军(2002)对浙江省105家企业进行问卷调查,研究显示企业对外扩张和产业转移主要包括6种方式:对外投资、建立加工点、设立营销网络、设立研究发展机构、转移生产设施和转移总部。其中建立营销网络是大多数企业选择对外扩张的方式,而设立研究发展机构、转移生产设施、转移总部的情况则很少发生。朱华友等(2008)在集群视角下对产业转移路径形式进行总结,认为存在跨国公司带动、龙头企业带动、生产外包、转入地工业园区4种产业转移模式。

4. OEM

OEM,是 Original Equipment Manufacturer 的英文缩写,即原始设备制造商,或者叫原厂委托制造商,是受托厂商(即制造商)按原厂的要求及授权进行生产。所有的零件或产品等都完全按委托厂(客户)的技术要求来制作,制作完成后,贴上委托厂的铭牌,按要求交付给委托厂。产品的设计来自委托厂,受托厂商仅提供单纯的产品制造服务。

生产商生产产品,但没有自己的品牌,而品牌商利用自己所拥有的关键技术及掌握的销售渠道,委托其他厂家代为生产。这种生产经营模式简称OEM生产模式,也叫代工,承担加工任务的厂商叫OEM厂商,也叫代工企业。简单地说,OEM生产即贴牌生产。

ODM,即 Original Design Manufacturer,原始设计制造商,或者叫原厂委托设计商。其与OEM的区别在于,受托厂商除进行产品加工服务外,还凭借自己开发设计能力,帮客户设计产品,满足买主需求,品牌仍然是用客户品牌。由于受托厂对产品技术拥有全部或部分知识产权,故经协商,制造商也可以将产品卖给其他客户,当然对不同的客户应贴不同的品牌。制造商不但提供制造服务,还提供产品设计服务。

OBM,即 Original Brand Manufacturer,原始品牌制造商,即品牌商。品牌商拥有自己的品牌和企业形象,因此在整个价值链上获取的经济利益最大。

无论是 OEM 还是 ODM,受托厂(制造商)都不具有品牌所有权,都是为品牌商贴牌生产。因此,有时人们会把 OEM 与 ODM 笼统地称为 OEM。

参考文献

[1] 翁君奕,柯银鸿,陈荣明. 库存控制模式与精准组合战略的适配及其绩效——基于姚明织带公司的案例研究[J]. 管理世界,2011(8):130-141.

[2] 唐晓云. 产业升级研究综述[J]. 科技进步与对策,2012(4):156-160.

[3] 马云俊. 产业转移、全球价值链与产业升级研究[J]. 技术经济与管理研究,2010(4):139-143.

[4] 彭晓燕. 微笑曲线与中小制造企业商业模式的转变[J]. 技术经济与管理研究,2009(3):54-56.

[5] 闵琳佳. 中国制造业转移现象与影响因素研究[D]. 复旦大学,2012.

[6] 钟毅恒. 浅谈我国制造业升级的路径[J]. 改革与战略,2006(7):38-39.

第五章

日正食品工业股份有限公司(A)[①]

引　言

2011年6月,在日正食品工业股份有限公司(以下简称日正食品公司)位于台湾新北市深坑区的营运总部会议室中,刘燕飞总经理与李采慧副总经理摊开产品品项列表,总计427项的产品,他们看得眼花缭乱。

他们正在讨论公司未来的发展方向,一个问题浮现在他们的脑海中:公司即将迈入40年,这30多年来大家努力打拼期望公司可以更上一层楼,但是不管再怎么努力,公司却面临着一直停滞不前的瓶颈——公司规模未扩大,营收受限,利润未上升。

他们要如何带领公司突破这个瓶颈呢?

随着台湾食品制造产业市场竞争加剧,利润微薄,过去认为通过生产多样的产品就可以赚钱,但日正食品公司虽然有多样的产品,却无法找出哪些产品赚钱或哪些产品不赚钱。

由于食品制造产业进入障碍小,产业内各大小厂商竞争激烈,加上消费者对食品安全质量的要求、渠道形态改变等因素,使日正食品公司管理团队积极思考如何运用核心价值,以创造其竞争优势。

日正食品公司刘总经理与李副总经理为了有效管理繁杂的产品,准备集中心力利用作业价值管理(Activity Value Management,AVM)系统产出的数据着手进行产品管理。

[①] 本案例由郭翠菱根据实地调研的资料撰写。郭翠菱,博士,台湾辅仁大学副教授。

台湾食品制造产业情况

食品制造产业市场变革

食品制造产业为我国台湾地区早期发展的重点,目的是为了通过出口赚取外汇,以支持工业的发展。然而,随着产业结构的变迁,至 1997 年以后,食品贸易的出口值呈现停滞,相反,进口值却不断地增加,且农产加工品占总出口的比率也不断地下降,逐渐转为以供应内需、提高国民生活素质为主。近年来,受到国际环境变迁,包括国际原物料价格急涨急跌、市场自由化后带来的剧烈国际竞争等情况的影响;伴随着台湾地区产业遭遇创新不易而市场规模不足等发展窘境;另外,消费者更加重视食品对身体的保健作用,也更重视生活的便利性。这些因素,促使台湾地区食品制造产业朝向提供高附加价值产品的道路寻求发展,食品制造产业的角色转型为"以提供优质健康便利食品、满足国人膳食保健需求"为主要发展目标。随着两岸交流日益频繁,台湾地区食品制造产业未来海外布局重心主要为我国内地与东南亚。台湾地区食品制造产业的角色变迁如图 5-1 所示。

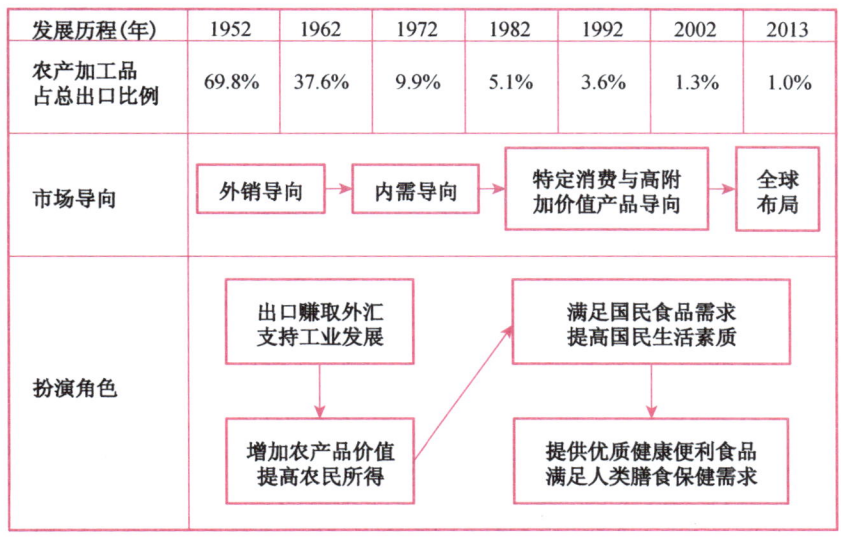

图 5-1　台湾食品制造产业的角色变迁

数据来源:台湾地区"经济部"技术处,《2014 年食品产业年鉴》。

食品制造产业相关政策

民以食为天,食品制造产业是我国台湾地区重要的民生工业之一。就台湾地区食品制造产业而言,目前食品工厂约有 6 000 家,雇佣员工约 123 000 人,2013 年的产值为 6 400 多亿元,在全部制造业产值中排名第 7 位。未来 5 年将会持续成长 12%。根据台湾地区"经济部"技术处的统计,近几年食品制造产业的产值成长趋缓,而产业内的食品制造厂商数也超过 5 000 家以上,显示出市场逐渐饱和且竞争者众多,属于完全竞争市场。

台湾地区食品市场已趋成熟,加上农产品资源依赖进口等的限制,除部分利基产品外,外销市场并非产业重点经营的主力,食品出口比重逐年缩小。台湾 2002 年加入世界贸易组织(World Trade Organization,WTO)后,以农产品为原料的食品制造产业,一方面可以享受进口原料(如糖、面粉)成本降低的好处;另一方面则面临国际大厂的竞争,以及进口食品攻占内需市场的威胁。

食品上中下游产业链

台湾地区食品制造产业的产业链包含上游的原料,中游的食品加工制造,到下游的销售渠道贩卖给终端消费者,以及周边相关的产业,如图 5-2 所示。兹分述如下:

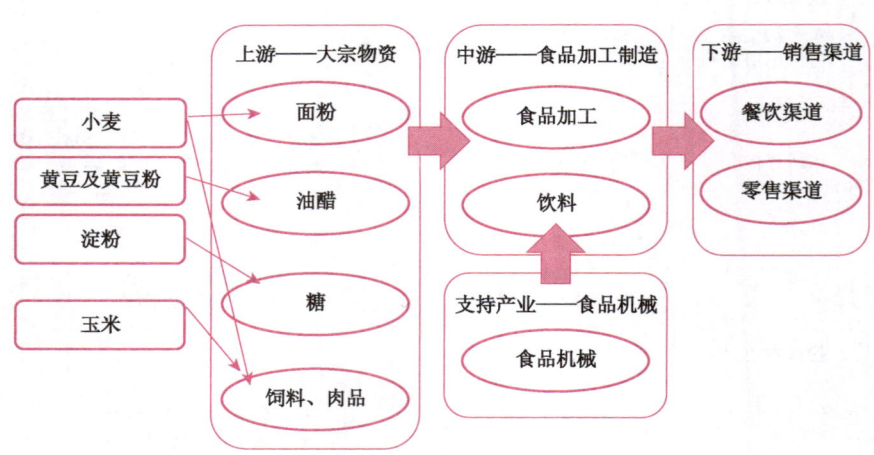

图 5-2 台湾食品制造产业的产业链

台湾地区食品制造产业的源头为"农产品原物料",如小麦、黄豆、玉米及淀粉等。由于台湾地区原物料自产不足,需依赖从国外进口,故国际大宗农产品原料供需及行情波动,对台湾地区食品制造产业发展影响很大。黄豆、小麦及玉米等为台湾地区最大宗进口农产品。

台湾地区食品制造产业的上游为"大宗物资",原物料无法直接使用,必须通过初级加工将原物料转换成消费者或食品制造厂商可食用或使用的方式。例如,联华将小麦加工成面粉,大统益、福懋将黄豆萃取成大豆油,台荣、环泰将淀粉加工成果糖,大成、卜蜂则是将玉米及黄豆加工成牛、鸡、猪的饲料。

台湾地区食品制造产业的中游为"食品加工制造",食品大宗物资生产完成后,即送往食品加工厂,将大宗物资加工制造以提升附加价值,形成消费者可食用的产品。例如,统一将面粉加工成方便面;南侨将面粉加工成面食;佳格生产桂格大燕麦及葵花油;味全生产乳品;天仁贩卖茶饮和茶叶;F-康乐生产胶原蛋白等保养品。本案例中日正食品公司属于中游的食品加工制造商。

台湾地区食品制造产业的支持产业为"食品机械",除了食品加工制造,还需要有厂商能够提供机器设备的服务,原物料才能够通过机器加工制造,待生产完毕后包装卖给下游业者。例如,宏全在台湾为统一制造瓶盖、饮料填充和PET瓶;新麦为家乐福、85°C客制化烘焙设备。

台湾地区食品制造产业的下游为"销售渠道",食品加工完成后,还需要通过渠道才能将产品销售至终端消费者。销售渠道分餐饮渠道及零售渠道,餐饮如王品餐饮集团及85°C,零售渠道为全家及统一超商或家乐福等量贩店。

日正食品工业股份有限公司简介

公司背景、发展历程与公司规模

日正食品公司是其董事长刘庆堂先生在1975年成立的,由于创办人秉持做事业一定要在太阳底下正正当当地做才会持久的信念,故将公司命名为"日正",系一家以杂粮小包装业起家的食品公司,从菜市场卖酱菜的摊贩开始,如今已经成为台湾地区小包装食品业界之领导品牌。至2013年,该公司年营业额为10亿元,员工人数为150人,资金9 000万元。其产品种类包含种子、籽粉、淀粉、糖品、面食、油品等多元产品,通过零售店、超市、量贩等渠道贩卖,将产品供应家用市场烹饪使用,是一家标榜为天然、便利、健康的杂粮食品专家。

日正食品公司40多年来的发展历程可分为草创期、拓展期、茁壮期及成长期,其各时期发展规模与方向说明如图5-3所示。

1. 草创期

从菜市场卖酱菜开始,逐渐到做包装批发,当时市场的文化都是到杂货店用秤

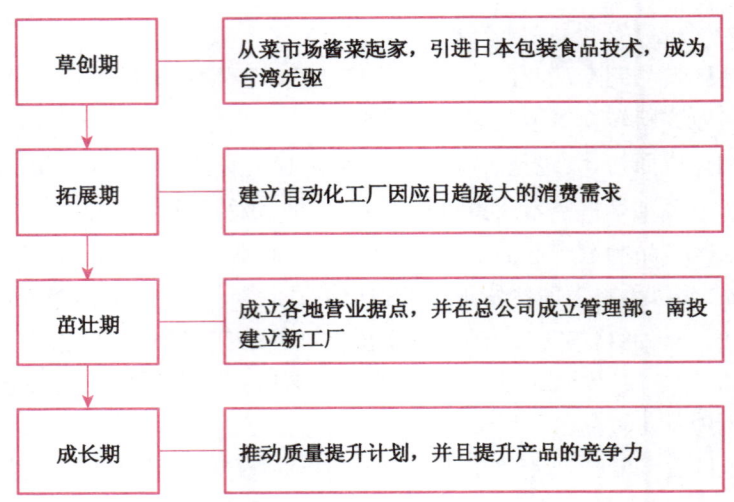

图 5-3 日正食品公司创立沿革

称的,因此很难让店家接受包装好的产品。因创办人的独特眼光,看到当时日本市场已经出现小包装的食品的买卖,未来台湾也一定会接受,因此日正食品公司成为台湾食品小包装革命的先驱者。

2. 拓展期

随着时代进步,日正食品公司在推广业务时会提到包装好的产品比较卫生,而且可以追溯包装的工厂责任,因而使市场逐渐接受这样的观念,日正食品公司也因此很快打开规模。此时日正食品公司决定建立一个自动化的工厂来支持日益增加的需求,因而有深坑厂的成立。这段时期台湾的经济突飞猛进,各大超市连锁店逐步往中南部开设分店,因此日正食品公司为了服务日益增加的需求,随着超市系统拓展到台湾中南部各地。

3. 茁壮期

当在台湾各地的营业所接二连三成立后,日正食品公司为了组织发展及市场需要,成立了总公司各管理部门。同时,为了服务逐渐扩大的特殊渠道客户,也将独立组织一个新部门来负责,即目前的营业一部。此时,原本的深坑厂已经不敷使用,经过多方考虑,决定在台湾南投南岗工业区新建全新工厂,凭借在台湾中心的地理优势及扩大的产能,服务全台湾客户。

4. 成长期

南岗厂成立后,鉴于新时代消费者对于质量的重视及提升公司竞争力的需要,日正食品公司开始推动质量提升计划,于 1999 年通过 ISO9001 质量验证,2003 年通过 HACCP 食品安全验证。希望借由公证机关的检验及授证,以最好的质量,提供安全健康的产品给所有 30 多年来支持日正成长的老客户、新朋友。

近年来，日正食品公司的产品以天然、便利、健康的杂粮食品为卖点，以负责任的经营态度，保障消费者安全的消费权益，率先提出食品产销履历制度，以及没有油烟的 DIY、有趣的动态教学等新观念，在台湾地区食品业界已经具有一定的影响力。

过去，日正食品公司常常领先同业积极通过 ISO 相关的质量认证，以及 HACCP 食品安全认证；然而，公司有长达 9 年的时间并未随着质量提升而使营业收入呈现大幅成长。因此，日正食品公司于 2011 年 6 月份全面导入作业价值管理（Activity Value Management，AVM）制度，并通过教育训练和改善厂房部门环境与汰换生产设备增资计划寻求突破。近年来，日正食品公司更不断拓展量贩渠道市场，至 2015 年，在全台湾地区设有 5 处营业所，同时也外销至美国、马来西亚、加拿大以及中南美等地区，并积极开拓我国内地市场，务求更精细地服务台湾及世界各地更多的客户族群。

组织架构与部门介绍

日正食品公司组织架构采用扁平化架构，如图 5-4 所示，各部门依照职能做区分，主要分为战略事业单位，包含 6 个营业部，以及战略支持单位，包含财务部、管

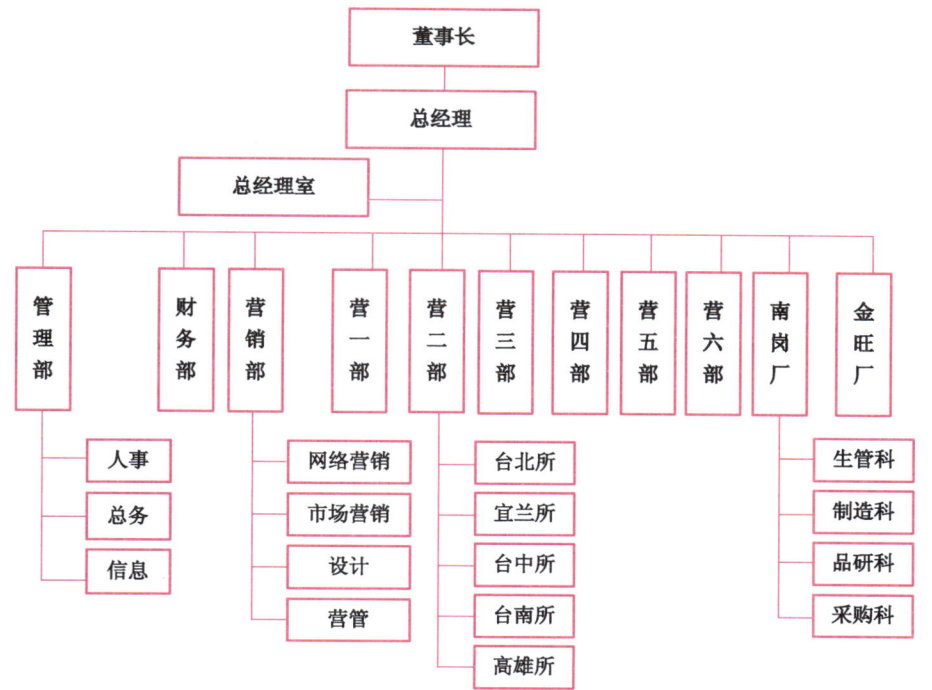

图 5-4　日正食品公司的组织架构图

数据来源：日正食品公司提供。

理部与营销部。此架构能减少中间的管理阶层,将管理权下放,提升员工的自主性,以便迅速因应环境的变化,提升企业的竞争力。

为了扩大产品的销售范围,日正食品公司在台湾设立了五大营业部以负责不同的销售渠道,并于负责台湾本岛销售的营业二部下再按区域设立不同的营业所,分别为台北所、宜兰所、台中所、台南所、高雄所,可以快速贩卖产品,并借此网络,快速反映整体的销售状况。营四部则是将产品外销至美国、马来西亚、加拿大,以及中南美等地区,务求更精细服务世界各地更多的客户族群。随着我国内地的市场兴起,公司设立了营业六部,专门负责我国内地市场,开始将产品销往我国内地,并在福建泉州设立金旺厂。有关营业部与厂务部的工作职责如表5-1所示。

表5-1 日正食品公司营业部与厂务部工作职责表

部　门	工　作　职　责
营业一部	负责大卖场与连锁超市渠道之经营
营业二部	设全省5大营业所,分别位于台北、台中、台南、高雄、宜兰,负责一般渠道之经营
营业三部	负责军公教、联社、盘商等客户之经营
营业四部	负责全球5大洲产品销售贸易,及代理商品的推广与销售
营业五部	负责餐饮渠道、业务加工渠道的推广与销售
营业六部	负责我国内地渠道、业务加工渠道的推广与销售
南岗厂、金旺厂	负责商品之研发、采购、生产、储存、配送及全部过程的质量验证

数据来源:日正食品公司提供。

由于日正食品公司将营业部门按渠道形态划分,因此不同渠道间的客户群属性不同,而渠道内的顾客相似度较高。营业一部及营业三部主要是通过零售渠道将商品贩卖给终端消费者。对公司而言,该如何维系产品在渠道的上架率则是很重要的,公司产品采用小包装,适用于家庭与个人。营业二部顾客包含地区性的超市、批发商及餐饮渠道,餐饮渠道顾客为公司未来发展的方向,而营业五部的顾客也包含餐饮渠道以及业务加工渠道,负责销售大包装产品。营业四部及营业六部则负责国外市场销售。2013年度六大营业部门(营业二部拆分成五个营业所)的销售业绩比例如图5-5所示。

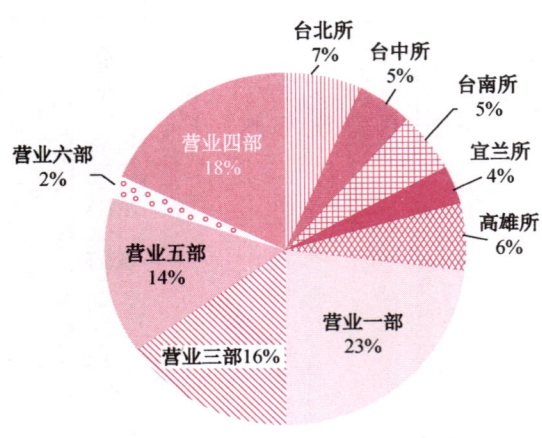

图5-5 日正食品公司各部门及营业所的销售业绩比例

数据来源:日正食品公司提供。

公司战略分析

日正食品公司于 2013 年 6 月起导入平衡计分卡（Balanced Scorecard，BSC），由内部组建的 BSC 项目团队负责。项目团队先明确定义出公司的使命、愿景及价值观，接着确定公司的战略主轴，并进一步完成总公司与不同部门的战略地图、战略指针与战略目标值。

日正食品公司的使命为"成为天然、便利、健康的杂粮食品专家"，中长期的愿景为"2015 年成为冬粉类产品的领导品牌，2017 年成为面食类专家"。公司秉持的价值观为"诚、勤、康、新"。另外，通过 SWOT Scorecard 发展出两个战略主轴：①通过产品、品牌、渠道管理，使日正食品公司成为让人安心、信赖的面食食品专家；②强化内部后勤支持作业，实现营运卓越。

为了达到公司所设定的使命与愿景，公司设定了组织外部与内部的战略主轴。在食品安全议题备受关注的台湾，日正食品公司外部的战略主轴是企图通过产品、品牌与渠道管理提高顾客对日正的认知度，塑造日正让人安心、信赖的食品专家的形象，并通过提升产品管理及预估能力，强化产品、品牌与渠道管理的能力。在日正内部则是提高营运效率，注重后勤支持的质量、时间、成本，企图借营运管理能力来强化内部后勤支持作业，以达到营运卓越的战略目标。总公司的战略地图如图 5-6 所示。

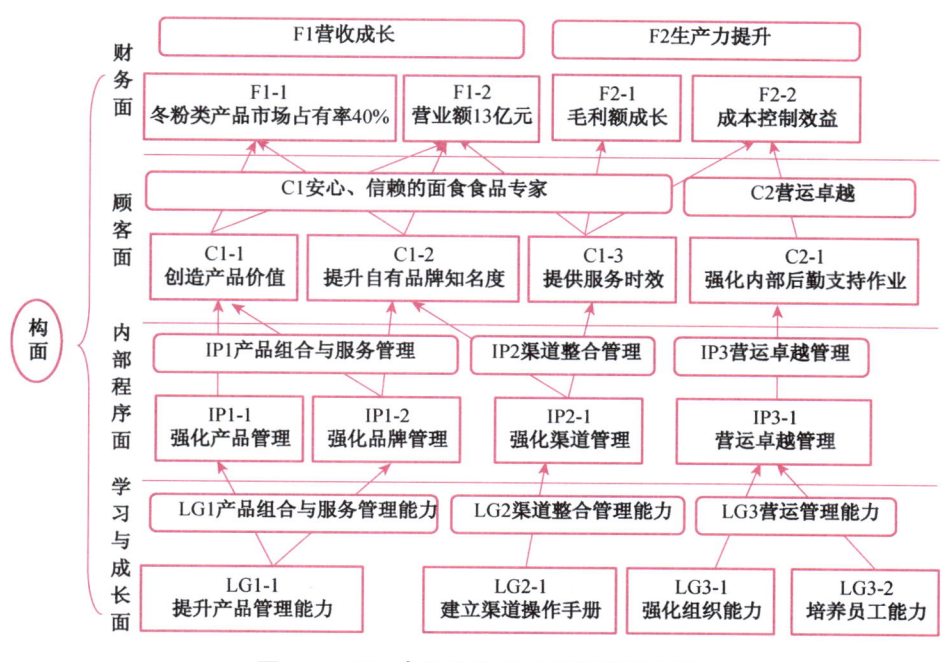

图 5-6　日正食品公司 2013 年版战略地图

产品类别

日正食品公司除了上游原料需向外采购外，拥有制造生产线与区域销售业务，因应此项优势，公司兼营品牌商品的代理销售。公司产品包括自有品牌以及代理的国内外厂商知名品牌，而自有品牌产品可自行生产制造或委外加工。2013年度，日正食品公司的销售额中制成品占整体营收的比率最大，其次为经销品，OEM则为第三。日正食品公司2013年产品品类营收占比如图5-7所示。

日正食品公司所贩卖的产品为杂粮、杂粮粉、面食类、调味类、油品类和其他商品，产品的种类相当多样化，如表5-2所示。公司一方面对外采购原料经过加工制成产品出售；另一方面也兼营品牌商品的代理或经销销售。

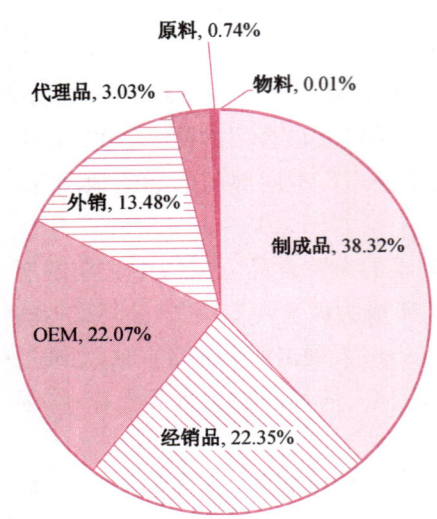

图5-7　日正食品公司产品品类销售比例

数据来源：日正食品公司提供。

表5-2　日正食品公司所贩卖的产品种类表

类别	产品系列	产品明细
杂粮	种子系列（谷米类）	小米、毛绿豆、青仁黑豆、红豆、特选决明子、特选芝麻、特选绿豆仁、雪莲子、黄豆子、绿豆薏仁汤、优质麦片、薏仁、薏苡米
杂粮粉	籽粉系列	（高）（中）（低）筋面粉、水磨在来米粉、水磨糯米粉、炒熟花生粉、芝麻粉、高纤黄豆粉、优质全麦面粉、优质绿豆粉、面包粉
	淀粉系列	日本太白粉、全麦面粉、地瓜粉圆、西谷米、波霸粉圆、美国玉米粉、特选地瓜粉
	DIY系列	五谷松饼粉、奶油浓汤粉、寒天粉、发财糕粉、发糕粉、优质松饼粉、鸡蛋糕粉
面食类	面食系列	大肠面线、手工生面线、冬粉、台湾油面、快煮阳春面、鸡丝面、粿仔条、鸡蛋面、宽粉
调味类	糖品系列	手工冰糖、特选二砂糖、特选黑糖、真空冬瓜茶砖、细粒特砂糖、优质果糖、优质糖粉
	调味系列	八角粒、小苏打粉、日本香草粉、白胡椒、油葱酥、泡打粉、香草粉、柴鱼花、粗黑胡椒、椒盐粉、卤包、蒜头酥、辣椒粉、酵母发粉、优质椰子粉
油品类	油品系列	小磨香油、黑麻油、辣油
其他	饮品系列	芋香西米露、青草茶、高山春蜜、高山野蜜、麦茶、椰奶西米露
	补品系列	芋香西米露、青草茶、高山春蜜、高山野蜜、麦茶、椰奶西米露

数据来源：日正食品公司提供。

作业价值管理(AVM)制度导入

在了解到 AVM 制度的精华在于"作业"之后,日正食品公司以作业作为核心开始实施 AVM,实施范围须囊括所有价值链的作业,在此阶段,日正食品公司着重于产品生产部分,以"产品"作为执行的目标,因此,将所有关于产品生产的价值链作业设计于 AVM 制度中,包含直接作业(如制造及运送产品作业)与间接作业(如会计及人事作业等)两部分。

日正食品公司在实施 AVM 的过程,可以分为 8 个步骤,分别是:①确认战略性管理方向;②确认价值目标;③确认作业中心;④确认资源分类及资源动因;⑤确认作业设计;⑥确认作业动因;⑦确认作业属性;⑧产生各种 AVM 管理报表。AVM 实施之 8 个步骤汇整于图 5-8。

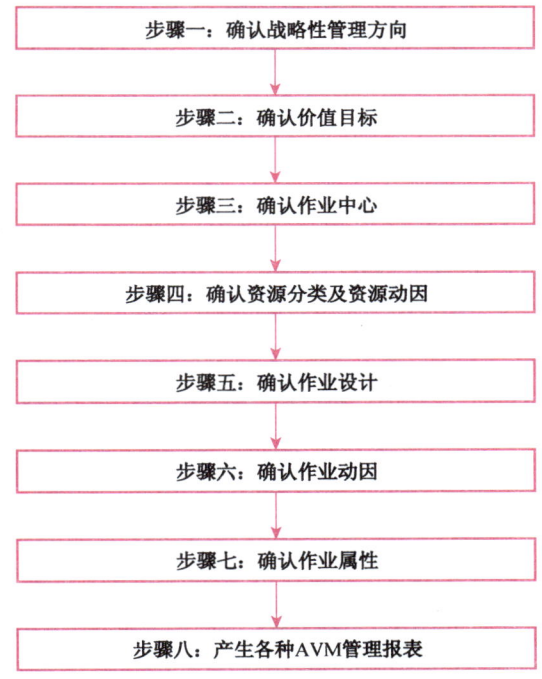

图 5-8　AVM 执行步骤图

数据来源:吴安妮.管理会计技术商品化:以 ABC 为核心之作业价值管理系统(AVMS)为例[J].会计研究月刊,2015(359):22.

日正食品公司在实施 AVM 的 8 个步骤中各有其考虑与争论点,针对各个实施步骤分别说明如下。

步骤一：确认战略性管理方向

实施 AVM 之前，最重要的就是再次厘清及确认公司的战略性方向，如此方能将 AVM 的执行与公司战略配合，落实公司战略，使 AVM 制度与战略管理相得益彰，以预防 AVM 制度实施后所产生的信息无法符合公司执行战略所需。

在此步骤中，日正食品公司内负责 AVM 的小组首先逐步地与高阶主管确认使命、愿景、价值、战略，同时结合平衡计分卡的概念，了解高阶主管重视的战略性管理方向，使 AVM 的实施与战略方向配合，以防止 AVM 制度所产生的信息无法符合公司执行战略所需，在此阶段，由于高阶管理者对公司未来营运皆有共识，因此冲突之处较少，很快地就将战略性管理方向确定。

为了将 AVM 制度与战略管理议题结合，日正食品公司采用"管理议题与价值目标矩阵图"检视两者是否相互融合。价值目标为 AVM 制度中的基础，价值目标可以视为成本归属的对象，因此在第一步骤中，先将价值目标与管理议题相结合，确定后续 AVM 之实施，日正食品公司的管理议题与价值目标矩阵图如图5-9所示。

注1：供货商包含原料供货商、物料供货商、代工供货商、经销品供货商、国贸厂商。
注2：质量管理包含异常管理；绩效管理包含奖酬、预算。
注3：效率管理泛指对时间或成本的节省，将资源发挥至最大效用；时间管理泛指对时间的安排与规划（如：交期）；产能、效率与时间三者息息相关。

图 5-9　管理议题与价值目标矩阵图

从图 5-9 中可以看出，日正食品公司的战略性管理方向为了解新旧产品、品牌，及新旧客户的正确成本。公司希望能通过 AVM 系统，提供各项新旧产品、品牌，及新旧客户的成本、利润、质量、产能等信息，作为公司决策之参考依据。

步骤二：确认价值目标

为了将成本确实分摊，第二步利用价值目标确定成本归属的对象，价值目标可以是产品、客户、渠道等，日正食品公司依照其面临之问题以及生产情况设计价值目标，与产品生产相关的价值目标有品牌与产品项、供货商及原物料项和机器项，并为其设置阶层关系，如图5-10、图5-11、图5-12所示。

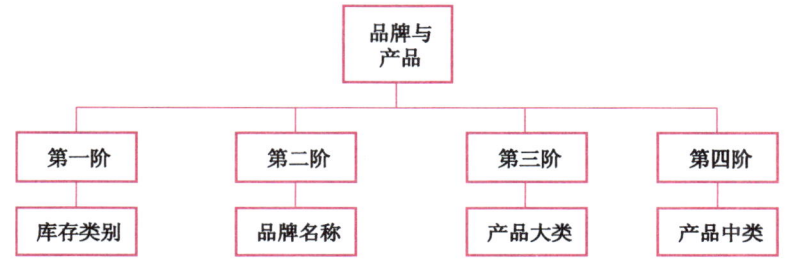

图5-10　价值目标——品牌与产品项阶层关系

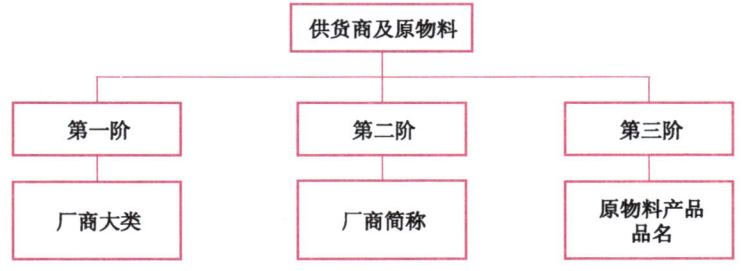

图5-11　价值目标——供货商及原物料项阶层关系

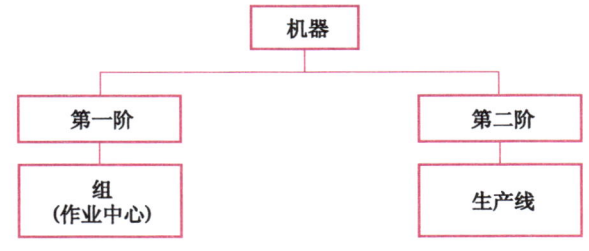

图5-12　价值目标——机器项阶层关系

日正食品公司将品牌与产品分为四个阶层，包括：①库存类别；②品牌名称；③产品大类；④产品中类。供货商及原物料项则分为三个阶层，包含：①厂商大类；②厂商简称；③原物料产品品名。机器项的阶层关系则有两个阶层，包含：①组别；

②生产线。其中,组与后续AVM实施中的作业中心一致。

在此过程中,日正食品公司面临实施AVM的第一个问题,在这么多产品项的情况下,产品阶层分类容易产生意见分歧的情况,由于产品类别过多,定义不清,容易混淆,因此在品牌与产品阶层中的第四阶"产品中类"分类过程中,与产品系列无法区分,产生产品分类不一致的情况。日正食品公司原有的ERP系统中有产品系列一栏,但产品系列设计逻辑与AVM系统中需要的产品中类不同,因此产生不一致的状况,如原料中有非转基因黄豆、马奶子葡萄干和日正综合果仁,在旧有的产品大类中皆被分类为原料,且三者的产品系列皆属颗粒类——原料,面对如此的情况,AVM小组在执行上遇到不少困难,不知道在AVM的实施中该如何使用这些分类,因此展开了一场关于产品分类的激烈讨论。

另外,在原先的产品大类中,豆果与粉材常常混淆使用,不同容量的红豆加砂糖组合却分别被归类于豆果和粉材两类,如此的分类不一致,也是AVM小组面临的一大挑战。

步骤三:确认作业中心

"作业中心"的信息可以使管理阶层了解该作业中心的作业项目,及其所消耗的成本。作业中心的设置可以使AVM实施更具效率,若将每一项作业都单独视为个别的作业中心,较为复杂,而不符合经济效益。因此,将若干个相关的作业并入同一作业中心是较好的方式,并且确认作业中心后,可以作为作业成本及作业流程分析的基础。

在设计公司内部的作业中心时,需考虑公司战略、架构与会计原则等,根据公司规划的作业中心架构,再搭配资源与资源动因,找出作业中心。日正食品公司依照公司内部的组织架构设计出作业中心,其中有两项与产品生产相关,分别为工厂(人员)部分以及机器,工厂部分按照组织架构图将作业中心分为两个阶层,包括:①部;②科。机器部分则依照其生产结构分为两个阶层,分别是:①组;②生产线。作业中心的设计如图5-13、图5-14所示。

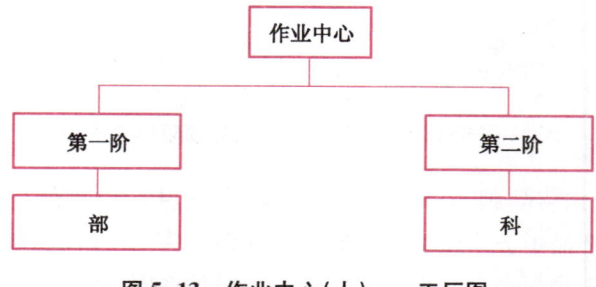

图5-13 作业中心(人)——工厂图

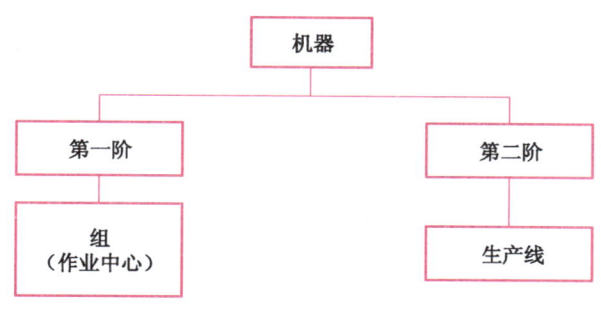

图 5-14　作业中心——机器图

在作业中心的设计过程中,设计工厂的机器分层时,以往主要机台的归属都以部门为基础,但 AVM 专案小组认为在 AVM 的作业中心下,须将机器归属单位从部门细分到组。

然而,过去公司的机器资产信息没有切实维护,保管人与保管部门的信息有所缺漏,无法追溯,因此工厂的部门主管开始反感,觉得这么大的一项工程,难以完成。针对日正食品公司对机器信息缺乏详细记录的问题,AVM 项目小组与工厂主管因而展开了一场激烈的争论。

步骤四:确认资源分类及资源动因

第四步的目标在于确认"资源",也就是"成本",资源为一般性的会计科目,也就是为了维持公司的营运,所支出的各项费用。此步骤以会计总分类账中的费用支出为基础,将同构型高的费用科目与群组归类为同一类资源,如此可简化后续成本归属的程序,并减轻未来计算成本时对信息系统的负担。

将同构型的费用汇集之后,通过"资源动因"分配到公司的各个作业中心或直接归属至价值目标中。资源动因指的是资源被各种作业中心或价值目标消耗的原因,因此,在此步骤中需要找到资源被耗用的原因及其衡量单位。在选择资源动因的过程中,最重要的是考虑各项资源与作业中心之间,是否具有因果关系,确认两者之间的因果关系后,依据费用发生的原因,才能作出准确的资源归属,接着,按照使用者付费的原则,依照使用者耗用的资源多寡计算出各个作业中心的精确成本。

在此步骤中,日正食品公司先将与费用相关的会计科目汇集起来,并依照其支付日的子目名称,分为用人费用、电费、伙食费等项目,再依照使用该类费用的使用者决定资源动因。例如,加班费、制造费用中的保险费、间接人工、职工退休金与薪资支出等项目,皆为与用人相关的费用,一起合并为"用人费用明细",作为后续作业成本计算的依据,而用人费用明细的资源动因为"直接归属作业中心"。另外,水电费与制造费用中的水电费可以合并成"电费",依照使用者付费的原则,各个作业中心使用的水电,按照用水、用电比例作为资源动因,分配资源。日正食品公司的资源分类及资源动因列表如表5-3所示。

表5-3 资源分类与资源动因表

会计科目	子目名称	资源动因
加班费 制造费用——保险费 制造费用——间接人工 制造费用——职工退休金 薪资支出 职工退休金	用人费用明细	直接归属作业中心
水电费 制造费用——水电费	电费	用电比例
伙食费 制造费用——伙食费	伙食费明细	直接归属作业中心
保险费——火险	火险	投保金额比例
文具用品 租金支出	影印费用	使用比例
制造费用——修缮费 (厂区电梯固定保养)	厂区电梯	使用比例
各项折旧 各项摊提 制造费用——各项折旧	设备明细	直接归属作业中心
运费	运费明细	直接归属客户
交际费 样品费	工厂样品明细	直接归属产品
制造费用——杂费	回收处理费明细	直接归属产品

在此步骤中面临无法界定资源分类与资源动因的问题。首先,管理阶层的管理成本无法明确地分摊。部级、科级的管理成本照理来说应往下分摊至各组,当AVM项目小组和各个组的小主管讨论分摊基础时,小主管们议论纷纷,谁都不想把管理成本揽在身上,尤其是无明确的分摊基础时,大家更是互踢"皮球"。经过一番讨论,AVM项目小组提出可以依照主管对各组的服务比例做分摊,但这又衍生出另一个问题:应该如何计算主管的服务比例呢?日正食品公司现行的制度中并没有针对此项作记录,短时间内也不知该如何算出主管的服务比例,这又是考验着AVM项目小组与各部门主管的一个沟通难题。

步骤五:确认作业设计

在确认作业中心与资源动因后,接下来的步骤为确认"作业"设计,作业是公司活动最基本的单位,也是AVM制度中的关键,必须先将人员或机器所执行的作业从大项拆解成中项。

日正食品公司先列出先前由第三步骤确认的作业中心,再针对每个作业中心拟订与产品制造相关的作业大项,也就是产品制造过程中的各个阶段,接着,针对各作业大项订出作业中项,亦即各个阶段中的流程。例如,以业务组为作业中心出发,其作业大项可以分为销售计划与业务开发,业务开发的作业中项被定义为外访。日正食品公司的作业设计如表5-4所示。

表5-4 作业设计表

作业中心	作业大项(阶段)	作业中项(流程)
业务组	销售计划	销售计划
业务组	业务开发	外访
业务组	业务开发	外访
谷投组	生产作业	烘烤
谷投组	生产作业	过筛
谷投组	生产作业	过筛
谷投组	生产作业	过筛
……	……	……

在作业设计步骤中,工厂端面临两项问题:第一是产品复杂度与同品项分析问题,第二是作业阶层粗细认定问题。

首先,讨论第一个产品复杂度与同品项的问题,由于日正食品公司最关键的问题在于产品样式过多,然而,这些不同样式的产品其实具有高度相似性,甚至属于同品项,由于设计作业时须明确区分不同的生产流程,同品项产品却很可能有两种以上的机台都可以生产,因此,造成作业的归属不易确定,不知该如何设计各项作业阶层,这个问题确实让AVM项目小组苦恼了好一阵子。

其次,讨论第二个问题,每个单位在填作业设计表时,绞尽脑汁回想日常工作的程序,却发现不同组对于作业阶层粗细的认定不同,有些组将作业切得太细,洋洋洒洒写了将近300多项,过多的作业分类反而容易造成AVM实施不易。AVM项目小组拿到这样过于细节化的作业列表直摇头,完全摸不着头绪,抓着这份文件去找问题组主管讨论。

步骤六：确认作业动因

在确认过作业大、中项后，须针对各个作业中项设计其"作业动因"，作业动因为引发作业成本变动的因素，因此，日正食品公司进行作业成本分摊时，以正确的作业动因作为分摊基础，通过作业动因将作业活动归属至价值目标中，进而计算出最终的成本及价值，作为产品管理决策之用。另外，管理人员可以通过作业动因来了解作业成本发生的惯性，找到成本改善的机会点。

作业动因设计的原则为必须与价值目标有直接的因果关系，如此才能找到真正引发作业成本变动之因素，在AVM的实施中，目标为将成本或价值推算到最基础的单位上，如"每一分钟"花费的人力成本，或"每一千克"产品花费的生产成本等，日正食品公司以上述各项作为原则制作出的作业动因表，如表5-5所示。

表5-5 作业动因表

作业中心	作业大项（阶段）	作业中项（流程）	作业动因
业务组	销售计划	销售计划	
业务组	业务开发	外访	
业务组	业务开发	外访	
谷投组	生产作业	烘烤	
谷投组	生产作业	过筛	
谷投组	生产作业	过筛	
……	……	……	

在设计作业动因的过程中，由于先前工厂缺乏产品的标准作业时间，因此缺少部分作业动因的相关信息。例如，负责制造的单位在生产作业中发现"换线次数"是最贴切的作业动因，然而在现有的信息中无换线次数，为此，AVM项目小组和相关主管绞尽脑汁想着如何产生相关的作业动因信息。

步骤七：确认作业属性

作业为搜集成本的中心，是公司管理的核心，日正食品公司分析每一项作业中项的属性，以了解每一作业中项的性质，进一步地把各项作业流程标准化，并删除或改善无附加价值的作业，进而提升公司的经营绩效。由于日正食品公司现阶段关注与产品生产相关的 AVM 制度实施，因此，在这个步骤中，仅判断两种与生产相关的作业属性，分别是"质量属性"与"产能属性"。

质量属性分析中强调的是各项质量作业是否与质量管理相配合，以作为质量改善或产品设计的参考。质量属性可针对相应的质量作业之目的分为 4 种，包括预防、鉴定、内部失败与外部失败。

产能属性分析则是分析各项产能作业，根据分析的结果讨论产能是否需要改善，以及改善的可能方法。产能属性可依据相应的产能作业的实际状况分为 3 种，分别是有生产力、无生产力及闲置产能。

日正食品公司以第五步骤中所拟订的作业设计表作为基础，在各个作业中项后方加入"质量属性"与"产能属性"两栏，日正食品公司的作业属性表如表 5-6 所示。

表 5-6 作业属性表

作业大项（阶段）	作业中项（流程）	质量属性	产能属性
销管作业	账务处理		
生产作业	包装		
公关活动	公关活动		
媒体宣传	媒体宣传		
行政作业	行政工作		
……	……		

在判断属性的过程中，发现有些争议之处，主要在于产能属性中的一项"无生产力"，这个属性分类造成后勤单位的抗议，因为许多行政工作是不可或缺的，但在详细的辨别下很可能属于无生产力的作业，然而，被冠上无生产力的名称，后勤人员觉得自己的努力没有被看到，不受公司重视，心里觉得不公平，大大影响工作士气。AVM 项目小组见状，审慎地思考，想着有什么方法能够达到一方面精准地表达作业属性，另一方面又能显现员工的努力。

步骤八：产生各种 AVM 管理报表

在施行了前述 7 个步骤后，日正食品公司已初步完成 AVM 制度的实施，凭借价值目标、资源动因、作业动因的设计，能获得详细且准确的成本信息。然而，产生成本信息的目的是为管理所用，如何善用这些成本信息才是 AVM 制度的关键，因此,最后1个步骤便是产生各种能够帮助管理决策的AVM管理报表。根据管理人员所需的管理信息,可分别产生产品、作业中心、人员等所需的信息,以作为管理决策的重要参考依据。

日正食品公司在产品生产方面最需要的报表包含产品与作业报表,在产品上,采用表5-7所示的产品类别损益表,由此表可看出每个品类每月的损益状况。另外,也可以利用表5-8所示的产品净利金额表列出净利排名前20名或后20名的产品,根据产品获利排名与金额来判断产品的去留,抑或是帮助定价决策,解决日正食品公司最苦恼的产品品项过多问题。

表 5-7 产品类别损益

2014 年 5 月至 7 月

类别	月份	销货收入净额	总成本	净利	净利率
制成品	05	×××	×××	×××	×××
	06	×××	×××	×××	×××
	07	×××	×××	×××	×××
OEM	05	×××	×××	×××	×××
	06	×××	×××	×××	×××
	07	×××	×××	×××	×××
外销	05	×××	×××	×××	×××
	06	×××	×××	×××	×××
	07	×××	×××	×××	×××
经销品	05	×××	×××	×××	×××
	06	×××	×××	×××	×××
	07	×××	×××	×××	×××

表 5-8 产品净利金额表

2014 年 7 月

项次	产品代号	产品名称	制成品净利
1	×××	×××	×××
2	×××	×××	×××
3	×××	×××	×××
4	×××	×××	×××
5	×××	×××	×××
6	×××	×××	×××
7	×××	×××	×××

(续表)

项次	产品代号	产品名称	制成品净利
8	×××	×××	×××
9	×××	×××	×××
10	×××	×××	×××
11	×××	×××	×××
12	×××	×××	×××
13	×××	×××	×××
14	×××	×××	×××
15	×××	×××	×××
16	×××	×××	×××
17	×××	×××	×××
18	×××	×××	×××
19	×××	×××	×××
20	×××	×××	×××

日正食品公司实施作业价值管理（AVM）制度后的下一步

日正食品公司实施作业价值管理制度后，刘总经理与李副总经理发现在设计的过程中出现了那么多问题，他们开始思考要如何才能让AVM设计更精良呢？如何才能使公司取得更精确的成本信息，进而提升公司决策的正确率呢？

讨 论 问 题

1. 台湾食品制造业的发展历程是什么？经历过哪些困境？如何突围转型？
2. 日正食品公司面临的产业环境及目前定位是什么？又面临什么管理问题？
3. 日正食品公司实施AVM有哪8个步骤？在实施过程遭遇过哪些困难？您建议如何解决这些困难？
4. AVM是如何协助日正食品公司解决管理问题的？
5. 日正食品公司的案例对您有何启示？

附录　相关概念和理论

台湾政治大学吴安妮教授于2011年提出整合性策略价值系统（Integrative Strategic Value Management System，ISVMS），提倡整合5大系统，包括：①策略形成系统；②策略执行系统；③作业管理系统；④价值管理系统；⑤策略价值创造系统参见本书第2页图1-2。

AVM系统为其中的"作业管理系统"与"价值管理系统"的结合，主要以"作业"为基础，Kaplan和Cooper提出以作业为基础的作业基础成本制度（Activity-based cost system，ABC）后，蔚为风潮，使成本系统摆脱了传统的会计"科目"框架，从"作业"的角度出发，计算每项产品、顾客、员工与项目的成本，提供更详尽的成本信息，Kaplan和Cooper（1998）表示采用整合性的成本信息能为公司带来绩效的提升与提高获利。在吴教授提出的AVM系统中，将基于作业基础的成本结果，与组织价值链的作业细胞原因接轨，同时管理原因和结果，成为更有效用的管理工具。

吴教授长年的实务研究发现，实施AVM之前，应该先将公司的作业流程合理化及作业管理的分析工作完成，也就是应该先奠定作业的基础工程，接着进行AVM系统的建立，最终使用AVM系统所产生的数据作为管理依据，达到价值管理。AVM系统建立的最大特色在于与公司策略联结，确认公司的使命、愿景、价值及策略方向后，形成组织的管理方向，方能确定AVM系统的设计方向，确保AVM系统所产生的信息为公司策略所需。

另外，AVM系统的精髓在于整合性的因果关系，在AVM系统中，资源和价值目标被视为"果"，而造成这些果的"因"则为资源动因、作业中心动因及作业动因，AVM系统的因果关系参见本书第4页图1-5。

在因果关系的建立中，囊括所有公司创造价值的活动，因果关系的联结，使公司管理者得以追本溯源，解决时间、品质及产能管理等问题，改善最终的结果——利润。

根据实务经验，吴教授设计出作业的四大属性，包含产能、品质、附加价值与顾客服务，各项属性之细项，参见本书第5页图1-7。

通过作业属性的判别了解每个作业的特性，并借此得到每个作业的收入、成本、品质、产能、附加价值及顾客服务之关系，进而有效地管理每个作业遇到的各项问题。

参考文献

[1] KAPLAN R, COOPER R. Cost and Effect: Using Integrated Cost Systems to Drive Profitability and Performance[M]. Cambridge: Harvard Business School Press, 1998.

[2] KAPLAN R, COOPER R. Make Cost Right: Make the Right Decisions[J]. Harvard Business Review(September-October), 1988: 96-103.

[3] 吴安妮. 以一贯之的管理——整合性战略价值管理系统(ISVMS)[J]. 会计研究月刊, 2011(312): 106-120.

[4] 吴安妮. 管理会计商品化: 以ABC为核心的作业价值管理系统(AVMS)为例[J]. 会计研究月刊, 2015(359): 20-24.

第六章

上海结建民防建筑设计有限公司[①]

为加强对房地产市场调控,2013年2月20日,国务院常务会议公布新"国五条"的调控政策措施,要求各直辖市、计划单列市和除拉萨外的省会城市要按照保持房价基本稳定的原则,制定并公布年度新建商品住房价格控制目标,建立、健全稳定房价工作的考核问责制度。随着此政策的公布,上海房地产市场的投资金额也受到重大的影响,逐年下滑。上海结建民防建筑设计有限公司(以下简称公司或结建民防)的陈总经理在看完财务部门送来的2014年度会计报表后,发现公司的收入虽然从2009年以来持续上升,但合同的平均利润率自2010年起开始下降;员工人数虽然从创立时的十几人成长到今天180多人,但员工的平均营收与利润贡献金额却逐年下降,且因加班时数过多,员工多有怨言,人事部门还要求增聘员工。这表明公司的内部管理上存在诸多问题,如产能问题、定价问题、项目质量问题与顾客关系等。由于管理需要信息,陈总经理发现公司内部竟然无法提供相关的信息(成本、作业质量、价值、产能等)给管理阶层作决策参考。如何设计及推行管理会计制度正是陈总经理与公司的高管们面临的问题。

民防设计产业背景

人防工程又称民防工程,当建筑单位在启动建筑计划、规划设计手续时,必须到各区人防办公室办理结合民用建筑防空地下室建筑任务书。人防工程是指为保障战时人员与物资安全、人民防空指挥、医疗救护而单独修建的地下防护建筑,以及结合地面建筑修建的战时可用于防空的地下室。人防工程是防备敌人突然袭

[①] 本案例由刘俊儒根据实地调研的资料撰写。刘俊儒,博士,台湾东海大学副教授,硕士生导师。

击,有效地掩蔽人员和物资,保存战争潜力的重要设施;是坚持城镇战斗,长期支持反侵略战争直至胜利的工程保障①。人民防空是国防战略重要的组成部分,是国民经济和社会发展的重要方面,是现代城市建设的重要且不可或缺的一部分,也是利国利民的产业。战时人民防空主要担负组织群众采取防护措施,防范和减轻空袭危害的重要任务②。

    人防工程若按构筑形式可分为地道工程、坑道工程、堆积式工程和掘开式工程;若按战时功能可分为指挥通信工程、医疗救护工程、防空专业队工程、人员掩蔽工程和其他配套工程五大类。不同的工程设计,有不同的法令要求,因此国家的政策对该产业未来发展有重大的影响。

    有关人防建设的战略思维,邓小平同志早在1978年就指出:"人防工事要平战结合,平战结合才靠得住。"当年10月第三次全国人民防空会议依照邓小平同志的指示,制定了"全面规划,突出重点,平战结合,质量第一"的建设方针。前江泽民总书记在上海工作时也指出,人防建设要"平战结合,为民造福"围绕"平战结合"的核心思想,人防部门订立了这样一个发展主轴,"人防不应远离时代,不能远离生活"。③这些年来,各地人防工程建设大多体现了"一个工程多种用途"的原则,使人防工程不仅能防空,还能缓解城市的用地及交通紧张等问题,为经济建设和城市建设服务。新建的人防工程多为掘开式工程,以科学发展为指导,融入经济社会发展的因素,全面转型升级,积极将民防与经济发展融合发展,努力形成服务型、集约型、学习型的现代化人民防空体系,并构建网络化、电子化控制系统,研制综合防护新技术,加大地下空间开发利用,为人们提供比较舒适的环境,一些人防工程装修的档次普遍高于地面建筑。

    "平战结合"的做法所创造出的经济效益极为惊人,以地下商场、库房、停车场等为主体的平战结合人防工程体系,据部分统计,目前我国内地各地利用人防工程开设地下旅馆14 700多家,地下商场、商店、饮食店11 200多个,地下文体活动场所6 600多个,地下生产车间9 500多个,地下仓库13 300多个,地下停车场7 300多个。"九五"期间,全国人防平战结合安置从业人员100多万人,累计创产值600多亿元,年度上交国家财税近30亿元,超过了国家对人防建设的投资④。

    20世纪90年代后期,上海市民防设计产业的产业结构,主要是以国营企业为

---

    ①③④ 数据来源:民防空工程,http://baike.baidu.com/link? url=iYTvnyMSg5GZuJE4oYYFQ9Qw_jXpeHiqMW-Jr-maiwhyzir7k2rLuWzVChcKlSAFq7RtsOLM6Q8O3av92Xgu4rbJV3V9i7Yse6z9_K-Y5LB0nQXS0EAgKoxpjqG89CrMIlZ8TKHNTItbAgamUV41yfVSKwhjY-2g6ABgWrAZ7RdcWZUzPGDESQr0gu9SpBZ-。

    ② 数据来源:新中国人民防空60年建设成就综述(1950—2010),http://www.ccad.gov.cn/view/renfanglishi/zongshu/20141119/8305.html。

主,民营企业为数不多,且多为 80 人以下的公司,但随着改革开放,上海房地产业的蓬勃发展,民营民防设计院逐渐兴起。目前上海市著名的民防设计院,公司规模最大的是上海市地下空间设计研究总院有限公司,设计质量及服务质量上乘的是上海结建民防建筑设计有限公司,而上海新华建筑设计有限公司对外省市的开拓能力属一流,其他著名的公司还有上海沪防建筑设计有限公司及上海民防建筑设计有限公司。

上海结建民防建筑设计有限公司简介

上海结建民防建筑设计有限公司成立于 2004 年 3 月,这是一家专注于民防工程及地下空间领域的专业设计公司,同时拥有建筑甲级、人防甲级与规划乙级资质的综合性设计院。其主要业务为:①建筑行业(民防工程)的规划和设计;②民防工程政策及造价咨询服务;③民防工程技术专业技术服务;④民防工程施工技术指导;⑤民防工程全过程代理服务。自创立后至 2014 年止,结建民防在 11 年间有显著的成长,创立之初,公司只有 10 多人,年营业额 600 多万元;11 年之后公司已经成长为员工 180 多人,年营业额高达 4 100 万元。从无到有,从弱到强,如今的结建民防已经成为上海地区民防设计最有影响力的公司之一。目前公司的组织架构如图 6-1 所示:陈院长(总经理)下设常务副院长协助陈院长负责日常事务管理,生产副院长协助院长管理设计所的事务、科技副院长负责产品开发及总工程师职责。有关设计院详细的组织架构见图 6-1。

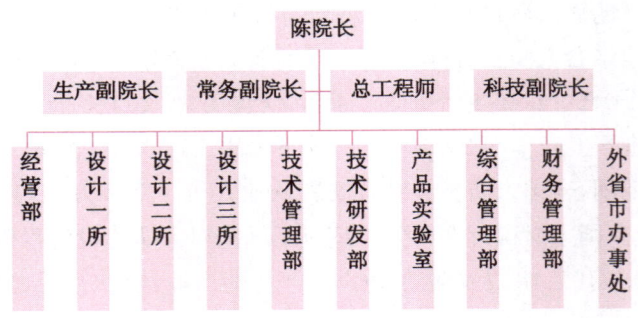

图 6-1　结建民防组织架构

公司以"成为全国最受尊敬的民防工程乃至地下空间领域的行业领先者"为愿景,以"专业设计、至诚服务、立足民防、追求卓越"作为公司的经营之道。结建民防成立之初,上海民防工程市场已经有"一大三小"的竞争者,这些竞争对手的创办人皆出身于国营企业，具有背景、关系与政府保护。为了开辟市场，抢占市场占有率与寻求生路，当时公司以"营运卓越""服务第一"及"低价"为竞争战略。在初创阶段，以民防咨询为主要业务，主要客户为房地产商与设计院。采取主动协助解决客户审批过程所遭遇问题的营销方式，包括协助各项申请与联系，并且帮客户解决政府审核的事务，在客户中建立高质量服务的口碑，并创造无法取代的竞争优势。

为了维持竞争优势，公司致力于吸引并且培训民防工程及地下空间领域内最优秀的人才，视员工为公司未来成长的基础与财富，抛弃传统呆板的管理方式和思维，淡化领导和员工的距离，努力营造崇尚创新的工作氛围，打造具备创新精神的企业文化，使得公司整体的技术、科研实力不断获得提升。公司深信质量是企业的生命线，设计院的首要任务是对所有使用设计院产品和服务的客户负责。公司相信为满足客户的需求而打造的一体化高质量的服务是必需的；始终严格执行的ISO 9000质量管理体系只是手段，自2005年以来保持了上海市民防工程施工图审查一次性通过率100%的辉煌也只是起点，成为全国最受尊敬的民防工程行业领先者才是公司的最终目标。

目前民防产业在国家法规的规范下，创造价值的方法有三：①建筑专业，主要为提高地下空间的平面利用效率以降低总工程造价成本；②结构造价，主要是通过降低含钢率以降低材料耗用成本；③空间视觉，通过压缩风、水、电等设备的空间高度以增加使用空间。为了迎接新一波的竞争，2014年公司经过内部高阶主管的战略会议，决定了公司未来的发展以"全方位技术创新"战略为主轴。首先，在现有的政策规范下，拟通过"紧凑型综合性节约"方式来做技术改进、产品优化，创造高额利润，并以此成功获利模式与高额奖金来吸引优秀人才。其次，拟通过"技术领先"方式，投入大笔资金，推出包含人工智能化的高端技术产品。接着拟通过"理论创新"，推出颠覆现有政策规范及业界设计模式的进阶技术标准，希冀持续产生创新技术成果。

管理问题

公司早期的营销模式是以民防工程全过程代理服务与高质量的产品作为顾客价值主张。所谓"民防工程全过程代理服务"，是指在项目进行期间，设计院首先会派专人与客户和政府相关部门进行项目协调，之后在设计交底、工程验收、竣工验收时，也会有专人负责协商与关注相关进度与设计质量问题。上述这些专人服务，是公司所提供的增值服务，不额外收费。由于公司的设计质量好、服务佳在业界打响名号，业务逐年蒸蒸日上，成为全上海知名的民防工程设计院。

公司的客户群，主要分为地产商与设计院两大类，由于公司的服务质量好，顾客流动率低，老顾客较多。但由于顾客所要求的免费服务数量越来越多，虽然新客户数每年以10%的速度成长，合同收入与合同数量逐年上升，但合同利润递增的速度却不如预期。其可能的原因，如很多老顾客要公司赶案子，但并没有付出相对应的价格，而且改图的比例越来越高，耗用公司的人力越来越多，陈院长为此现象颇为烦恼，因无法算出个别的合同与顾客的利润，使得公司无法制订较佳的顾客筛选方针。

由于营业收入成长，公司的人力相对于2004年成长了18倍，但管理方式延续旧有的制度，并无重大改变。以至于存在着：①不同的工作小组或设计部门工作量不一致的情况，有时候设计一所的设计人力需要每天加班才能达成进度目标，但设计二所做相同工作的人却能每天准时下班；②同一所的制图人力不足，但校对人力却过剩等情况。因此，公司急需解决人力产能分配与判断各项作业是否有价值的问题。

设计与服务质量是公司的命脉，追求工程施工图审查一次性通过率100%是公司的目标，而公司在这方面也做得非常好。但为了100%通过率所付出的成本是多少？整个设计流程在哪个环节是最容易出错的？如何修正设计、制图、校对、审核与审定的细项作业来达到100%通过率、成本极小化与作业流程优化，是目前设计院管理层最想达到的目标，但却不知从何下手，因公司没有相关的作业信息可以使用。

目前成本制度

因上海结建民防建筑设计有限公司属于服务业，为中小型的企业，并没有制造业繁杂的制造过程和为计算产品成本所导致的复杂的成本分摊问题。因此处理日常账务是采用现金基础，处理交易所用的会计软件是传统的单机版，公司并没有提供管理信息的ERP系统。管理信息的搜集主要是靠人力，基本的数据报表都是用EXCEL处理。会计报表的编制主要是由财务部门负责，财务报表的编制主要以公司整体为主，并没有核算至各设计所，而后勤部门成本也没有分摊至设计部门，所以无法得知个别部门的损益。由于定期性的财务报表，是以核算公司总利润为主，无法计算个别项目利润，所以公司无法得知不同客群的顾客利润，对顾客的筛选产生很大的问题。

目前公司各部门的管理并没有使用会计报表，主要原因为财务部门并没有提供财务与作业性的管理性报表。另外，各部门主管对于需要何种管理性报表，并没有一致性的看法，对于是否需要项目的利润或部门产能或作业的报表的认知不同。

AVMS 项目计划

陈总经理在2010年参加上海国家会计学院"管理会计"课程后,对于吴安妮老师所教授的管理会计制度有高度的兴趣,尤其是 ABC 制度(Activity-Based Costing,作业制成本制度)。后续几年,随着与吴老师每年的互访和对有关经营问题的密切交流,陈总经理对于 ABC 制度的认识日渐加深。由于结建民防建筑设计有限公司面临的竞争日益剧烈,同行常以削价竞争的方式来争取合同,因此需要有更佳的成本信息供管理上使用。虽然产品价格最终取决于市场的供需情况,然而公司在制订价格时,仍得先了解成本,才易掌握自己定价的"区间",以确保公司的竞争优势。当论及成本时,最重要的是要有正确及合理的成本信息,此时 ABC 就具有相当的助力。因相对于传统的成本制度,ABC 能提供较正确的成本信息,管理者就非常容易掌握定价区间,且可以因不同渠道、不同顾客群而确定较合理的价格,所以对定价决策者相当有利。

由于结建民防是一家服务业公司,主要的人力是设计人力,主要成本是人事费用,由于公司管理性报表多是日常的数据报表,如收款金额、项目进度及开票金额等。对于个别人员的工作进度、工作质量(如做错、重做等)情况、部门产能、部门损益及顾客额外要求的成本等信息却没有。因此陈总经理兴起了推行 ABC 制度的想法,但有下列问题尚待克服:

(1)根据陈总经理理解的概念,ABC 制度的建构,几乎是大公司才有能力做。而结建民防建筑设计有限公司,是一家中小型企业,人数不到200人,而且是服务业,是否适合实行 ABC 制度?不止陈总经理有疑问,公司主管也质疑是否有其必要性。

(2)公司内部并没有真正懂得 ABC 制度的人,若要实行 ABC 制度,是否需要聘请外部顾问公司?另外,由于 ABC 制度需要懂得成本会计的 IT 系统的设计专业人才,而公司内部并没有,是否要增聘人才或购买软件包?

经与吴老师深入讨论后,在吴老师的建议下,公司决定推行 AVMS 制度而不是 ABC 制度[AVMS(Activity-Value Management System,作业价值管理制度)是 ABC 的改良版本],并在2014年6月成立 AVMS 的项目团队,开始规划设计 AVMS 制度。AVMS 项目团队是由陈总经理领军,项目经理是设计三所所长刘经理,核心成员有会计部樊经理及两位相关部门的经理,并选定设计三所为先行实施的部门,待设计三所成功后,再推广到其他部门。项目团队经过深入讨论后,在考虑公司内部人员无人对 AVMS 有设计经验及时间因素后,决定聘请外部管理顾问协助 AVMS 的建立与设计。

AVMS(Activity-Value Management System)

AVMS 延续了传统 ABC 制度的精神,但与 ABC 有不同之处,即对资源分类、价值(成本)目标、作业属性的定义与分类有所不同。结建民防在设计推行 AVMS 制度时,是依据图 6-2 所示的架构,设计了四个模块:资源模块、作业中心模块、作业模块与价值目标模块等。

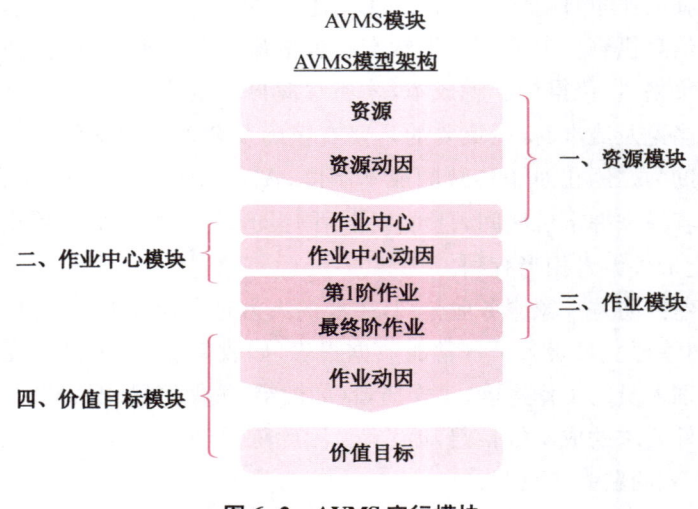

图 6-2 AVMS 实行模块

资源模块的设计

在设计资源模块前,第一步骤是需先确认公司未来的价值目标。项目小组与顾问公司经与公司管理层面谈,了解各主管所需的管理信息后,初步将项目分类、建筑面积、设计范围、战时功能、配建类型、项目承接所、顾客等列为价值目标。关于是否要将顾客列为价值目标,AVMS 的项目团队成员中有些人有不同的看法,综合管理部朱经理认为,只要将项目分类列为价值目标就行,不需要将顾客也列为价值目标,因为公司只要从个别项目的损益,累计就知道每个顾客的利润。但财务部樊经理则有不同的看法,因为每个顾客的财务风险不同,所以将顾客列为价值目标有其必要性。设计三所的王经理认为,应该将设计人员也列入价值目标,因为服务业最大的支出就是人事费用,因此应有信息了解每个设计人员的产出与支出,但若要将设计人员列入价值目标,则 AVMS 的信息搜集成本将会很高。

资源模块设计的第二个步骤是设计作业中心,如图 6-3 所示,主要的 SBU 为设计一所、二所、三所、昆山、安徽及青岛设计所。先推行 AVMS 的 SBU 是设计三所与相关的后勤中心,涵盖院长室业务支持组、技术管理部的项目支持组。

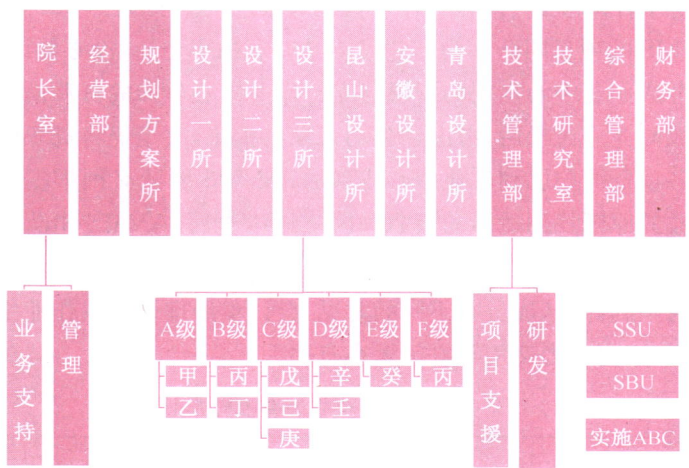

图 6-3　结建民防作业中心

项目小组将财务会计的费用科目重分类、转化为管理会计的资源项目,如表 6-1 所示。

表 6-1　资源重分类表

财务会计科目	资源重分类:管会观点	财务会计科目	资源重分类:管会观点
人事费用	工资分配	办公设备费	技术服务费
	公积金		固定资产折旧
	社会保险		保险
	补贴	办公室费用	水电费
	咨询费		房租费
	福利费		物业费
	奖金:作业中心		装修费
	奖金:项目	车辆费用	车辆费用:共享
办公设备费	无形资产摊销:共享		车辆费用:直接归属
	无形资产摊销:直接归属		

对于是否需将人事费用中的社会保险与公积金独立列示,项目成员中有不同的想法,朱经理认为,这两者应可以合并列示,因为它们性质相同。但财务部门樊经理指出,这两者还是有差异的,应单独列示。

管理顾问建议将作业中心耗用的资源区分为五大类:①作业中心自用的资源;

②价值目标使用的资源;③内部服务的成本;④管理作业中心分摊的资源;⑤支持作业中心(SSU)分摊的资源(则为分摊而来的成本)。前三项为可当作作业中心可控制的资源,后两项为作业中心不可控制的资源(见表6-2:五大资源分类表)。但AVMS的项目团队认为结建民防是一家中小企业,没必要设计得太复杂,只要将资源分成作业中心自用的资源与支持作业中心分摊的资源两类就可以。在项目团队与顾问充分讨论后,考虑到公司未来的扩张,决定仍将资源分成五大类。

为了将各项资源归属到作业中心或项目,AVMS团队必须根据各项资源的特性及成本效益的原则找到适当的资源动因。经讨论后,AVMS团队决定以直接归属为主,间接分摊为辅。在选择间接分摊的动因时,对于水电费用的分摊是否以作业中心人数为基础,团队成员有不同的意见,会计樊经理认为以作业中心使用面积为基础较适当,因为电力费用与空间大小有关。

表6-2 五大资源分类表

财务会计科目	管理会计	直接归属或资源动因	作业中心或项目	五大资源类别
人事费用	工资分配	直接归属	作业中心	1. 作业中心自用资源
	公积金	直接归属	作业中心	1. 作业中心自用资源
	社会保险	直接归属	作业中心	1. 作业中心自用资源
	补贴	直接归属	作业中心	1. 作业中心自用资源
	咨询费	直接归属	作业中心	1. 作业中心自用资源
	福利费	直接归属	作业中心	1. 作业中心自用资源
	奖金:作业中心	直接归属	作业中心	1. 作业中心自用资源
	奖金:项目	直接归属	项目	2. 价值目标自用资源
差旅交通费	交通费:作业中心	直接归属	作业中心	1. 作业中心自用资源
	交通费:项目	直接归属	项目	2. 价值目标自用资源
	差旅费:作业中心	直接归属	作业中心	1. 作业中心自用资源
	差旅费:项目	直接归属	项目	2. 价值目标自用资源
办公室费用	水电费	作业中心人数	作业中心	1. 作业中心自用资源
	房租费	使用面积	作业中心	1. 作业中心自用资源
	物业费	使用面积	作业中心	1. 作业中心自用资源
	装修费	使用面积	作业中心	1. 作业中心自用资源
……	……	……	……	

作业中心模块设计

管理顾问对作业中心模块的设计，提供了下列的设计步骤：①定义作业中心的作业执行者；②确定各作业中心的作业大项（或中项）；③明确作业执行者的总正常产能；④确定各作业中心的作业大项（或中项）的正常产能。项目团队首先将作业中心（设计三所）的人力依职别与工作内容分成 A 级至 F 级共 6 级人力，并以项目阶段为作业第一阶，分成策划、方案、初步设计、施工图设计、后期服务及人员训练等作业大项，五大专业为作业第二阶（又称为作业中项），有建筑、结构、暖通、给排水及电器等作业中项（请见图 6-4，作业大项/中项分类图）。

在计算作业执行者的产能时，管理顾问建议采用正常产能制，每天以 7.5 小时计算，7.5 小时乘以工作天数，就得到每个人的正常产能，加总所有人的产能就能得到作业中心的总产能，汇总每个月各级人力的实际产能，就可得到作业中心的产能总量与比重，见图 6-5。

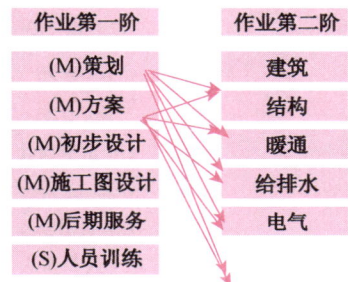

图 6-4　作业大项/中项分类图

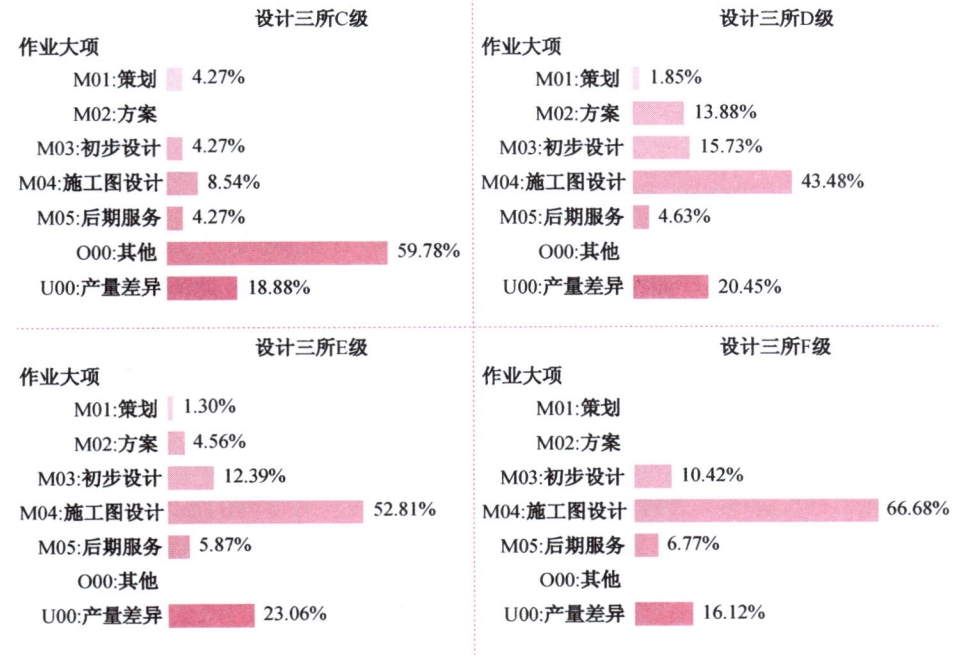

图 6-5　作业中心的产能总量与比重

作业模块设计

作业模块设计延续作业大项（作业第一阶）与中项（作业第二阶）的设计，其步骤为：①作业细项（作业第三阶）的设计；②确认作业中心动因；③决定"超用产能"或"剩余产能"及其成本；④定义细项作业属性。项目团队根据顾问公司的建议，与设计三所人员讨论后，建立了第三阶的作业项目，如图6-6所示。

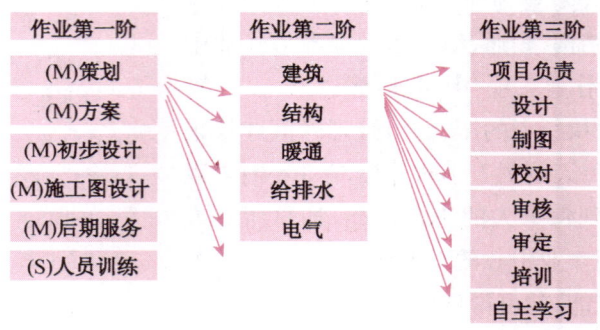

图6-6 细项作业设计

传统ABC在计算作业细项的产能时以实际产能成本为主，并未比较实际成本与正常产能成本的差异，所以在产能管理上，管理阶层无法得知员工是否有依照公司的战略而调整其工作内容。因此管理顾问建议项目团队除了在作业第一阶、第二阶计算正常产能外，在第三阶作业细项作业也应计算正常产能。此种设计的优点，在于公司可依战略，每月（或每季）调整作业细项的产能分配，而月底可通过作业细项实际时间的收集，比较两者产能成本的差异，若实际使用产能大于正常产能则为超用产能，若正常产能小于实际使用产能则为剩余产能。此差异分析提供足够的信息给管理部门作绩效评估与次月（次季）产能分配决策之用。但项目成员李经理有不同的看法，他认为这样的设计太过复杂，成本太高，且要员工每月都填工时单，员工的反感会很大。

AVMS与传统ABC除了在作业产能设计方面的差异外，在作业属性的定义方面存在另一大差异。管理顾问与项目团队在考虑未来管理的需求后，针对每一作业细项，定义了不同的作业属性。在作业质量属性方面有预防成本、鉴定成本、内部失败成本及外部失败成本；顾客服务属性有取得成本、提供成本及服务成本；产能属性分生产力、无生产力及间接生产力三类；附加价值属性涵盖有附加价值、无附加价值及必要性等，见表6-3。在讨论电气专业校对作业的附加价值属性时，项目团队樊经理认为，若一次能做好就不需要校对，所以他认为应该是无附加价

表 6-3　作 业 属 性 表

作业第一阶	作业第二阶	作业名称	质量属性	顾客服务属性	产能属性	附加价值属性
施工图设计	电气专业	项目负责	N/A	提供成本	有生产力	有附加价值
		设计	N/A	提供成本	有生产力	有附加价值
		内部修改_设计	内部失败成本	提供成本	无生产力	无附加价值
		客户修改_设计	外部失败成本	提供成本	无生产力	无附加价值
		制图	N/A	提供成本	有生产力	有附加价值
		内部修改_制图	内部失败成本	提供成本	无生产力	无附加价值
		客户修改_制图	外部失败成本	提供成本	无生产力	无附加价值
		校对	鉴定成本	提供成本	间接生产力	必要性
		内部修改_校对	内部失败成本	提供成本	无生产力	无附加价值
		客户修改_校对	外部失败成本	提供成本	无生产力	无附加价值
		审核	鉴定成本	提供成本	间接生产力	必要性
		内部修改_审核	内部失败成本	提供成本	无生产力	无附加价值
		客户修改_审核	外部失败成本	提供成本	无生产力	无附加价值
		审定	鉴定成本	提供成本	间接生产力	必要性
		内部修改_审定	内部失败成本	提供成本	无生产力	无附加价值
		客户修改_审定	外部失败成本	提供成本	无生产力	无附加价值
人员训练	人员训练	训练培训	预防成本	提供成本	有生产力	有附加价值
后期服务	电气专业	设计	N/A	服务成本	有生产力	有附加价值
		制图	N/A	服务成本	有生产力	有附加价值

值,而不是有必要性。经讨论后,项目团队维持原先的看法,认为校对作业附加价值属性是有必要性的。

价值目标(目标)模块设计

价值目标模块设计的主要目的在于计算价值目标的成本,其步骤为:①确认价值目标;②选择作业动因(作业量);③选择服务动因。通过作业动因计算出价值目标的成本,而作业动因大部分以作业量、作业频率或作业复杂度为考虑标准。价值目标成本可进一步根据管理需求优化为价值链成本。选择其他价值目标动因。例如,供货商、原物料及专案的动因。决定服务动因,计算出价值链成本(见图 6-7)。项目小组与管理顾问初步将项目分类、建筑面积、设计范围、战时功能、配建类型、项目承接所、顾客等列为价值目标取得作业动因,计算出价值目标的成本。在选择

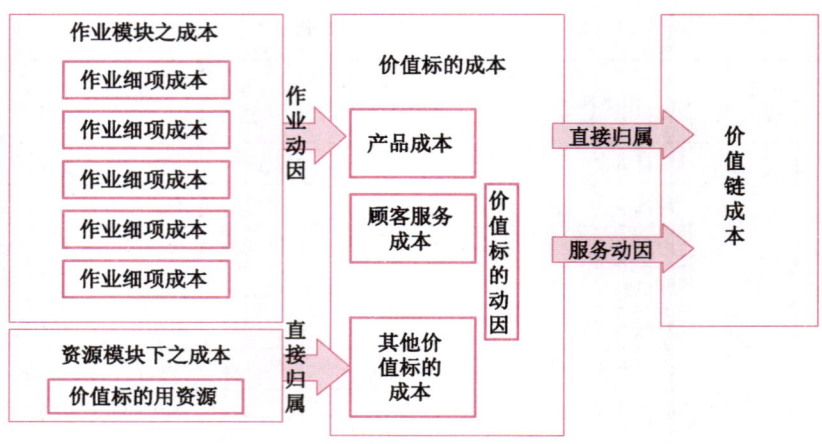

图 6-7 价值标的模块理论内容

作业动因时,对于是以次数型作业动因还是以时间型作业动因为主,项目小组各有不同意见,经过激烈的讨论,项目小组决定以时间型作业动因为主。经过初步的计算,项目小组已可算出项目利润(见图 6-8)。

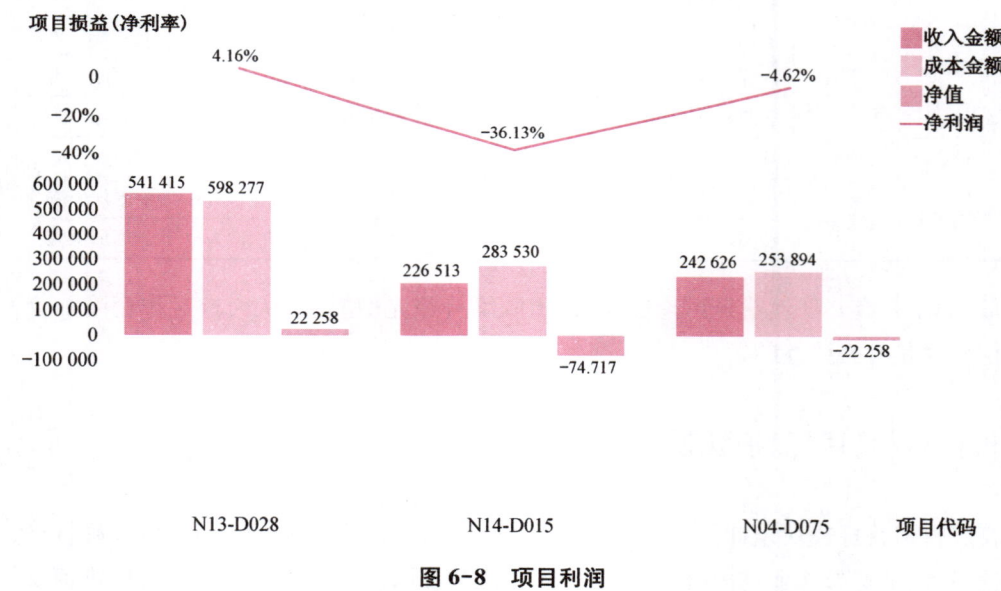

图 6-8 项目利润

讨 论 问 题

1. AVMS 所提供的信息可以为上海结建民防建筑设计有限公司解决哪些

问题?

2. 在 AVMS 中为何将作业成本的归属(或分摊)目标,称为价值目标,而不是成本目标?

3. 中小企业是否可实行 AVMS?

4. 你认为要如何设计作业产能(正常产能与实际产能),才能提供足够的管理信息给部门主管?

5. 要如何选择成本动因?上海结建民防建筑设计有限公司较适合采用次数型作业动因还是时间型作业动因?

附录 相关概念和理论

本附录分为两个部分:第一部分对案例背景和情境中涉及的主要相关概念进行说明;第二部分对案例分析和应用涉及的主要相关理论进行说明。

一、相关概念

(一) 传统成本制度的缺失

首先,传统成本制度很少考虑产品的差异性,而且常以数量作为制造费用的分摊基础,造成产品间相互补贴的后果,及产品成本扭曲现象等。其次,传统成本制度无法适应管理上不同的信息需求,如存货评价、作业控制及产品成本计算等三方面所需的信息,在新制造环境下,传统成本制度因以财务会计为主导,故无法达到具有多功能的目的。

(二) ABC 成本制度

ABC 与传统成本制度下的成本分摊方法有所不同,属于二阶段的成本分摊,两者主要差异在于成本分摊的内容不同。在 ABC 下,第一阶段的成本分摊系将耗用的资源(Resources)分摊到各作业中心(Activity Centers),而第二阶段的成本分摊则将各作业中心的成本汇集于不同的成本库(Cost Pool)中,然后考虑不同的作业水平和找出适当的作业动因,将成本归属到各产品成本之中。

(三) 成本制度

Kaplan 和 Cooper(1998)认为完整的成本制度必须达到三个目的:①外部财务报道:如计算存货成本;②产品/顾客成本:计算产品及顾客的成本;③营运及战略性控制:随时提供每日、每周,或每月营运及战略性绩效情况的信息。

此外，两位学者主张成本制度的设计包括四个阶段，如图 6-9 所示。

系统方面	第一阶段 系统： 差异	第二阶段 系统： 财务报道需求 趋势	第三阶段 系统： 特殊性	第四阶段 系统： 整合性
数据质量	• 许多错误 • 大额差异	• 无意外 • 符合审计准则	• 数据库分享 • 单独系统 • 非正式联结	• 全面性联结的 数据库及系统
外部财务报道	• 不适当	• 量身定制以符合财务报道需求	• 第二阶段系统的维护	• 财务报道系统
产品/顾客成本	• 不适当	• 不正确 • 隐藏性成本及利润	• 许多独立性的ABC系统	• 整合性 ABM系统
营运及战略性控制	• 不适当	• 有限性的回馈 • 延迟性的回馈	• 许多独立性的绩效评估系统	• 营运及战略性绩效评估系统

图 6-9 成本系统设计四阶段的模式图

资料来源：Kaplan R and R Cooper. 1998. Cost & Effect：Using Integrated Cost Systems to Drive Profitability and Performance. Harvard Business School Press.

公司实行 ABC 只是一个开头，ABC 是传统成本系统的再生，实施 ABC 真正的目的应该是要达到作业基础管理（ABM）及作业基础预算制度（ABB），甚至达到整合性战略成本管理的功能，亦即达到 Kaplan 和 Cooper 所说的第四阶段的成本系统功能时，其效益才大。

（四）作业属性

1. 质量属性

质量管理的目的主要在于期望项目设计或服务能够满足消费者对质量的需求，或能达到其所期待的程度，甚至超越顾客的期望。评估公司对质量管理所投入的相关成本与分布情形、质量成本与现行管理政策是否相符，分析异常的质量成本与原因，作为质量改善或服务设计的参考。进一步针对不同项目设计或顾客搜集质量信息，可更具体地找寻出解决对策，如顾客满意度、作业风险/成本与服务质量的关系，但需要较详尽的数据库与较长的实施期间。相关说明，见表 6-4。

2. 产能属性

为获得持续性的竞争优势，企业必须能将现有资源更有效率地使用。产能成本管理从成本或贡献度的角度来衡量产能使用的代价，以利润极大化为目标。设

表 6-4 质量属性说明表

分类	定 义	范 例
预防成本	为了减少项目设计瑕疵的会议、活动、教育训练 为了防止提供不符合顾客需求的项目设计所投入的成本发生（使项目设计第一次就做好的成本）	例如：质量会议、质量活动、训练培训等
鉴别成本	为侦测不符合顾客需求的项目设计所发生的成本 为确保质量水平或用来评估项目设计质量，以维护既定质量水平的成本	例如：校对、审核、审定等成本
内部失败成本	指项目设计未交付至外部顾客前即发现其瑕疵或未达质量要求，而适当地加以处理的成本	例如：内部修改、内部修改的校对、审核、审定等成本
外部失败成本	不符合质量规范的项目设计提供给顾客之后所发生的成本，指项目交给顾客后才被发现瑕疵或未达质量要求而发生的一连串相关作业成本	例如：外部修改、外部修改的校对、审核、审定等成本
N/A	与质量成本无关的作业	例如：业务开发、行政作业、打印数据、归档……

定产能基准以衡量我们的产能使用状况，可帮助使用者了解我们到底可以做多少事情，可以利用的产能到底有多少？从实质产能基准的角度，配合产能利用率分析产能的利用情形，有生产力作业的效率表现如何，无生产力、闲置作业的分布情形与形成原因。产能成本能让管理者了解产能除了时间配置以外，其付出的代价有多少，根据分析的结果，决定改善的可行做法，如：人力配置、职能转换、效率提升改善方案、政策调整……人员裁减并非唯一的解决渠道，将职能转换至有生产力、高附加价值作业方为上策。相关说明，请见表 6-5 产能属性说明表。

表 6-5 产能属性说明表

分 类	定 义	范 例
直接生产力	设备或人员所从事的必要作业，可减少公司整体成本、增加顾客或项目设计贡献度所投入的作业 强调在于第一次就将事情做好	例如：业务开发、训练培训、项目负责、设计、制图的必要作业等
间接生产力	非必要性作业，可经由流程的改造而由其他作业取代 泛指相关支持性作业	例如：行政作业、校对、审核、审定等
无生产力	重复执行的作业，多半为弥补错误	例如：内外部修改、修改的校对、审核、审定、顾客申诉处理等
闲置	设备或人员的闲置	例如：自主训练（无项目安排时）、闲置等

3. 附加价值属性

从顾客观点出发，作为组织流程改善的起点，通过作业附加价值判断，决定降低成本的重心。同时用来确认并去除（或减少）无附加价值的作业。

降低无附加价值方法：

减少作业:减少投入时间或其他资源。
消除作业:若确认该项作业是完全不必要的。
选择作业:从一群选项中挑选最有效率的作业。
作业分享:通过更有效地结合各项功能,找出让现有作业增加产出的方式。相关说明,请见表6-6附加价值属性说明表。

表6-6 附加价值属性说明表

分类	定义	范例
有附加价值	在符合顾客期望的前提下,生产过程中必经的流程或让顾客感受到项目设计价值,提升顾客的满意度(非指解决顾客的不满意)或提供顾客愿意多付钱的相关项目设计与服务,或加快完成顾客交易的相关动作 从顾客的观点出发,强调在第一次就将顾客期望的项目设计或服务做好提供给顾客	例如:业务开发、项目企划、训练培训、项目负责、设计、制图……
无附加价值	无法增进顾客满意度或收入,对顾客所感受到的价值没有贡献,即使删除这个作业,也不影响顾客价值	例如:内外部修改、修改的校对、审核、审定、顾客申诉处理等
必要性	为促进项目设计与服务的提供,所从事的相关管理流程与作业,但并不属于直接提供项目设计或服务的作业 提升效率、减少浪费(非为弥补错误)的相关作业	例如:管理作业、定期会议、报表统计与制作……

4. 顾客服务属性

将所有创造及维系顾客关系活动的成本透明化,分析相关营销或业务、客服等活动所投入成本及资源分布的比重是否合理,是否符合原先规划的战略。

通过对顾客服务属性信息的分析,可了解现行顾客分级与顾客实质贡献是否对称,评估是否要调整顾客分级、顾客服务与营销战略等;亦可评估现有获利顾客与亏损顾客的行为模式,寻找正确的顾客模式与族群,为潜力型顾客提供更佳的服务。相关说明,请见表6-7顾客服务属性说明表。

表6-7 顾客服务属性说明表

分类	定义	范例
取得成本	所有与取得顾客流程相关的成本,可能是某一特定渠道或某一特定宣传活动。理论上是一次性成本,用来吸引新的顾客 取得成本包括所有在取得顾客过程中所投入的成本,不管结果是成功或失败	例如:广告、营销、业务开发及其他直接销售作业活动等
提供成本	泛指从顾客签约至收款完成间的所有成本,包含相关行政成本	例如:项目设计成本、应收账款等账户处理成本
维持成本	指在与顾客第一次交易完成后,为了延续或加强与顾客关系所产生的成本	例如:对拜访既有顾客以推销新项目设计或进行交叉销售营销所产生的成本

二、相关理论

(一) 作业制成本管理(Activity-Based Costing Management，ABM)

ABM 制度着重持续性改进程序，主要包括三要素：作业分析、成本动因分析和绩效分析。作业分析是针对每一程序的作业，确认具附加价值或无附加价值的活动，并为每一程序计算周期效率性。成本动因分析在于发现因果关系，即动因的确认及分析。绩效衡量分析则包括任务决定，沟通目标及衡量基础与项目的确定。Kaplan 和 Johnson(1987)指出，ABC 的信息在管理上的应用可以分为两大类：一是 ABC 可以促进营运面的作业制成本管理，即为把事情做对，可应用在产能管理和价值管理上，也可以与质量管理与企业流程改造结合，以促进企业持续性改善。二是战略性 ABM，即为做对的事，ABC 可以应用在产品组合、订价决策、顾客管理等方面。

表 6-8　作业制管理制度要素

要　素	功　能
1. 程序(成本动因)	(1) 了解发生成本的原因来自何处 (2) 了解有无程序改进的机会
2. 作业制成本制度	(1) 探讨费用直接归属或通过作业/动因归属或以分离方式为之 (2) 探讨成本计算正确否
3. 作业分析	(1) 探讨何为附加价值及无附加价值的作业，了解何为不需要的活动 (2) 减少时间的浪费 (3) 减少资源的浪费 (4) 简化作业程序
4. 成本动因分析	(1) 了解资源耗用与成本间的关系 (2) 了解成本减少的方法，选择低成本的活动 (3) 了解资源分配是否妥当
5. 绩效衡量分析	(1) 确立绩效衡量，与作业资源耗用及产出间应相配合 (2) 有效控制程序及作业 (3) 重视时间、成本及资源耗用等因素的衡量
6. 投资管理分析	(1) 了解如何从事资源分配 (2) 有效控制投资决策 (3) 从事最佳的投资组合
7. 责任会计：资源使用分析	(1) 了解组织中的结构、程序及控制间的相互依存关系 (2) 了解组织中整体程序的情况 (3) 从事作业的有效控制

资料来源：吴安妮，1992，服务业的作业制管理制度——以会计师事务所为例(上)，会计研究月刊，第 81 期，第 17-24 页。

(二) 时间导向作业成本制度(time-driven ABC)

传统的 ABC 制度,虽然改进了传统成本制度的缺点,但也产生了许多问题。例如,采用了两阶段的成本分摊方式,当中很多的成本动因是通过会计人员主观的估计并设定分摊的比例,容易使分摊后的结果产生偏差;另一个不精确的原因在于作业产能的划分,会计人员在估计产能的属性时,无法区分使用与未使用的产能,导致作业信息的正确性就不会那么精确了。

另外,维护或更新 ABC 系统所耗费的时间及资源,通常会随着组织营运模式的改变、营运规模的成长与制造流程的改变而复杂化,因此当大型企业开始导入 ABC 时或已经导入 ABC 的组织想要扩大 ABC 的实施规模时,这些往往成为组织踌躇不前的主要原因。因此 Kaplan 和 Anderson(2004)针对传统 ABC 的架构作了一些调整,推出了时间导向作业成本制。简化过后的时间导向作业成本制度比传统的 ABC 更能在错综复杂的情况之下,以更为简单的方式进行成本动因、作业的搜集与计算,使 ABC 的功能和准确性大大提高,也让企业实施起来更为容易。另外,可以配合环境的变化,迅速调整 ABC 的模型,例如,增加某个部门的作业,只需要估计每项新作业所需的单位时间即可,需重新作员工调查;管理者也可视需要在模型中增加复杂性的因子,来解决制程变动或产品设计变更所带来的制造问题。

(三) 作业价值管理系统(Activity Value Management System, AVMS)

吴安妮博士在经过 30 年的持续研究及在大中华地区企业 26 年持续实务的运用,以 ABC 为核心,整合了其他管理制度创建"作业价值管理系统(Activity Value Management System, AVMS)",AVMS 的主要特色有四项。

1. 特色一:属于整合性的基础工程系统

"整合性战略价值管理系统(Integrative Strategic Value Management System, ISVMS)"包括五大系统,AVMS 为 ISVMS 五大系统中的系统三作业管理系统及系统四价值管理系统的结合体,参见本书第 2 页图 1-2。

2. 特色二:创新的四大模块

AVMS 包括四大模块,参见本书第 3 页图 1-4(AVM[①]),模块一解决资源是否为部门可控制的问题;模块二主要说明作业执行者做了哪些事及作业正常产能为何;模块三的作业细项主要在于了解作业的实际产能,以解决实际成本的计算问题,且可掌握产能剩余或产能不足的现象;模块四称为价值目标模块,而非成本目标模块,因为 AVMS 从事"价值管理"的工作,此模块的作业动因包括创新的服务动因,以解决服务业的作业价值管理问题,价值目标的内容包括

---

① 本书第一章的 AVM 与此处的 AVMS,其实质是一样的。

经常被忽略的三项重要成本：①隐藏性成本；②资金成本；③风险成本等项目（吴安妮，2015）。

3. 特色三：以整合性的因果关系为精髓

吴安妮(2015)指出，整合性的因果关系为 AVMS 精髓，在 AVMS 中资源为"果"，价值目标也为"果"，而资源动因、作业中心动因及作业动因皆为"因"，参见本书第 4 页图 1-5。根据吴安妮教授的发现，AVMS 的基础工程可解决时间、质量及产能管理的大部分问题，而这些因素正是"利润"的动因，其关系参见本书第 5 页图 1-6(AVM)。

4. 特色四：包括四大作业属性

吴安妮教授根据实务经验，将"作业"设计出四大重要属性，包括质量、产能、附加价值及顾客服务等属性，经由这些作业属性得以了解不同作业的收入、成本或利润与质量、产能、附加价值及顾客服务的关系，进而从事整合性的管理，同时解决收入、成本、利润、质量、时间及产能等问题，参见本书第 5 页图 1-7(AVM)。

参考文献

[1] KAPLAN R，COOPER R. Cost & Effect：Using Integrated Cost Systems to Drive Profitability and Performance[M]. Harvard Business School Press，1998.

[2] KAPLAN R，COOPER R. Make Cost Right：Make the Right Decisions[J]. Harvard Business Review 1988(September-October)：96-103.

[3] KAPLAN R S，JOHNSON T H. Relevance Lost：The Rise and Fall of Management Accounting[M]. Boston：Harvard Business School Press，1987.

[4] 吴安妮. 服务业之作业制管理制度——以会计师事务所为例(上)[J]. 会计研究月刊，1992，(81)：17-24.

[5] 吴安妮. 以一贯之的管理——整合性战略价值管理系统(ISVMS)[J]. 会计研究月刊，2011(312)：106-120.

[6] 吴安妮. 作业价值管理系统：以 ABCM 为核心的理论及 IT 实务运用研讨会[R]. 政治大学会计与智慧资本研究中心，2014.

[7] 吴安妮. 管理会计商品化：以 ABC 为核心的作业价值管理系统(AVMS)为例[J]. 会计研究月刊，2015(359)：20-24.

第七章

晟钛股份有限公司[①]

3月的台北微凉的某天早晨,晟钛股份有限公司(简称晟钛公司)质管处的江处长一大早就来到办公室。为了解决顾客投诉质量不佳的问题,江处长已思考了好几天,也询问过公司的业务经理及生产经理,公司的产品质量到底怎么样?优良率为多少?质量成本与同行业的公司相比是多少呢?但两位经理也无法给予江处长满意的答案。

江处长突然想起了曾经在政治大学学过吴教授所主讲的作业制成本制度(Activity-Based Costing,ABC),ABC制度是否能够正确地计算质量成本呢?是否可以通过ABC制度来改善质量不佳的作业呢?江处长期望着通过ABC制度的实施,可以正确地计算出价值目标(产品、渠道、顾客或其他)的成本及利润,并将结果作为公司管理决策的参考依据。还可以进一步了解每一项作业的属性,进而正确地计算质量成本及了解质量属性,作为下一步改善质量的参考依据。

台湾印刷电路板产业情况

印刷电路板(Printed Circuit Board,简称PCB)被誉为是电子工业之母,为各类电子产品基础的零部件,主要作用是通过电路板所形成的电子线路,将各项电子零部件连接在一起,使其发挥整体功能。早期是在绝缘的基板上印刷出线路图案,再以电镀的方式,建立导体作连接线,因而被称为"印刷"电路板。随着电路板的线路趋向于微细化,现今的电路板已无法再以印刷技术制作线路,而改以干膜曝光显影方式取代。

电路板依可弯曲性分为硬式电路板及软性电路板;依产品组合区分则可分为单

[①] 本案例由黄政仁根据实地调研的资料撰写。黄政仁,博士,台湾东海大学副教授,硕士生导师。

层板、双层板与多层板、高密度印刷电路板、软板及集成电路载板。目前仍以硬板为最大宗,占整体产值五成。然而成长率以软硬复合板成长力最为强劲,其次是高阶技术的软板、高密度印刷电路板及载板。表 7-1 为全球印刷电路板产品产值比重及成长率(Prismark 2013)。

表 7-1 全球印刷电路板产品产值及成长率

	4~6层板	软板	高密度印刷电路板	载板	单双面板	8~16层板	软硬复合板	18+多层板
产值占比	23%	16%	15%	14%	13%	12%	5%	2%
成长率	2.5%	4.6%	4.5%	4.4%	1.0%	3.5%	11.3%	2.7%

数据来源:Prismark(2013:10)。

根据统计,全球印刷电路板于 2000 年至 2012 年间,除了 2001 年及 2008 年的两次金融风暴后,每年都有 4%~23.8%的成长,如图 7-1 所示。近年来受惠于行动装置迅速普及,全球各国积极地建设更高速的网络,穿戴商品、车联网(含汽车电子)、智能家庭及物联网,随着科技更加深入生活,也为 PCB 产业带来巨大的商机。

我国台湾地区信息电子产业在 20 世纪 90 年代急速地发展,带动印刷电路板需求高度成长,当时数百家相关的厂商齐聚在北台湾一带,其中以土城、桃园、中坜及杨梅等一带为主,这些厂商将完整的上游及其周边厂商加以紧密地结合,强化了整体产业的整合力,使其产品的质量、价格竞争及交货期限在国际上占有相当大的优势。随着时间的变化,台湾地区业者技术日趋成熟、生产规模逐年扩大,促使一些国际大厂纷纷来台寻求合作对象,更是直接带动了印刷电路板产业的高度成长。根据工研院IEK ITIS计划排名统计(包括海外生产部分),台湾地区印刷电路板产业于 2010 年仅次于日本,为全球第二大印刷电路板生产地,于 2011 年及 2012 年,成为全球第一大印刷电路板生产地,全球市场占有率约 27%(如表 7-2 所示)。根

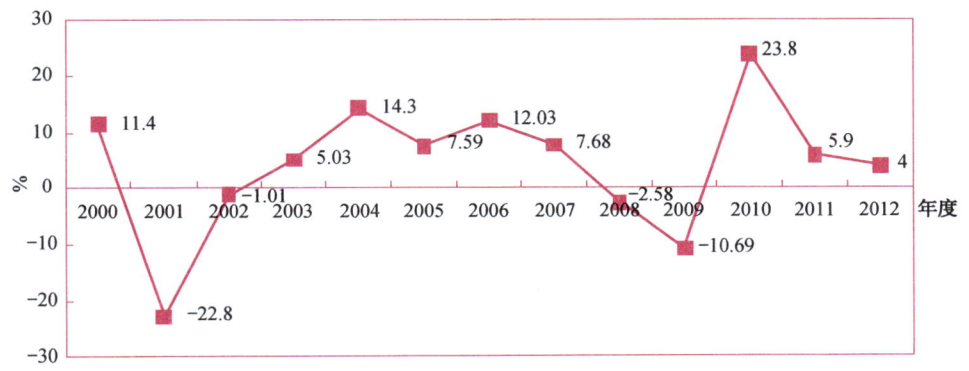

图 7-1 全球印刷电路板成长率

数据来源:N. T. Information。

表 7-2 台湾印刷电路板的全球排名变化（含海外生产）

单位：百万美元

年份	2010			2011			2012		
项目	产地	产值	全球市占率	产地	产值	全球市占率	产地	产值	全球市占率
第一名	日本	10 710	28.4%	中国台湾	10 935	27.1%	中国台湾	11 560	27.6%
第二名	中国台湾	9 767	25.9%	日本	10 612	26.3%	日本	10 973	26.2%
第三名	美国	4 940	13.1%	美国	5 044	12.5%	美国	5 110	12.2%

数据来源：工研院 IEK ITIS 计划。

据台湾电路板协会（TPCA）的调查，台湾地区 PCB 产业在 2014 年仍持续成长，全球市场占有率达 31%，预估 2020 年市场占有率将达到 37%，将成为台湾地区第三个兆元产业。

印刷电路板因技术门槛不高，并且在进行不断地杀价竞争，这就大幅地压缩了台湾地区印刷电路板产业的利润。为了保持经营竞争力及利润，台湾地区厂商积极地将产品制造纷纷转移至我国内地或其他成本较低廉的亚洲国家，台湾地区则专注于高阶产品的制造与研发。

晟钛股份有限公司简介

晟钛公司于 1987 年创立于新北市新庄，由六位出身于印刷电路板厂的同窗因志同道合而共同创立。当时只生产单面板，1990 年设立二厂，生产双面板及多层板。该公司管理层观察到 3C 产品汰旧换新速度很快、产品生命周期短，因此晟钛公司在成立初期的经营策略便是锁定少量多样、快速交件的样品及小型利基型市场。由于少量多样市场规模有限，加上大部分客户生产基地都已移转至我国内地，在看好内地发展趋势下，晟钛公司于 2006 年收购浙江联诚科技工业有限公司 100% 股权，正式在内地设下据点。至此，共有新庄、龟山与内地三个厂，成为生产大量少样及少量多样化 PCB 产品的专业印刷电路板制造商。通过两岸分工布局，将大量生产订单交由内地厂生产，中小量及制程技术较高的订单留在台湾，进而提供客户 Total Solution 的服务。这一期间陆续获得保险商试验所（Underwriter Laboratories Inc.，简称 UL）合格认证、完成生产管理实时反应计算机化系统，并通过针对整个产品设计和发展的 ISO9001 质量认证及更严格的 QS9000 质量系统认证。

在历经 20 年的奋斗后,公司于 2005 年正式在台湾柜台买卖中心挂牌上柜,并在 2009 年上市。晟钛公司也已从设立时资本额 300 万元扩大为现今的 9.3 亿元;员工也由最初不到 10 人增加为现今的 300 余人。公司组织采用扁平化架构,如图 7-2 所示,各部门依照职能区分,主要可分为印刷电路板事业处,包含业务部、品保部、工程研发部、生产部及印刷电路板投资部;负责海外子公司相关业务的国际事业处,以及作为支持单位的总管理处。此架构能减少中间的管理层,提升组织间沟通效率,以便迅速适应环境变化,以提升企业竞争力。

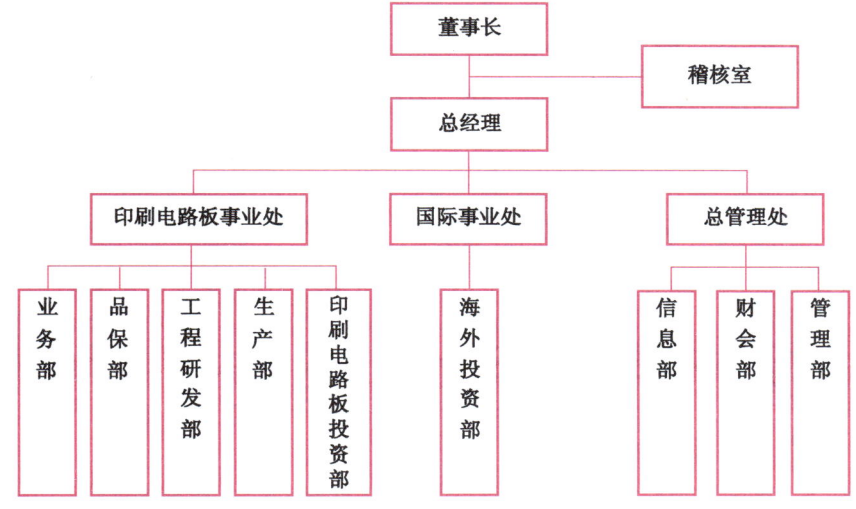

图 7-2　晟钛公司组织架构图

数据来源:晟钛公司网站。

由于台湾厂的生产基地位于新庄及龟山,专攻样品、小量多样 PCB 订单,年年可获利。内地厂因经营环境不佳及产品价格缺乏竞争力,加上受到金融海啸的冲击,接单无法达到经济规模而持续亏损,致使 2009 年公司的获利表现并不理想。当时预估 PCB 产业未来主要成长动能仍在智能型手机、平板计算机及 Ultrabook 等产品上,加上消费型电子产品及工业用计算机需求量也不容小觑,因此持续整合了台湾新庄厂及龟山厂现有生产资源,以便提高生产效率来提供客户更好的产品质量与服务,并致力于控制生产成本。

营运状况

晟钛公司主要从事硬性印刷电路板制造及加工买卖业务。在战略上致力于差异化市场,每月生产多达数千种的不同电路板产品。除了批量产品外,也可提供小量的样品板,属于高复杂混合生产的营运模式。现从产品营业收入、效率及费用等方面分别叙述如下:

晟钛公司主要以生产双面及多层印刷电路板为主,4～12 层多层板占总营业收入 55%,主要应用在工业计算机、数字相机、摄影机、可程序逻辑控制器、液晶显示器、LED 广告牌、无线网络通讯板、监视器、微型投影等;双层板占 32%,主要应用在家用电器、笔记本电脑外围产品、电来源供应器、卫星导航、液晶监视器、LED 显示板、充电器、通讯板、高频铁氟龙板等。其他及单层板则各占 11% 及 2%,主要应用在车用产品及家电、变压器、充电器等消费性电子产品。晟钛公司年产能为 1.445 亿平方米,产量约 8 200 多万平方米,产能利用率约 57%,如表 7-3 所示。

表 7-3　晟钛公司年营业收入与生产量

单位:新台币千元/千平方米

	营业收入		产能		产量		产能利用率
	金额	百分比	数量	百分比	数量	百分比	
多层印刷电路	$449 648	55%	66 400	46%	39 444	48%	59%
双面印刷电路	$261 613	32%	68 900	48%	39 444	48%	57%
其他及单面印刷电路板	$106 280	13%	9 200	6%	3 803	5%	41%
总计	$817 541	100%	144 500	100%	82 691	100%	57%

数据来源:晟钛公司内部数据。

按营业成本及费用类别划分,晟钛公司营业成本占总营业收入 77%;管理费用占 14%;销售费用则占 3%,如表 7-4 所示。若将销货成本进一步细分,其中约 20% 为基板、14% 为物料、7% 为压合作业、6.7% 为防焊作业、6% 为内外层线路作业。

表 7-4　晟钛公司营业成本与营业费用占营业收入比重

	营业收入	100%
营业成本	销货成本	71%
	存货跌价报废及呆滞损失	2%
	其他	4%
	合计	77%

（续表）

推销费用	薪资支出	2%
	出口费用	0.5%
	佣金支出	0.3%
	租金支出	0.2%
	保险费	0.1%
	差旅费	0.1%
	折旧	0.0%
	其他费用	1%
	合计	4.2%
管理费用	薪资支出	7%
	劳务费	2%
	租金支出	1%
	差旅费	1%
	折旧	1%
	保险费	0.5%
	捐赠	0.3%
	其他费用	2%
	合计	14.8%

数据来源：晟钛公司内部数据。

质量管理

为降低重工补料、客诉、报废等失败成本，晟钛公司针对厂内质量的提升设计了许多管理活动，可分为预防、鉴定、内部失败处理及外部失败处理等四大类。此外，还定期召开质量会议，针对重大客诉、外包商或厂内制程异常作检讨。质量管理活动简述如下。

1. **预防活动**

（1）教育训练：包含新进人员教育训练、各部门员工每月教育训练、系统化教育训练、技术类及管理类教育训练，以及外部训练等。

（2）会议：包含部门周会、部门月会、全厂月会、各部门外劳会议等。

（3）设备保养：定期对裁板、钻孔、印刷、防焊、化铜、文字、电测、AOI等器材设备进行保养，并填写设备保养记录表，以维持最佳生产状态。

(4) 供货商稽核：依安排计划对供货商进行审查，并填写外包稽核查验表，确保供货商质量。

2. 鉴定活动

(1) 审核：包含审核 CAM 及预投料单；审核工单，核对工单数据、修改数据钻孔、成型图有无异常；审核底片，核对底片及确认膜正膜反是否正确等。

(2) 各站站内质量检查。

(3) IPQC：针对过程各站的质量抽检。IPQC 为 Inline Process Quality Check 的简称，隶属于品保部，有专门人员在重要关键站进行质量巡回抽检，监督生产现场以达到进一步控制质量的目的。另外，IPQC 也负责对原物料进料及外包进料做检验。

(4) SPC：即统计制程质量管理（Statistical Process Control），针对孔铜厚度、孔壁粗糙度、成形尺寸、V-CUT 尺寸及模冲尺寸绘制 X-bar 与 R 管制图。如果所有抽样点都落在管制上限和下限之间且是随机分布，则此过程是稳定的，否则需要进一步追踪原因，规律性地对过程进行分析控制。

3. 内部失败处理活动

(1) 修补：包含修补作业、修补后复检作业及修补后烘烤作业。

(2) 退洗：使用剥除药剂将已固化的电路板表面油墨去除，达到重新加工的目的，分为曝光前退洗及曝光后退洗。曝光前利用显影线进行退洗，曝光后则需先以退洗剂破坏油墨键结予以去除，放入超音波清洗机洗净后，再用显影药水冲洗。防焊在经高温后烤程序后则不得退洗。

4. 外部失败处理活动

(1) 客诉处理：包含业务人员客诉处理、品保部客诉组调查异常、回复报告，以及品保部门供货商客诉会议。

(2) 退货处理：包含业务部门填写折让单、退货单，将退货单送交仓储科及请品检部重新加工。

(3) 报废：包含仓储科处理库存过久耗损、退货报废，以及品保部门的报废板的分析与确认。

作业制成本制度导入

晟钛公司为持续改善台湾新庄厂及龟山厂的生产弹性及过程规划能力，以便创造出以少量多样、快速交件的产品的竞争核心优势，就必须有更精确的产品、客户、人员及渠道的成本和利润信息，作为管理层决策的参考依据。晟钛公司于

2011年3月开始实施ABC制度,并以新庄厂区及龟山厂区作为实施ABC制度的对象,晟钛公司实施ABC制度的三个阶段,如图7-3所示。

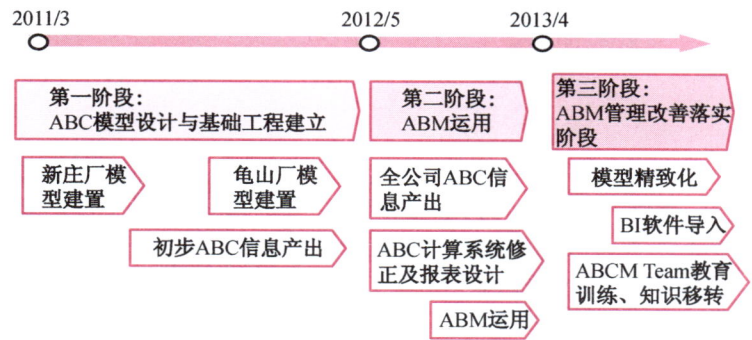

图7-3 晟钛公司ABC导入时程图

数据来源:晟钛公司内部数据。

第一阶段:2011年3月至2012年2月。以新庄厂区及龟山厂区作为实施对象,本阶段主要着重于建立合理、适当的ABC模型。

第二阶段:2012年5月至2013年4月。本阶段在整合ABC信息与其他管理制度,并协助评估及分析各项营运活动,产出各种有价值的管理信息,作为管理层决策的参考依据。

第三阶段:2013年5月至2014年4月。本阶段主要进行精致化及标准化、流程化现有ABC产出信息,培养对ABC系统持续维护与发展的能力。

晟钛公司ABC制度导入共分为8个步骤,如图7-4所示。

在实施ABC时,首先要确认公司为何要实施ABC?希望解决哪些管理问题?以设计完善且适用的ABC模型。为此,江处长与一级主管们经过多次会议访谈,确认了公司的使命、愿景及核心价值。

使命:供应速度快、质量好的高阶印刷电路板给全世界,为顾客、员工与股东创造最大的利益。

愿景:①5年内业绩成长1倍,获利增加2倍,E化管理系统增加1倍;②接班团队的培养,永续经营。

核心价值:大量的快速交期、少量多样弹性生产的领先、E化管理、高效率及高绩效。

快速、自动化管理、少量多样的技术领先一直是晟钛公司追求的目标。但随着近年来同业之间展开的价格竞争,如何维持过去的竞争优势是公司面临的一大考验。江处长发现虽然营业收入增加,但获利却不如预期,找出聚焦产品并与本身优势结合发展为首要关键。

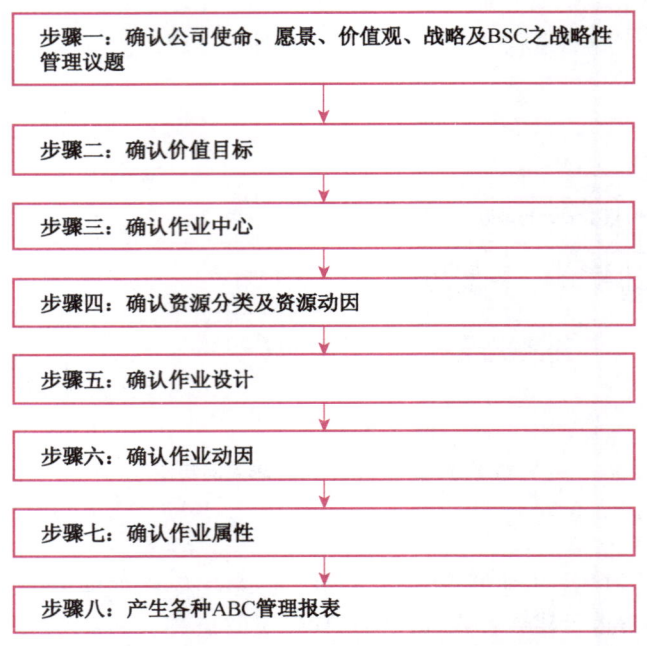

图 7-4 晟钛公司实施 ABC 制度的步骤图

数据来源：吴安妮的研究成果。

业务部王经理也提到："……想维持少量多样下，交期好、质量好、服务好，价格公道——三好一公道的客户满意度，光靠现行 ERP 中的信息是不够的，尤其在急单管理的部分；此外，公司对于客户产业的了解度不足，未分析客户产品属性，造成产品未聚焦，也无法得知客户贡献度。"

品保部吴经理的反应是："质量异常未针对过程作系统性的分析，即便公司投入许多质量管理活动，往往有头痛医头的现象……生产技术也未系统化，只要遇到复杂度高的产品就容易发生重工补料或客诉赔款……公司缺乏关键制程的技术创新，在新产业、新产品的导入及研发速度方面较缓慢也缺乏方向。"

如图 7-5 所示，根据汇总整理后的结果，发现关注的价值目标主要为新、旧产品，新、旧顾客，作业，急单及员工、部门。目前急需解决的战略性管理议题则是成本、利润、质量、产能及交期管理。管理层希望通过建构 ABC 模型，产生各项价值目标的成本、利润、质量及产能等信息，作为管理决策的参考依据。

晟钛公司进一步的 ABC 模型设计蓝图如图 7-6 所示。为利于后续管理分析，工程部及业务部针对两大价值目标产品项、顾客项作了不同阶层设计。以产品为例，将公司内部习惯分析的层数、材料及表面处理分别设为产品大项、中项及细项，将来便可计算出不同变量下的产品损益；顾客项则先按产业及功能划分族群，再

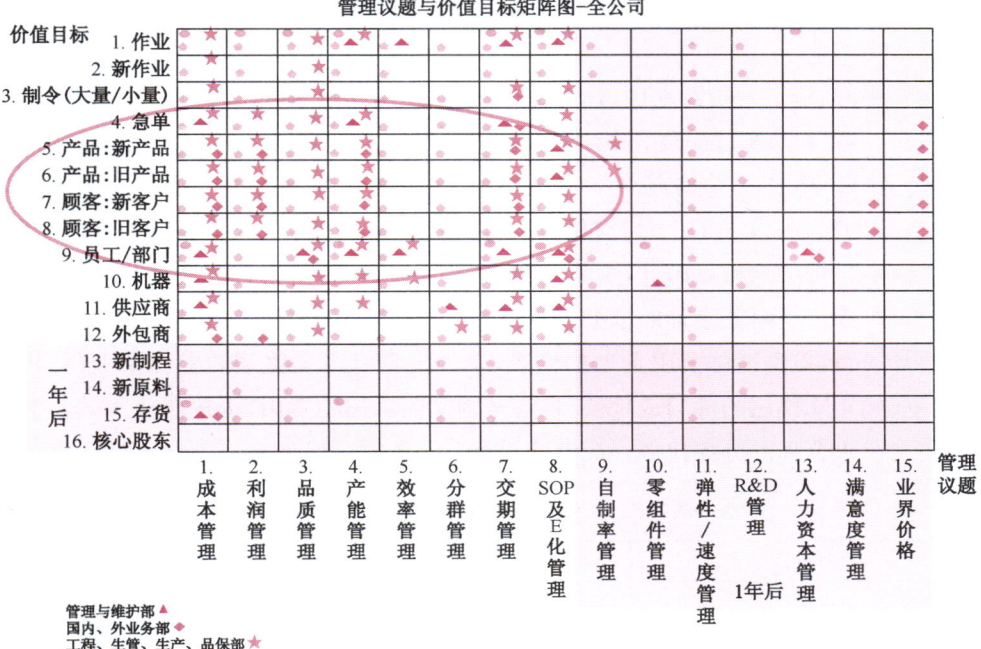

图 7-5　晟钛管理矩阵图

数据来源：晟钛公司内部数据。

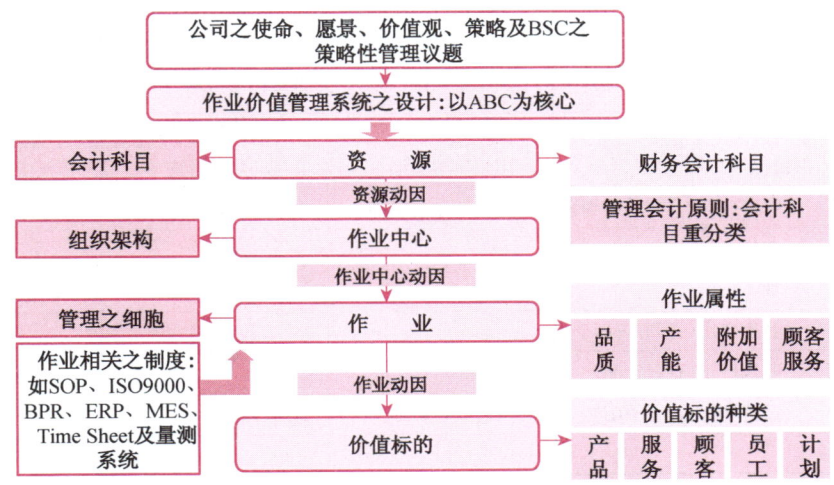

图 7-6　作业价值管理系统设计的蓝图

数据来源：综合了吴安妮的研究成果。

依洲、国家区分客户，分大项、中项及细项，待数据产出后，便能找出赚钱客户并聚焦发展潜力产业。

作业中心、资源与资源动因、作业、作业动因及属性等步骤的设计，则依赖项目导入人员与各部门进行深度访谈，将现行营运方式及希望特别管控的流程嵌入ABC模型中。其中，在资源与资源动因阶段，财务人员发现过去的入账方式无法满足 ABC 的需要：以人工小时及机器小时来分摊制造费用的单一资源动因，也不符合使用者付费的精神。因此，为将财会的"费用科目"转化为管理会计的"资源"，晟钛公司打破传统财务会计的框架，将性质相类似的会计科目进行重分类，通过新增的会计子目，梳理清楚费用发生的性质，设计出具有因果关系的资源动因，并将资源归属到实际耗用的部门或价值目标；若为共同承担的费用，也按照成本效益及管理需求寻求合理的分摊比例。晟钛公司资源与资源动因如表 7-5 所示。

表 7-5　晟钛公司资源与资源动因表

会计科目	资源重级（子目）	资源动因	对应标的
管理费用——水电瓦斯费（水费）	水费	用水度数	作业中心
制造费用——水电瓦斯费（水费）			
管理费用——水电瓦斯费（电费）	电费	用电度数	作业中心
制造费用——水电瓦斯费（电费）			
销售费用——水电瓦斯费（电费）			
管理费用——文具用品（不可归属）	不可归属	作业中心人数	作业中心
管理费用——交通旅费（不可归属）			
管理费用——交际费（不可归属）			
制造费用——加工费（加工费明细）	加工费明细	直接归属产品	产品
管理费用——邮电费（共同电话）	共同电话	各单位协商费用比率	作业中心
薪资相关、劳健保等费用	用人费用明细	直接归属作业中心	作业中心
制造费用——折旧（房屋及建筑明细）	房屋及建筑明细	作业中心坪数	作业中心
管理费用——手续费（直归客户）	直归客户	直接归属客户	客户
制造费用——加工费（直归客户）			
制造费用——其他费用（直归产品）	直归产品	直接归属产品	产品
销售费用——其他费用（直归产品）			
销售费用——运费（国内运费明细）	国内运费明细	直接归属客户	客户
……	……	……	……

资料来源：晟钛公司内部数据。

为凸显作业流程的改善方向，提升成本管理效益，除为各部门设计作业项目及作业动因外，特别为每一作业的设计质量、产能及附加价值属性，作出卷标以引起管理者的注意。质量属性分为预防成本、鉴定成本、内部失败成本、外部失败成本及与质量无关的成本;产能属性分为生产力作业、无生产力作业及无法要求效率的作业;附加价值属性则包括有附加价值作业、无附加价值作业及必要性作业。通过各作业属性间的成本与时间交叉分析,能够找出最需改善且重要性高的作业流程(如无附加价值的失败作业),也能持续追踪改善后对作业效益的影响程度。晟钛公司作业及作业属性、作业动因分别摘要如表7-6、表7-7所示。

表7-6 晟钛公司作业及作业属性

作业大项	作业中项	作业细项	质量属性	产能属性
生产作业	防焊作业	磨刷处理换线	与质量无关	间接生产力
生产作业	防焊作业	磨刷处理首件	与质量无关	直接生产力
生产作业	防焊作业	磨刷处理	与质量无关	直接生产力
生产作业	防焊作业	架设网板及套板	与质量无关	直接生产力
生产作业	防焊作业	防焊塞孔	也质量无关	直接生产力
……	……	……	……	……
检验作业	防焊作业	QC检验	鉴定成本	直接生产力
检验作业	防焊作业	首件检查	鉴定成本	直接生产力
重制作业	防焊作业	修补作业	内部失败成本	无生产力
重制作业	防焊作业	退洗	内部失败成本	无生产力
……	……	……	……	……
行政作业	教育训练	教育训练	预防成本	直接生产力
行政作业	会议	部门会议	预防成本	直接生产力
……	……	……	……	……
售后服务	客诉处理	厂商因素	外部失败成本	无生产力

资料来源:晟钛公司内部数据。

表7-7 晟钛公司作业动因

作业大项	作业中项	作业细项	作业动因	价值标的
生产作业	防焊作业	磨刷处理换线	换线制令数	产品
生产作业	防焊作业	磨刷处理首件	制令数	
生产作业	防焊作业	磨刷处理	板数	
生产作业	防焊作业	架设网板及套板	制令数	
生产作业	防焊作业	防焊塞孔	塞孔板数	
生产作业	防焊作业	印刷前置作业	产品生产量	
生产作业	防焊作业	防焊油墨印刷	板数×2	
……	……	……	……	……

资料来源:晟钛公司内部数据。

作业制成本制度导入后，最重要的是进入作业制成本管理（Activity-Based Costing Management，ABM）。ABM根据作业制成本制度所发现的问题进行研究，讨论如何改善及寻求解决的方法。在实际执行改善动作后，再通过作业制成本制度的信息反馈改善的结果。晟钛公司作业基础成本管理报表架构如图7-7所示。作业基础成本管理报表分为战略性管理报表及营运性管理报表。战略性管理报表包括产品损益表、客户损益表及业务单位损益表，其假设在作业效率维持不变的情形下，改变对作业的需求以提高获利，并能反馈战略执行的结果；而营运性管理报表的功能则在于协助提升效率与降低成本，报表包含当期产品成本明细表、当期客户成本表、作业中心成本表、属性成本表及人工利用率表等。

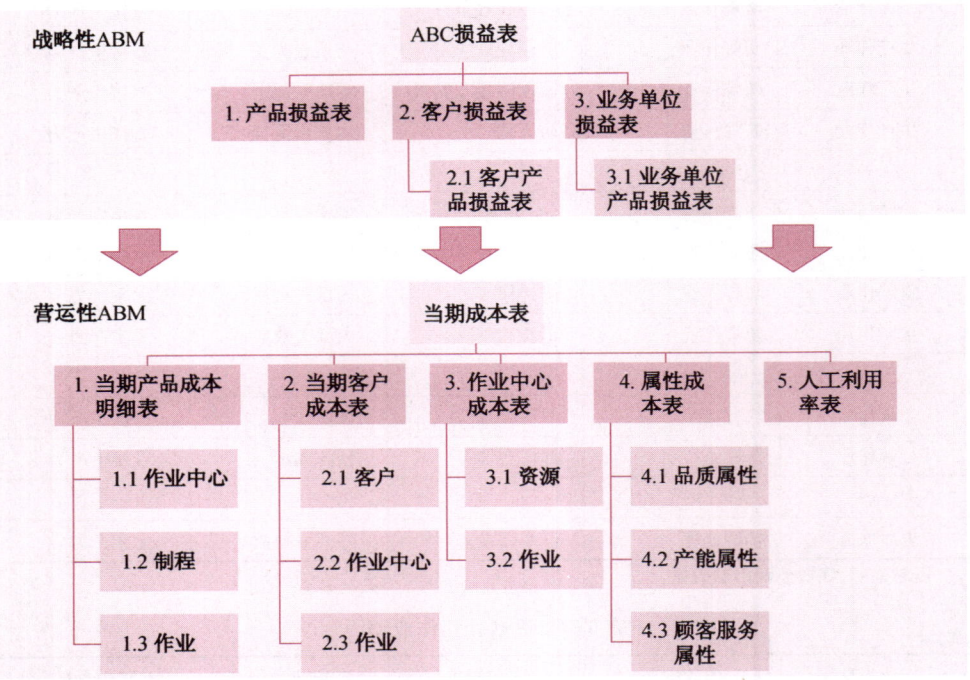

图7-7 晟钛公司作业基础成本管理报表架构

资料来源：晟钛公司内部数据。

作业制成本管理运用

晟钛公司导入作业制成本制度已3年多，通过ABC信息的定期且持续性地产出，管理层便拥有了完整的战略性及营运性的信息，以进行作业制成本管理

（Activity-Based Costing Management，ABM）。现行的ABM管理机制，如图7-8所示。ABM报表每月定期产出，供ABM小组作为发现管理问题、研拟改善方向及改善结果反馈的依据；绩效排名则从ABM管理报表中筛选出相关绩效的数据进行排名。例如，产品绩效前后20名、客户绩效前后20名等，作为引发注意及研拟改善的起点；ABM小组再根据绩效排名较差且需追踪的部分开出异常单给业务或工厂单位；发出ABM管理异常单后，由管理层先行勾选可能的原因，并与相关部门讨论，确认负责改善部门及人员；最后，每月定期召开ABM管理会议，由负责改善部门及人员提出改善方向及说明，在经过江处长审批后执行改善行动。ABM管理会议还必须对于上个月的改善事项，依靠ABC持续产出的信息反馈的改善的结果。由改善部门及人员提出改善情形的说明，未来还要持续追踪。

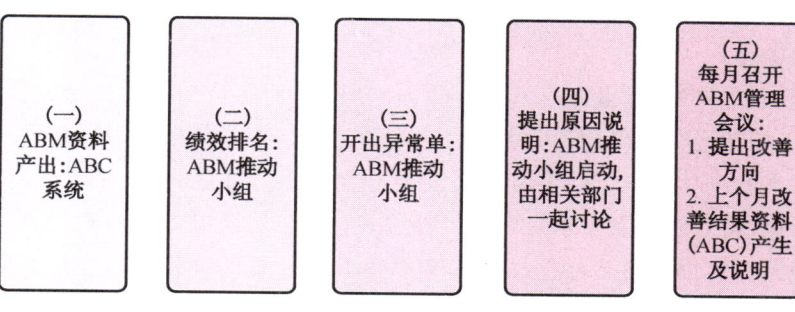

图7-8 晟钛公司ABM管理机制图

资料来源：晟钛公司内部数据。

2012年8月召开了第一次的ABM管理会议，所有主管对于新信息的产出感到非常兴奋：ABM报表包含了展现经营成果及凸显问题的产品、客户及业务单位损益表。分析问题与流程改善用的产品作业、客户作业、作业中心作业等成本表，产能属性、质量属性与人工利用率统计表。通过阅读ABC产出的信息，主管们有了与过去不同的思维角度与看法。

在财务会计方面，ABC依使用者付费原则厘清了费用归属的对象，设计了不同资源动因与作业动因。相较于过去仅按制造人工小时分摊制造费用的方式，避免产品成本相互交叉补贴的问题，分析损益时才能正确衡量投入与产出的效益。ABC未导入前财务部只能提供全公司的损益表，而现在也可产出各作业中心的成本表与业务部门的损益表，让管理者了解部门的营运状况，以作为改善的基础。

在急单、自制外包决策方面，因公司采用少样多量客制化生产，为满足交期或急单需求，某些过程需委托外加工再回厂内继续生产及包装。而过去由于缺乏厂内各站作业成本信息，无法比较自制或外包效益。通过ABC产出信息发现，厂内自制成本并无想象中的高。此外，过去对于外包商所造成的质量失败成本往往以扣款或是销货折扣方式来进行弥补,并无直接与产品损益作链接,厂内也较少针对外包商作持续性追踪。一直认为外包成本比较低,因此,目前厂内自制率偏低,出现了接单越多外包也越多的现象。以后的外包政策除考虑报价、交期外,也应纳入可能发生的质量成本,这意味着可能不是便宜就作出外包选择。

第一线面对客户的业务人员也从报表分析中发现,整体产品损益分布中,获利产品数约占八成,亏损数占两成;销售是以高净利率(20%以上)的产品为主,因此有较高的议价空间,但易遭遇其他竞争对手低价抢单的情况。过去产品报价较部分同业高出三成。由于公司的优势无法具体量化,往往难以说服客户;有时也可能忙乱中发生报错价的情形。通过 ABC 作业成本的信息可以让业务员掌握每段过程的生产成本,为客户所投入的额外服务,包含报价、修单……往来沟通成本。有助于实时并正确反映报价,谋求公司与客户间彼此利益最大化,达到总经理心目中"共好"的愿景。

举例来说,首先,过去客户习惯分批、多次下单,业务员虽认为会增加公司生产准备成本,但却无法提出合理数据与客户沟通;其次,业务员也常因疏忽重复下单,不符合需求的产品待半年后报废就无人会追究。凭借每月 ABC 绩效排名的异常项目的数据,可对错误发生当月即产生警示并有利于后续追踪。精确的 ABC 信息也能发现现行客户战略是否有效,如战略性客户是否真的具备战略性,公司可容忍新客户亏损期间有多长?……议题。此外,ABC 项目也对价值目标作分类,如针对客户的产业作区分,分析哪些产业是公司的强项(即赚钱的客户)及未来能发展的领域,进而与顾客关系管理(CRM)相结合。

江处长所关心的客诉、报废……质量相关成本也可以凭借 ABM 报表的产出进行更深一层的剖析。过去为避免重工补料,生产管理部门在发料时会提高发料率,多生产出来一定数量的电路板以备不时之需。发料率一旦提高就意味着报废金额的增加。无法追究发料率的合理性与否及对成本影响的程度。通过 ABC 信息的辅助,让生产管理能够针对客户、料号的复杂度设定发料的比率,降低发料数量以减少报废。生产线也需要同步提升过程的质量。因发料数量的减少,可能会造成重工补料的增加,补料代表厂内质量出了问题,尤其针对层数高、复杂度高的电路板。过去虽有针对客诉所开的质量会议,但除了单次赔款外并无长期追踪,内部及外部失败成本责任归属机制也尚未建立……因此,将作业与质量属性相结合,希望从价值目标所分摊或归属的内外部失败成本,辨认出应改善的对象及原因,再回到预防作业里找出可能的改善方法,为下一次的投产作准备。最后再依据每月绩效的结果作出信息的反馈与改善建议。质量属性成本如表 7-8 所示。

表 7-8　质量属性成本

部门	内部失败成本	外部失败成本	预防成本	鉴定成本	N/A
仓储课	6.99%	0.00%	2.40%	0.00%	90.61%
裁板室	0.00%	0.00%	0.66%	6.71%	92.63%
化验室	0.79%	0.00%	2.36%	88.19%	8.66%
客诉组	0.23%	42.15%	2.80%	10.44%	44.37%
OQC 组	0.24%	0.00%	2.13%	90.43%	7.20%
MRB 组	31.94%	0.00%	10.65%	1.94%	55.48%
IPQC 组	0.21%	0.00%	1.88%	81.94%	15.97%

资料来源：晟钛公司内部数据。

事实上，一方面，质量与作业成本制度结合是为让管理者了解质量不良是来自何种原因、由哪一部门所产生，最终找到第一线负责人员。另一方面，质量成本也可用来检视为提高质量所耗用的资源是否分配适宜，也即是否太多的资源浪费在无附加价值的质量活动上，或应如何改进资源分配才能有效达成目标……除此以外，作业制成本制度之所以能够帮助公司进行管理，是因其以作业为细胞，再按成本发生的动因将资源作正确的归属或分摊至价值目标，所以除了每月产生的信息能更细致外，也能往前追溯问题发生的原因，以有效进行价值链分析与流程再造。

公司 ABC 项目的下一步

整体而言，ABC 项目的导入提升了组织内资源的使用效益。按使用者付费的原则归属资源，减少了生管、工程、工厂与业务间的争执。在导入期间成本率下降约 2%；同时因正确计算产品、客户损益，使 ABM 小组能针对异常项目作追踪，各单位也能实时获得管理信息，如过程单位成本、作业时间运用状况、质量与产能属性成本……作为战略修正及营运改善参考基础，导入期间产品定价错误发生率下降了 7%，补料及重工率下降了 2%，亏损产品与客户比重也下降了 6%，公司整体绩效在印刷电路板产业经济环境恶化下，净利率仍逆势增长。不过，如何将 ABC 项目精神内化，让每一位员工能"做对的事"，以及延续 ABM 改善循环使组织能持续"以对的方法做事"，仍考验着江处长与主管们的智慧，也是晟钛公司欲创事业高峰下一步需思考的议题……

讨 论 问 题

1. 传统成本制度的缺失是什么？改善传统成本制度的原因为何？ABC 为何能解决传统成本制度的问题？
2. 晟钛公司面临的产业环境及目前定位为何？又面临哪些管理问题？
3. 晟钛公司现行质量管理活动有哪些？为何仍无法解决报废、重工补料等质量问题？
4. ABC 如何协助晟钛公司解决管理问题？
5. ABC 与质量管理结合后的影响及效益为何？
6. 晟钛公司未来如何运用 ABC 产出信息进行管理（如战略面、营运面），深化 ABM 效益并贯彻其使命、愿景与核心价值？

附录　相关概念和理论

本附录针对案例分析和应用涉及的主要相关概念和理论进行说明。

一、作业制成本制度（Activity-Based Costing，ABC）

1. ABC 制度定义

ABC 制度是 1988 年由 Kaplan 和 Cooper 两位教授提出，该制度认为作业是企业管理的细胞，ABC 制度辨认企业价值链中所有功能的作业，以作业作为成本汇总的中心，计算个别作业的成本，并将作业成本依照耗用的程度分摊到成本目标上，如产品或顾客等。

2. 实行 ABC 制度的目的

（1）由于企业制造环境改变、生产技术日益进步、顾客需求与消费形态也有变化，因此传统成本制度已不能适用于新的环境。

（2）避免成本扭曲。

（3）希望获得正确的成本信息。

（4）帮助战略决策的制定，如产品订价及顾客分群决策。

（5）协助作业的改善。

（6）通过管理耗用资源的作业，以降低成本。

3. ABC 制度与传统成本制度的比较

（1）ABC 制度的细胞为"作业"，传统成本制度的细胞为"会计科目"。

（2）在 ABC 制度中，财务会计与成本制度是完全分离的系统，在传统成本制度中，财务会计引导成本制度。

（3）ABC 制度是各项管理制度的基础工程，而传统成本制度无法与各种管理制度结合。

（4）ABC 制度采用多重成本库（Multiple Cost Pools）分摊成本，即采用两阶段或多阶段的成本分摊方式归属成本。传统成本制度仅以单位水平（Unit Level）分摊成本，即采用一阶段或至多二阶段的成本分摊方式。

（5）ABC 制度的成本库（Cost Pools）及分摊基础（Allocation Bases，又称为成本动因"Cost Driver"）较多。传统成本制度则仅将制造成本分为直接原料、直接人工与制造费用三类，分摊基础也只仅限于未必有直接因果关系的直接人工小时或机器小时等。

（6）ABC 制度的成本库中成本同构型较高，且作业成本库与成本目标之间的因果关系较明确。传统成本制度成本库中的成本同构型较低，分摊基础选用不当就会造成成本扭曲。

（7）ABC 制度较传统成本制度更能帮助管理者了解"有附加价值作业"与"无附加价值作业"，以决定资金来源的适当配置与运用。

4. 实行 ABC 制度的时机

在考虑是否需要改善成本制度时，须审慎评估与规划，当有下列情况出现时，即表示传统成本制度已经不适合。无法提供较为准确、易了解、实时与相关的成本信息，此时即是实行 ABC 制度的时机：

（1）管理当局认为产品成本信息受扭曲的现象日益严重时。

（2）决策错误成本增加时。

（3）制造费用（即间接成本）占产品成本比重加大时。

（4）销售业务部门不再利用成本信息于产品定价、市场选择或产品组合等决策时。

（5）市场竞争日趋激烈时。

（6）销售额上升但利润却明显下滑时。

（7）组织必须另外建立非正式的成本制度时。

（8）已进行改善计划，但是无法达到预期的成本控制目标时。

（9）公司的顾客倾向于只采购少量特殊产品，但却向其他竞争对手购买大量标准产品时。

（10）ABC 制度的建立成本降低时，如硬件与软件成本。

5. 实施 ABC 制度的可能障碍

（1）成本动因不容易决定。

（2）资料搜集与成本分摊较为繁复。

(3) 仍未能确立成本管理的实务。

(4) 旧系统的包袱不知如何处置。

(5) 仍以不适当程序管理信息。

(6) 要将 ABC 制度与其他管理系统整合,仍有实质困难存在。

二、作业制成本管理(Activity-Based Costing Management,ABM)

ABM 是采用 ABC 信息进行管理决策制订的方法,Kaplan 和 Johnson(1987)在《成本与效益》一书中指出,ABC 在管理上的应用可以分为两大类:一是 ABC 可以促进营运层面的作业制成本管理,即把事情做对,可应用在产能管理和价值管理上,也可以与质量管理与企业流程改造结合,以促进企业持续性改善。二是策略性 ABM,即做对的事,ABC 可以应用在产品组合、定价决策、顾客管理等方面。

吴安妮(2001)根据相关研究汇总,认为 ABC 可以应用在十个管理决策:

(1) 产品、服务管理,包括:自制、外购决策,产品、服务的生产、销售组合决策,产品生命周期,成本控管及分摊决策。

(2) 转拨计价管理,包括:公司内部定价决策、转移产品的成本控管决策。

(3) 产品研发管理,包括:目标成本管理、产品成本持续改善决策。

(4) 产能管理,包括:产能责任归属、产能利用及产能购置决策。

(5) 质量管理,包括:质量改善活动的优先级、持续性改善决策。

(6) 流程管理和价值管理,包括:流程改造、价值分析与管理决策。

(7) 绩效管理、奖酬管理,包括:奖酬发放、绩效评估及管理决策。

(8) 预算管理,包括:项目预算分配、合理编列各单位预算决策。

(9) 顾客管理,包括:顾客区隔的订价管理、顾客区隔的战略性决策。

(10) 供应面管理,包括:供货商成本选择、供货商能力选择决策。

三、质量管理

根据国际标准化组织(ISO)的定义,狭义的质量管理(Quality Control)是满足质量要求而采用的质量管理方法与活动;广义的质量管理(Quality Management)则是包括所有组织用来指挥、控制及协调质量的活动。这些活动包括决定质量方针及质量目标,也包括质量规划、质量控制、质量保证及质量改善。

Garvin(1988)将质量管理的发展划分为四个时代:

(1) 质量检查时期:早期手工艺者非正式地自行检查自己的产品,到了 18 世纪工业革命的大量生产时期,由于采用不同零件的组合,因此设有检查员以其眼睛来确定产品的好坏。

(2) 统计式的质量控制时期:20 世纪 30 年代,Shewhart 率先发展出管制图,提倡根据生产结果所产生的数据,以各种统计和概率的方法来分析以控制变异。各种制定质量标准的质量管理协会或部门也开始成立,推统计质量管理。

(3) 质量保证时期:20世纪50年代,Juran、Feigenbaum和Crosby等学者研究认为,除了利用统计方式监控生产质量外,质量管理也应与规划、设计、工程及服务活动配合,使用质量成本、全面质量控制和零缺点方案等,提升产品质量。

(4) 策略质量管理时期:20世纪80年代以后,在外在环境的竞争下,质量管理的观念有了重大的改变。高层管理人员开始将质量结合在策略规划的过程中,并从顾客的角度审视质量。Garvin认为可以八个向量衡量顾客质量观点:表现、性能、可靠度、符合度、耐久度、服务程度、审美以及可理解程度。

四、质量成本

1943年,Feigenbaum在开发一个金额基础报表系统时,首次对质量成本进行分析;1951年,Juran首次提倡质量成本的概念及其模型;1956年,Feigenbaum提出如今广为人知的预防、鉴定及失败成本概念(Feigenbaum 1956);而后1962年,Juran强调各种质量成本之间存在互相消长的关系(Juran 1962)。四种质量成本的定义如下:

(1) 预防成本(Prevention Costs):是指为防止生产不合规格产品所发生的成本,此项成本包括质量工程、设备维修、供货商评估等。

(2) 鉴定成本(Appraisal Costs):是指侦测不符规格产品所发生的成本,此项成本包括原物料检验、半成品、完成品检验等。

(3) 内部失败成本(Internal Failure Costs):是指当非一致性产品在运交顾客之前侦测出来所发生的成本,此项成本包括废料、重修、再制。

(4) 外部失败成本(External Failure Costs):是指非一致性产品在运交顾客后才被侦测出来所发生的成本,此项成本包括退货处理成本、诉讼成本、修理及因质量不良丧失的边际收入等。

Juran(1962)进一步延伸Feigenbaum(1956)对于预防、鉴定与失败成本之间的看法,认为可控制成本(预防与鉴定成本)会随着质量的增加而增加,不可控制成本(内部与外部失败成本)则随着质量水平增加而减少,且可控制成本与失败成本的关系如图7-9所示,此也称为P-A-F(Prevention,Appraisal and Failure)模型。质量成本系统的目标为公司在总质量成本最低的前提下追求最合适的质量水平,公司应该在确保质量的利益大于改进质量的成本时,提升质量水平。

1986年,Fine提出了质量成本学习曲线模型,如图7-10(Fine 1986)所示。q_t代表没有经验的质量水平,q_t+z代表有学习经验后的质量水平。Fine认为企业追求质量的过程可以通过不断地发现并修正无论在产品设计或制造上的问题,使

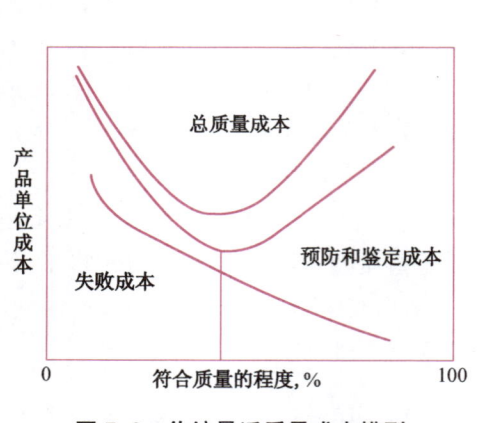

图 7-9 传统最适质量成本模型

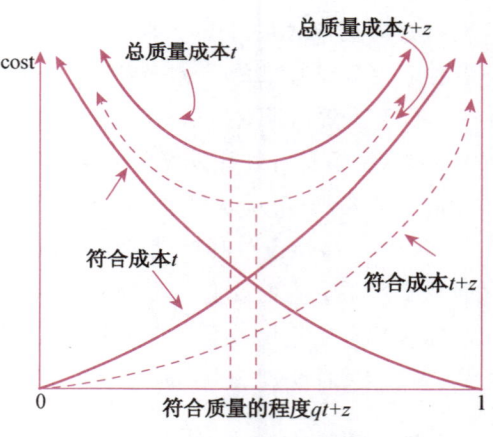

图 7-10 质量成本学习曲线模型

数据来源：Fine(1986:1310)。

企业产生较陡的学习曲线。换言之，企业在持续提升质量水平及降低瑕疵品所带来的损失的同时，能够降低总质量成本。

五、作业制成本制度和质量成本结合

吴安妮(1992)认为，作业制成本制度与质量成本制结合时，程序部分应分成与质量有关及与质量无关两方面，而着重在与质量有关的程序；作业分析也分成与质量有关的四项目，并列示其为有附加价值或无附加价值活动或作业；动因分析则分别以预防成本、鉴定成本、内部失败成本、外部失败成本及其他项目分析其个别的成本动因。整体架构图如图 7-11 所示，建议以作业制成本制度对作业的分析及作

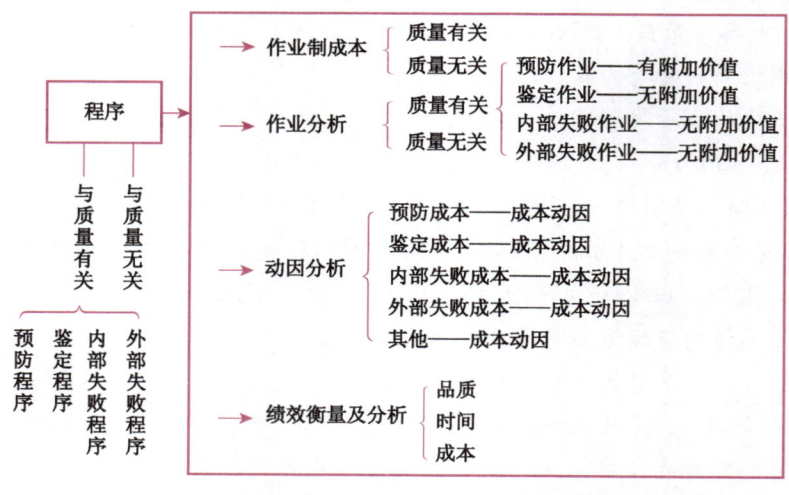

图 7-11 作业制成本制度及质量成本结合图

业动因分析,来了解质量来源分配的适宜性,以作业动因作为作业制成本制度与质量成本制度之间的结合。

Carolfi(1996)提出应用作业制成本管理来辨认质量不良成本的五个步骤:

(1) 定义质量不良的问题。质量不良成本主要有四大类别,分别是预防成本、鉴定成本、内部失败成本及外部失败成本。虽然企业任何一个营运部分都可以对质量进行分析,然而针对特定一个已经显示质量不良问题的程序进行分析,对公司成本的节省会更有效果。

(2) 辨认相关作业。针对第一步所定义的不良问题,辨认哪些作业主要导致问题的发生,或因为问题的发生所产生的作业。

(3) 决定营运绩效的衡量方式。找出能有效衡量所定义的质量问题是否已改进的指标。

(4) 估计质量攸关的成本。通常会反映在三种成本上面,包含薪资、其他资源以及销售损失。当已辨认出特定导致质量不良的作业,全部资源(Total Resources)及单位成本可以协助作业成本估计。

(5) 分析结果。

Carolfi(1996)所提出的步骤整理如图7-12。Carolfi(1996)以上述流程分析质量不良的原因、成本及影响,并针对改善方案作出成本效益评估,最后进行改善,消除无附加价值的作业成本,达到流程改善并控制成本的功效。

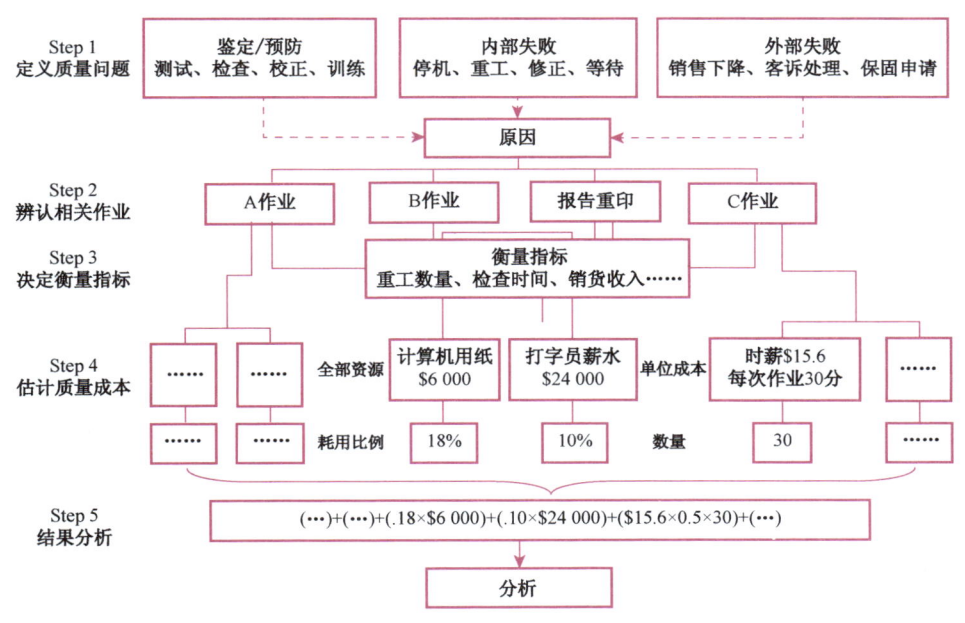

图7-12 作业制成本管理辨认质量成本步骤

参考文献

[1] CAROLFI I. ABM Can improve quality and control cost[J]. CMA Magazine. 1996,May:12-16.

[2] FEIGENBAUM A V. Total Quality Control[J]. Harvard Business Review,34(6):93-101.

[3] FINE C H. Quality improvement and learning in productive systems[J]. Management Science. 1986,32(10):1301-1315.

[4] GARVIN D A. Managing Quality:The Strategic and Competitive Edge[M]. New York:Free Press,1988.

[5] JURAN J. The economics of quality[M]. New York:Quality Control Handbook,1962,1-31.

[6] KAPLAN R, COOPER R. Make Cost Right:Make the Right Decision[J]. Harvard Business Review(September-October),1988:96-103.

[7] KAPLAN R S, JOHNSON T H. Relevance Lost:The Rise and Fall of Management Accounting[M]. Boston:Harvard Business School Press,1987.

[8] PRISMARK L. World Outlook:The Printed Circuit Report[R]. 2013.

[9] 吴安妮. 作业制成本管理与质量成本制度的结合与运用[J]. 主计月报,1992(460):49-54.

[10] 吴安妮. 作业制成本制度(ABC)在管理决策上的效益[J]. 会计研究月刊,2001(182):59-63.

第八章

杭州"形尚众至"服饰有限公司（A）[①]

2015年年底,持续的雾霾笼罩着素有"天堂"美名的杭州城,让人觉得轻松呼吸不容易。位于杭州东郊的"形尚众至"服饰有限公司岁末的总结会也开得不轻松,尤其是针对市场部中销售人员的年终考核结果很不理想。虽然单独开放二胎政策的落地是个重大利好[②],但市场外部的冲击和大环境的压力,使同行业孕产品的销售情况都不太乐观。公司2015年年初有针对性地推出的刺激销售增长的方案并没有达到预期的效果,公司内部尤其是电子商务部销售人员的绩效和奖酬方案引起的抱怨最多。公司李莉总经理拿着经过两轮修改后的市场部的奖金发放人员表单,紧锁双眉,她担心销售部门人员对考核的抱怨会导致骨干职员的离职。目前电商小组无法提高绩效的困境成为李总经理最迫切需要解决的问题。

孕妇装行业概况

孕妇装行业是母婴产品行业的一个细分子行业,在亚洲地区最近的30年间发展较快,随着亚洲经济的快速发展和亚洲家庭文化中对母婴生育过程的重视,孕妇装行业一直保持较好的发展。该行业第一批品牌的创立和产品生产多以日本、韩国和我国台湾地区的为主,如仙婷莱、奇妮等,它们的销售一般在高档的百货商场设立专柜,面对的人群是中高端收入者;21世纪初,由于改革开放后中国城镇居民的经济收入显著提高,普通家庭的优生优育的意识也已经建立,从孩子的整个孕育计划到生育过程都会受到最好的呵护。国家计生委统计的数据显示:近年来,我国

[①] 本案例由章立军根据实地调研的资料撰写。章立军,博士,上海立信会计金融学院会计学院副教授。
[②] 2015年年底,我国二孩政策已全面开放。

每年出生的人口在 1 600 万～2 200 万人。我国的"大肚子经济"①将带给孕妇装市场 50 亿～100 亿元的潜在份额。"70 后""80 后"新一代年轻母亲,大多数是职业女性,关心时尚和美丽,她们不仅仅希望生下一个健康的宝宝,同时也希望能让自己看起来更加漂亮、更有魅力。

我国高比例的女性职业工作者,成就了孕妇装的消费优势。但单就国内孕妇装行业结构层次进行分析,孕妇装行业品牌集中度相对较低,而目前品牌综合力和销售额等指标显示,国内的孕妇装品牌大致呈"三梯队"的竞争格局。其中奇妮、惠葆、十月妈咪等品牌处于第一梯队,定位为中高端品牌,在设计、款式、销售渠道上都占一定的领先地位;第二梯队中包括像今生宝贝、君心、仙婷莱这些中档品牌,主要依靠孕婴童组合店的形式进行销售;第三梯队,当然也就是一些价位比较低的分散的小品牌。孕妇装行业内部分品牌特征如表 8-1 所示。

表 8-1　孕妇装行业内部分品牌特征对比

品牌	品牌 logo	注册地	创立年限（截至 2016 年）	品牌特色
十月妈咪		上海	25 年	明星代言
金牌妈咪		广东东莞		舒适和时尚兼顾
孕之彩		浙江杭州	13 年	色彩丰富,品牌故事延续

随着越来越多的女性不断加入社会工作,承担的社会角色也越来越多,加之当代新的"80 后"准孕妇群体,更多的孕妇对孕妇装的职业化提出了要求:既要不影响胎儿的生理发育,又要满足职场上的工作及大方得体的需要。对这样的人群,孕妇装企业一般已予以重视,弥补这一定位的缺失。同时,国际孕妇装品牌一直在寻

---

① 《中国人口与劳动问题报告》指出,我国在最近的 20 年间将形成一个生育高峰,每年中国的孕妇和产妇将有 2 800 万至 3 000 万人,由此产生了一个数量庞大且稳定的"准妈妈市场",即"大肚子经济"。

求国内代理,其品牌长期发展的优势同国内的孕妇装品牌将形成竞争之势,对国内孕妇装行业有很大的冲击力。

我国电子商务发展现状和孕妇产品电子销售趋势分析

据统计,2014年,中国电子商务市场交易规模达12.3万亿元,同比增长21.3%;其中,B2B电子商务市场占比超七成,网络购物占比超两成,网络购物占比有明显提升;中小企业B2B电商市场营业收入增长超三成;网络购物年度线上渗透率首次突破10%;移动购物市场规模增速超200%。① 其中国内最大的电子销售平台天猫从2012—2014年开始每年的双"11"一天成交额就分别达到人民币191亿元、350.19亿元和571亿元。另外,艾瑞咨询统计的数据显示,中国2012年至2018年间电子商务的规模呈现每年20%的速度增长。

2012年龙年迎来新一轮生育高峰,母婴网购市场因此备受关注。艾瑞咨询统计数据显示,2012年上半年中国母婴网络购物市场交易规模超过200亿元,完成了2011年全年2/3的市场交易额。中国0～3岁的婴幼儿数量有7 000多万人,其中每年新生婴儿数量达1 600万～1 800万人,由此带动母婴市场需求大规模爆发。除此之外,母婴网购市场高速增长主要因素有:①越来越多"80后"开始为人父母,他们熟悉网购,通常选择上网购买相关用品;②综合类网购企业纷纷将业务拓展至品类繁多、购买频次高和标准化程度较高的母婴产品,大规模促销激发潜在消费者的需求。

从市场结构来看,2012年,B2C占到全部销售的24.4%,2013年上半年这一数据提升至36.0%。从市场份额来看,2013年上半年B2C网购市场中,天猫母婴所占市场份额近半,占比为47.0%,排名第一。京东商城母婴市场份额为11.4%,排名第二。老牌独立母婴B2C(含电话渠道销售部分)红孩子市场份额为6.0%,排名第三。

公开信息显示,2013年3月,京东商城自营母婴频道销售额突破2亿元,2013年6月店庆,母婴频道销售额过3亿元,其月销售额保持30%增速。2012年4月,当当网宣布旗下自有童装品牌"DangDangBaby"正式上线。2012年5月30日,苏宁易购母婴频道正式上线,苏宁易购母婴频道上线品类齐全,70%产品都引进国外高端品牌。

---

① 资料来源:根据艾瑞咨询2014年数据整理。

一方面,中国市场日益增长的消费需求,让国际大品牌对中国市场愈发重视,国外品牌继续大量入驻;另一方面,更多电商平台增加母婴品类,各网站大规模促销将进一步带动市场发展。

2013年,我国网络购物只占整体市场的6.3%,更是让人们看到我国网络零售市场发展的巨大潜力。毫无疑问,电子商务正在成为拉动国民经济保持快速可持续增长的重要动力和引擎。

杭州"形尚众至"服饰有限公司简介

公司背景

杭州"形尚众至"服饰有限公司成立于2003年,是以设计、生产、销售时尚孕妇服饰为一体的专业服装公司。注册资本50万元人民币,"孕之彩"是公司旗下第一个孕妇装品牌,定位于"时尚个性的专业孕装"。该品牌结构完整,脉络清晰,款式丰富,分为日常外出服系列、防辐射装系列、产前产后内衣用品系列[①]。公司创始人李莉有着多年从事女装销售的经验,以及担任专业育婴类杂志的执行主编的经历,两种职业背景的交叉使李总进入孕妇服装行业有得天独厚的条件。虽然,孕妇服装与传统的女装相比刚刚起步,但行业的想象空间比较巨大,人口的基数和各种消费层次的顾客群体数量众多,李莉凭借多年的职业素养和敏锐的市场洞察力发起成立了杭州"形尚众至"服饰有限公司。

2011年公司开始生产,公司当年完成了5 000万元人民币的销售额,年生产能力为40万件孕产品服装和用品,随后几年公司业绩都以每年30%左右的速度增长。公司目前有直营店36家,加盟和代理店92家,另外还有近300个左右的零售点,主要集中在华东地区。

公司产品中有孕妇装、防辐射服、哺乳文胸、孕妇内裤、孕妇内衣、孕妇文胸。主要分为功能性服装和外出服,其中功能性服装有:防辐射系列产品——主要从材料新型角度出发,利用市场上的防辐射面料,进行二次面料开发,包括图案、花色和功能上的提升。对应的产品主要从孕产期的生理功能上着手,包括防辐射的肚兜、马甲、背心,依据材料的不同(银纤维、金属纤维等)进行价格区分。另外还有保护和提升性内衣和哺乳用专用服,公司主要通过功能面料的开发和外观专利的设计及申请,形成了一系列的产品组合。外出服按四季分别推出,主要通过外模打造时

---

① 选自公司网站主页介绍。

尚、清新的孕产氛围,用户定位为年轻时尚的孕产妈妈。

最近几年,公司在行业中的影响力逐步增强,2010年,公司创始人被评选为杭州成长型行业十大青年领军人物,入选杭州成长型行业30强品牌之一,同年公司成立电子商务部;2012年又被中国服装网评为最具投资价值的孕妇装品牌,孕之彩"乐活俱乐部"成立,并获得各种产品专利。

公司战略

公司愿景:成为中国孕妈妈品质生活的专家。
公司使命:提升孕妈妈和公司员工的生活品质。
价值观:诚信、专业、乐活。
一直强调"我孕,我精彩"的生活理念,通过"彩"的概念,通过独特的色彩感觉帮助准妈妈度过人生中最特别、最美好的难忘时光,主要生产健康、时尚、专业孕妇装。
竞争战略:专利开发与专业设计产品。
专业设计产品主要从一系列品牌故事逐步建立,如:品牌故事/文化"浪漫田园"系列:弥漫着女性特有的幻想与芬芳,明媚色彩的不规则组合,是对自然的全新解读,宽松舒适的造型和精致的蕾丝、花边装饰带来阳光下愉悦的心情,仿佛沉醉在甜美的田园时光,享受馥郁满怀的浪漫生活。"清雅都市"系列:放慢都市的脚步,体会每一个愉悦的细节,身处繁华都市也能享受闲适时光。清雅低调的图案与经典的黑、白、红组合,干练而不失舒适的剪裁,独立、自信、优雅而洒脱的气质天然流露。"写意运动"系列:街头的元素、运动的气质、舞蹈者的缤纷色彩,在宽松舒适的服装剪裁中得以运用,交织成一幅活力四射、热情洋溢的画卷,塑造出都市中轻松惬意的精神空间。

专利开发主要着手于孕妇产品的功能提升,如氧气Bra——会呼吸的胸罩、360度无痕无缝的提升系列裤装,提升了孕产期妇女功能产品的使用舒适性。

经营模式

公司是孕产品服饰用品的设计、制造者,目前主要的经营模式以B2C为主,逐步开始进行O2O直接线上线下业务的结合。公司目前共有设计、开发、管理和加工等核心员工100人左右,其中研发团队来自公司内部培养,对应的新材料的研发通过与院校和研究机构、设计所合作,大批量非核心技术的原料主要靠外购或直接委托外部供应商加工完成。公司的销售通过直营、加盟(代理)、电子商务三个营销渠道,直营产品的毛利率平均达到70%左右,是行业中的佼佼者。代理和加盟的毛利有下降的趋势，电子商务销售一块主要以淘宝、天猫、京东、唯品会为平台，销售业绩的增长目前不够理想。

公司组织架构

公司组织架构采用扁平式为主的部门管理模式，如图8-1所示，总经理负责公司整体的战略发展规划，副总经理管理日常营运，下设营销部、财务部、行政部、物流部、工厂和开发部六个部门，其中营销部管理直营部、市场部、客服部、电子商务部和企划部五大块，开发部负责管理技术、设计和采购三个业务，这两个部门的管理的人员和业务最多，是公司的核心业务部门。公司组织架构如图8-1所示。

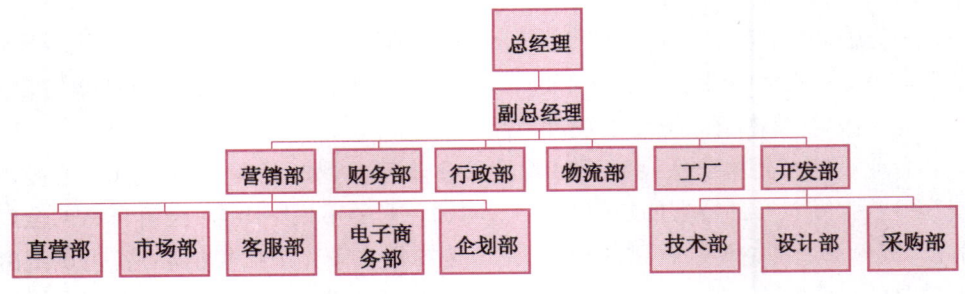

图8-1　公司组织架构

内部价值链

研发与设计

公司对材料二次开发和功能性产品的研究一直很重视，研发人员主要以内部培养为主，另外与当地院校保持合作并持续对自己产品使用的面料进行二次开发，对产品面料的甲醛含量严格控制，坚持环保、安全为第一要求。同时，公司重点从提升功能性的角度研究开发新产品，如开发的360°无痕无缝提升系列裤装、会呼吸的内衣等，多年来公司拥有多项自主开发的专利。

生产

公司有自己的生产场地，大约有工人100名左右，但大部分产品是委托加工的，公司孕妇装生产流程与一般服装生产的流程基本一致，包括较多的流程，具体分为四个大步骤，如图8-2所示。

公司按产品类别进行分别独立的成本核算管理，信息全部进入公司总部的管理平台，为了控制成本，对布料等原材料的采购一般采取长期合作方式，避免价格

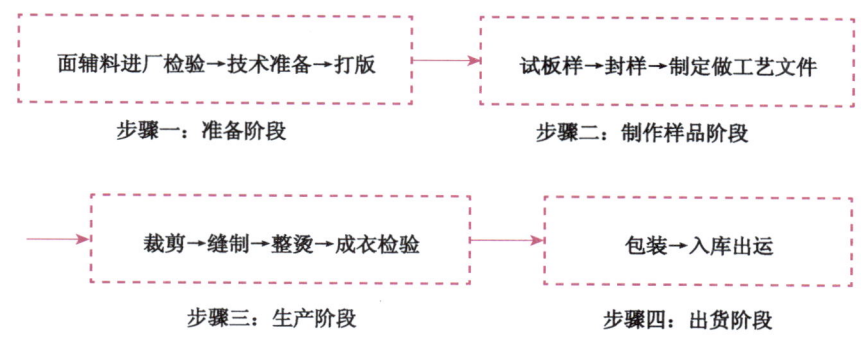

图 8-2 孕产服装生产流程

过分波动。另外,又为了有别于同类产品的原料,丧失自身产品的特点,又会针对图案和花色要求原料厂商与市场大量的出货产品采取一定程度的区别。对于委托加工大批量的产品一般以控制交货期和入库时的产品质量检验为主;而每季主打的与品牌相关的核心新品都在自己的厂房内完成加工,一般与新产品发布活动紧密配合,这些每季新品从面料选取到外观设计都是公司自己的设计师独立设计后交付工厂及时完工。

销售与售后服务

公司成立以来,销售就以直营和代理(加盟)方式为主,直营门店集中在华东地区的二三线城市,公司销售增长基本保持每年 30% 的速度,产品毛利率居行业领先行列。随着网络销售平台的迅速发展,公司开始开展电商销售的模式,2012 年开始请外面的专业公司负责电商销售,随着业务的增多和公司重视程度的提高,目前公司电子商务团队已经达到 10 个人,包含企划、美工和后台人员。电子商务渠道逐步改变开始的清库存模式,逐步形成新品和库存销售各占半壁江山的格局。公司三个渠道销售占比从 2013 年至 2014 年产生了较大的变化,最主要的是直营取代了加盟渠道,占了接近一半的销售额,电商渠道有一些增长但增长幅度不大,2013—2014 年的三种渠道销售数据占比如表 8-2 所示[1]。

表 8-2 公司渠道销售分布

销售渠道	2013 年销售占比	2014 年 1~6 月销售占比
直营	37%	49%
加盟(代理)	50%	36%
电商	13%	15%

---

[1] 数据资料来源于公司。

虽然从 2013—2014 年公司销售的分布产生了较大的变化,但对公司的毛利贡献分布却并没有发生对应的变化,各渠道利润占比如表 8-3 所示。

表 8-3　各渠道利润占比分布(2014 年)

渠　　道	利润占比
电商	33%
加盟(代理)	67%
直营	无盈利(持平)

杭州"形尚众至"服饰有限公司电子商务现状

孕之彩的电子商务渠道主要包括天猫商城孕之彩旗舰店、京东商城孕之彩旗舰店、淘宝和唯品会四个网络商城。其中天猫和京东的销售以中端产品为主,淘宝和唯品会以低端产品为主。

孕之彩网络商城的主要职能包括网站管理、网上订单处理、产品运输管理、新产品宣传、顾客反馈信息汇总等。

网络消费者在网络商城上购物具有一般的基本流程,流程大致分为顾客登录商城、产品搜索选购、下订单、选择送货方式、在线支付货款、完成购物、订单查询等七个步骤。

公司在 2012 年年初开始进行的电商销售主要是为解决现有的库存压力,通过外面的专业公司搭建平台完成销售。去库存的比例占到网络销售的八成左右,产品以过季的服装为主,用品量不大,另外也有部分针对网络的专供款,但供应量并不大。2013 年,公司开始在四大主要网络平台销售产品,成立了独立的电商部,相关人员的配备已经增加到 10 人,销售产品中库存货品和新品的比例开始各占一半。

在母婴产品网络购物市场份额逐步扩大的大环境下,电子商务快速发展,孕之彩对网络商城的重视程度也越来越高,并且公司专门设立了电子商务部,并由公司的副总经理全权负责,该部下设店长、美工、客服、物流四个职务(虚拟的)。

2012 年年初,公司电商业务通过外包形式请专业公司操作,主要完成库存物品的销售,随着行业内电子商务销售规模的迅速上升,公司于 2013 年年初,决定在销售部门中成立了电商小组,目前电商相关人员的岗位职责主要参考一般销售人员,考核内容也几乎一致。然而网络商城只是孕之彩的辅助销售渠道,其销售额的增长前两年并不显著,但同行业公司网络销售格局已形成,比如十月妈咪的销售渠道几乎全部转为网络平台,为此,公司管理层意识到未来电商销售的潜力不可小觑,应该是提高公司业绩不可忽视的一个重要销售手段。同时随着国家对互联网经济的大力推广,孕之彩意识到更多电子商务的业务将会快速发展,公司希望电商业务的未来增长幅度达到每年30%左右,2014—2016年3年孕之彩网络商城销售额占总销售额的比例如表8-4所示①。

表8-4 各渠道销售变化表

销售渠道	2014年销售占比	2015年销售占比	2016年销售占比
直营	49%	43%	40%
加盟(代理)	36%	35%	30%
电商	15%	22%	30%

杭州"形尚众至"服饰有限公司直营和电商部负责人的考核现状

公司成立以来,就积极以业绩增长为奖励基础,鼓励员工积极开拓市场,公司对市场部的主管进行了分销售渠道的单独考核,考核的项目主要有三个方面:业绩完成、利润指标完成和库存消化完成,并对这三个指标赋予不同的权重,如表8-5所示。

表8-5 直营和电商负责人考核表

部门	考核项目	分值	考核标准	考核方法	计算方法	得分
直营部门	业绩完成	5	年业绩指标(给定)	按业绩指标达成率	5×按业绩指标达成率	
	利润	15	年度利润指标(3%)	按利润指标达成率	15×利润指标达成率	
	库存消化	80	全年库存**			
电商部门	业绩完成	5	年业绩指标(给定)	按业绩指标达成率	5×按业绩指标达成率	
	利润	15	年度利润指标(给定)	按利润指标达成率	15×利润指标达成率	
	库存消化	80				

**库存消化考核总分为80分,其中外出服占60%,为48分,内衣占40%,为32分,各产品的分项分值由更详细的指标认定。

表8-5中对直营部和电商部负责人的考核主要从业绩指标、利润指标和库存

---

① 根据公司资料虚拟而成。

消化三个方面进行,两大部门的考核指标和权重一致,即业绩占 5%,利润占 15%,库存消化占 80%,每年的业绩指标在上年完成的基础上上浮 30%;利润指标按部门的差异进行了核定,其中电商部是全年定额,而直营部随时间按销售总额的一定比例核算,另外,年中对各部门负责人的考核不加入利润指标考察。从 2014 年开始,公司在鼓励机制上开始推行股权激励的"孕之彩小伙伴"计划,主管级别以上都以"资金池方式"参与利润共享。

为了合理、客观调动后台服务部门的行动一致性,对商品部考核的得分:取各渠道的平均分核算;而对企划部考核的得分:按渠道最高分核算。

杭州"形尚众至"服饰有限公司销售人员绩效和奖酬现状

经过财务部门和人事部门的统一规划,公司对销售人员绩效的考核在设定部门职责的基础上,对岗位的职责进行了详细的规定,并对一般销售人员、区域经理和主管的岗位职责分工针对性地设定。目前,公司销售人员绩效考核构成项目由五部分组成:

(1) 基本工资(市场主管和经理级别以 1 500 元为基数乘以月度考核系数,一般的业务拓展员以 1 300 元为基数乘以月度考核系数)。

(2) 岗位津贴(从 200~1 000 元不等,按岗位不同,由高到低分别为 1 000,700,500,300,200,最高与最低相差 4 倍)。

(3) 工龄工资(50 元/月按年计算)。

(4) 奖金,分为月度和年度(根据岗位不同系数认定为 1.2~2.0 不等)。

(5) 按规定办理社保和年休假——根据国家相关法律的规定实行。

目前,公司电子商务销售人员共有 10 名,其中负责电子商务的主管 1 名,产品区域经理 3 名,业务拓展专员 2 名,企划和美工 4 名,各自的岗位职责如下:电子商务主管组织制订并实施公司销售政策、不同产品市场促销开发、管理政策,建立并拓展公司电子商务的营销网络,巩固、开拓目标市场;产品区域经理主要根据公司目标市场的华东、华南和西南等区域,拟订本区域的目标与工作计划,并随时予以追踪控制,以便有效执行;业务拓展专员主要是根据前期市场调研的信息,分析产品和区域变化的可能趋势,针对可能发展的客户进行前期的拓展调查和计划。企划和美工负责网站的产品发布和产品效果更新。具体考核办法没有明确规定,主要参照以上其他销售人员的考核内容和绩效方式。

杭州"形尚众至"服饰有限公司电商部绩效考核讨论会

查看2015年的销售部门的员工考核，李总经理发现目前没有针对电商部即将拓展的业务分类考核销售人员，即使在公司已经确认销售渠道要从传统模式向电子商务销售战略转型的情况下，不同平台销售人员的定位、职责和考核时有冲突，当前中层对于电子销售平台业务、人员考核、培训等方面的一致认识非常重要。为此，李总立即召集市场部、财务部和生产部等几个核心部分的负责人就电商部人员考核、薪酬等问题展开讨论。

看着大家逐次坐定后，李总首先说："通过市场调查和我们的反复权衡，公司销售方式已经转移到以电子商务为主的模式，但销售增长的态势并不明显，希望大家就电子商务部销售人员的考核进行充分讨论，希冀改变目前动力不足的情况，我请财务部李经理先介绍销售人员考核的基本要求。"

财务处的李经理几乎是在公司成立之初就来到财务部工作，对公司部门的业绩考核的目的和出发点十分清楚，她立即就手上现有的数据很清晰明了地介绍起来："对销售部门的业绩考核和我们的出发点就是与公司的发展目标一致，围绕三个方面：增业绩、去库存和利润贡献，三者之间相互依存，设置比重会有所考虑，比如去年我们公司的库存较多，我们和市场部反复讨论后确定考核比例为：去库存80％，业绩增长占5％，利润指标15％，明年如果库存的情况好转，就会调整他们的考核比例要求。"

市场部的张经理一直致力于公司的市场开发，对外面的同行业销售的提升方法比较了解，他马上接过李经理的话头说："我们市场部新增的电商部销售实质上与我们线下业务产生了冲突，我觉得蛋糕没有做大的时候靠这样的网络价格优势只是让顾客享受到实惠，只是'乾坤大挪移'而已啊！"

新来的电商部负责人小沈略有迟疑的目光被李总经理立刻捕捉到，她马上说："小沈，你原来就在电商企业做过，到我们公司半年多的时间你觉得我们公司的考核需要注意的地方在哪里？"

小沈加入公司前在杭州当地一个知名的电商企业从事产品的推广工作，对电商销售人员的特征了解得很清楚，他针对手上的销售考核表以及财务部下发的考核指标早就有些不同看法，但时间和时机似乎都不合适，正好在这个会上，小沈想谈谈自己的看法："我们公司原有的销售业绩考核方法一直以来有力地推动了公司的发展，达到每年按30％左右的速度增长真的很棒！但我有个真实的感受现在提出来，大家一起讨论也许可以解决我的困惑。大家看，公司层面制定统一的销售绩效考核制度主要是因为量化考核指标的客观性,比如在不同销售人员的基本工资的基础上,月度考核的很大一部分是统一依据产品销售中外出服、用品的销售额按1.5%和2.5%提成,这就混合了所有销售人员的服务能力和目标,与销售渠道差异和个人发展能力的方向不一致,会导致考核指标的表面公平,但实质暗藏差异,未区别对待,导致消极怠工的现象发生。

另外,目前的分析发现公司没有对不同渠道的销售人员依据产品特征、渠道差异和公司目标发展等方面为导向,并通过奖酬方案的差异以提升销售团队人员能力,比如,我们电商部四个网络销售平台,天猫应该和直营店一起为品牌的提升多作投入,但当重点考核去库存时就会产生很大的冲突。这只是一个例子,但一直如此,结果可能会导致销售部门年轻人的能力提升方向不明确,上升空间受到限制的问题。"

小沈的一席话激起千层浪,公司原有的打算是开一个电商平台作为其他销售渠道对应业务的补充,主要是为了去库存,所以投入资源和关注度并不高,没想到外部市场的销售生态发展太快,导致大家都觉得网络销售这是一个大的机会。

此时设计开发部的陈经理坐不住了,他马上主动地说:"我觉得小沈说的很有道理,我们开发的新产品总是放在直营店销售,销售周期长,利润增长并不明显,直营店总体是亏损的,辛苦开发的新品在市场上没有快速抢得先机,设计人员的积极性也受到打击,如果同时也放在网络销售,顾客的反应速度一定会更快,好的新品就能推动业绩和品牌的同时提升,应该分类试试。"

生产部王厂长历来比较寡言,他是行动上坚定的落实者,只要生产上的事他的执行力没有二话,可是公司大量的库存也让他窝火,虽然外包的业务是公司整体安排,但所有的渠道都在消化库存,使人感觉他的生产部门过于激进,占用了太多的资源,他慢条斯理地说:"虽然我们生产部门不和网络销售直接挂钩,但总是希望设计部门下达的生产任务,通过我们的生产能迅速地发出去,转换为下一次生产的资金来源,否则我的开工和外包业务都很为难,如果市场反应快,我们生产部门开工更足,工人也会积极性高,现在成本这么高,开工不足实在留不住好的工人。"

市场部的张经理感觉有必要诉诉自己的苦经:"大家看到我们市场部人员变换太快,销售人员刚来还很投入,毕竟我们的基础工资有竞争力,但经过一段时间熟悉后,他们发现成长的空间不大,因为所有销售渠道的考核基本一致,以去库存为主,最快的方法那就是降价,让代理商多拿货,可是降价我们没有主动权,是由公司统一规定,和外面的公司相比,销售人员没有灵活性,碰到可能大一些的客户几乎没有操作余地,我反正觉得越来越难啰!"

李总经理觉得把去库存用来做大比例考核指标虽然是个大方向,但问题的根源并未直接查找到,似乎不是生产能力过大,也不是销售人员不想办法卖力提高销售量,看来过多纠缠部门的责任划分根本解决不了问题,李总经理接过大家的话题继续说:"我也觉得去库存到底通过哪个渠道确实要作进一步的安排,不能像去年那样完全一样,在网络销售上也应有所区别,根据平台本身特点,比如天猫和京东重点发新品,淘宝和唯品会重点用于去库存,大家觉得如何?另外,今年除了要解决这个去库存问题外,大家看资料有没有发现,我们的销售业绩和利润贡献出现不平衡,直营业务上升很快,但利润几乎为零,网络的利润只是略有提升,再这样下去,铺下的资金太多会拖累我们,这需要大家重新审慎考虑啊!"

此时,公司副总经理沈总说:"是的,我也赞成李总经理说的销售重点向网络平台倾斜,一是同行业产品销售发展的方向,像十月妈咪,几乎都在网络销售,这是大势所趋;二主要是我们直营占用的资金太多,业绩看起来不错,销售收入增加,但利润几乎没有,有的门店亏得还很多,实在有些拖累,但话说回来,如何使四个网络销售的平台更有效发挥作用,既要解决库存的问题,还不能失去我们的品牌力,还请大家出谋划策。"

此时,小沈站起来说:"我觉得电商销售网络既然我们选择四个平台,其实已经对产品的投放作了适当的区分,所以我们首先要做产品规划,在同类孕产服饰企业中,电商渠道规划货品结构都是清库存、卖线下同步款或网络专供款,这三类模式几乎都存在,只是比例稍有差异,孕之彩电商部门目前的货品结构中也包括:库存、同步款和网络专供款。

我们电商部对公司的产品依据电商销售的特征作了有差异的分析,希望提供一些解决之道,我给大家汇报一下,后续的推进请大家提供妙招看看该如何展开。

我们觉得就库存而言,电商部门建立之初,公司的思路是渠道库存的下水道,能销多少是多少,虽然业绩不错,但显现的问题是拉低了公司在实体店多年经营的品牌价值,因为公司为了尽快消化库存,给予顾客的折扣很可观,顾客渐渐形成这样的观点,买的不如卖的精,这么高的折扣说明门店的价格是虚高的,产品的利润一定很多,再去买正价的商品就是冤大头。这样的印象对孕之彩苦心经营的品牌价值打击是很大的。

孕之彩的库存比例没有固定,主要根据直营、代理和电商的销售情况统一汇总,除了线上销售外,在门店也会销售库存。

同步款——直营品牌的线上推广,利用天猫和京东旗舰店同步推出同价同款的新品,所占比例很小,主要目的是展示新品的主打设计理念,引领销售。但线上销售团队没有定价权。

线上特供款——为了符合线上客户对新品的需求,而又不冲击线下直营新品的销售,研发部根据流行趋势统一开发具有相同风格的新品,由公司按一定的价格结算,由电商部组织线上销售,具有较灵活的定价权。而这个比例是浮动的,要根据公司前1年的库存比例进行调整，如果库存比例高，线上特供的比例就下调。

这样，在清晰的电商产品线明确并不断调整比例的基础上就可以很好地促进电子销售业绩的提升。"

听到这里，李总经理的心里感觉轻松了一些，她觉得电商部的思路很有想法，对产品规划具有灵活而明确的划分，可以减少电商部和传统销售渠道的冲突，也为随后逐步过渡到电商平台做好充分的准备。所以，李总经理比较轻松自然地站起来并兴奋地说："既然可以这么明确地分别规划产品，那我们四个网络平台的销售人员的业绩怎么考核呢？还用原来的重点考核去库存估计不大现实，电商部门在公司的价值链中该要发挥什么样的作用？李经理你看呢？"

财务部李经理接过话头说："对的，如果网络销售平台能对产品的规划做到这么清晰，我也同意考核时重点不应该一致，更不能和直营或者代理一样。因为有的平台要通过价格优势侧重大批量的销售，有的平台要开发新客户，拓宽市场，提高销售成功率，而有的平台是要主推新产品的迅速上线，提升公司品牌的影响力，保持在行业的江湖地位，这样，考核的重点就很明显，我们财务部协同制定也有依据。另外，我觉得电商部四个网络的销售平台更能够延长我们公司的价值链，最明显的是客户资料的搜集、整理会更完整和有效，能成为我们公司未来发展的有力后台支撑。"

设计开发部的陈经理却面有难色，他觉得目前开发的新品都没有特别叫卖，研发人员的投入很多，但回报并没有吸引力，他手下的员工虽然成长得不错，设计的产品有活力也符合公司的品牌要求，总有新的 idea 出现，但还要开发网络专供款他觉得有难度："我们研发部虽说对研发天生有热情，没有活干是特无聊的时间，但重新开发网络专供款目前人手不够啊！我看只要式样适当改改，或者用料上有些差异就行了，顾客无法感知，凭视觉效果决定购买不要费这么大工夫吧？"

李总知道，公司以网络销售为重点的经营模式改变后，有些人觉得只是换汤不换药，产品换一个地方卖而已，对网络销售的特点并未十分清楚，所以她立刻接过陈经理的话说："我们以前的几年都是这样做，但大家应该感觉到这样做并没有为我们带来任何大的亮点，我觉得还是要围绕销售产品这一核心，我们是作为传统企业在做的电商，说到底做的还是品牌，需要整合线上和线下的资源，一样要做市场需求分析，商品开发、选货、下单、上图，做海报，提高产品质量，更好地服务客户。"

市场部的张经理说："道理是这样的，但我们的销售人员还真没有这样的意识，因为对网络销售所需的能力的培养还不到位，我们对客户的资料没有收集，网络上推送资料都无法做到有目的性，只是将3个月前的订单导出来，做活动的推送，或者在新产品发布或者活动前1个月发送单页，以强化二次消费，但效果如何没有人去统计和分析。"

沈副总感觉到网络销售平台中不同销售人员的绩效考核确实是个难点，她说：

"不可能所有的条件全部准备好才去开始行动,因为我们不能等,我的想法是电商部销售人员目前的分工已经比较明确,有新品开发、美工、销售、客服,只是顾客的数据分析还需挖掘,我有个想法,虽然是四个销售平台,但侧重点确实要不同,前面小沈对产品规划已经分析得很清晰,我觉得可以沿着这个产品规划往下去进行考核,如:天猫和京东主推新品,我们考核就以客户关注、浏览作为一个指标,说明引起关注度嘛,这两个平台不能将最大比例放在成功率上,大家觉得如何?"

电商部的小沈觉得这样比较到位,他站起来说:"沈总说得很对,我们电商部销售实际是一个协同合作的过程,我们的人员有限,可以考虑美工要负责四个平台的产品发布,客服要解决所有销售的退货、意见反馈,所以团队合作是我们考核的重点……"

看看时间不早,李总经理说:"我们今天的会议对网络销售为重点的转变已经达成共识,也对网络销售四个平台的特点有了更好的认识,大家对可能碰到的问题都提出了自己的看法,希望财务部协同市场部和电商组进一步做好网络销售人员的业绩考核。"

公司网络销售平台建立后未来发展的下一步

待大家陆续散后,李总经理感觉大家对今天提出的问题有了初步的共识,接下来如何将网络销售人员的业绩考核更好地设计是一个亟待解决的问题,同时另一个头疼的大事,直营业绩增长但利润毫无贡献的问题可能也能迎刃而解。李总经理知道未来一年网络销售肯定是硝烟大战,公司四个网络平台的业绩和利润增长将会面临巨大挑战,销售内部人员的绩效考核调整同样会产生很大的冲突。

讨 论 问 题

1. 什么是销售渠道目标?形尚众至公司不同销售渠道的目标和产品定位是什么?

2. 网络销售的产品规划如何布局?形尚众至公司目前的网络产品规划是否合理?

3. 什么是价值链管理?形尚众至公司中电商部门人员的价值链作业管理可以从哪些方面考虑?

4. 什么是薪酬公平理论?形尚众至公司电子商务四个网络销售平台的员工的考核是怎样的?如何更能体现薪酬公平?

5. 电子商务部门员工的绩效该如何考核？他们的成本、效益、风险分别是什么？

附录 相关概念和理论

一、相关概念

1. 销售渠道目标和产品结合定位

销售渠道的规划是指公司为了达成销售目标，对各种备选渠道结构进行评估和选择，从而开发出新型的销售渠道或改进现有销售渠道。

销售目标确定首先要考虑公司发展特定的市场环境，一般而言，市场环境大致分为四个方面：社会文化环境、经济环境、竞争环境和消费者需求的变化。除了认清外部环境外，渠道规划还必须与公司的发展目标紧密结合，从战略目标到市场目标再到渠道目标逐层分解，从而保证渠道的发展不偏离或背离公司总体的发展轨道。一般而言，渠道目标包括以下几个方面：降低销售成本、提高品牌影响力、扩大销售量、加快分销速度和提高市场占有率。

在销售渠道目标确立后，企业要设计合理的销售渠道模式，包含合理的长度和宽度。渠道的长度是指产品从制造商（公司）到达客户所经过的渠道层级。渠道长度越长，交易的成本越大，产品销售的价格越高，这并不符合公司、渠道商、顾客三方的利益。因此，渠道的扁平化成为众多公司转型的目标。为此，有足够现金流的公司会采取直营的方式，而代理和加盟却能较快地提高产品进入市场的速度。

2. 电子网络平台的货品结构规划

电商渠道规划货品结构都是以清库存、卖线下同步款或网络专供款三种结构为主，这三种结构在所有生产企业的网络销售中几乎都存在，只是比例稍有差异。

库存货品——主要是公司过季或者同一款进货数量过多的货品，一般公司为了尽快消化库存，会给予顾客很可观的折扣，这个货品一般放在淘宝或者唯品会上销售，借用市场已经形成的销售分层，快速大量地处理库存货品是很好的选择，但这样的货品过多或者在同类产品销售中所占比例过大的话，顾客会渐渐形成公司产品价低物廉的观点，这么高的折扣说明门店的价格是虚高的，产品的利润一定很多，反而会冲击实体门店正品的销售，价格敏感型顾客会等待网络销售中各种折扣出现后再出手。长此以往，对一个公司苦心经营的品牌价值是很大的打击。

同步款——直营品牌的线上推广模式，一般生产设计出新品后，企业会在直营平台主力推新品,公司也会利用天猫和京东旗舰店同步推出同价同款的新品,但是所占比例很小,主要目的是展示新品的主打设计理念,引领销售。价格上完全与实体店一致,为了避免对实体店的冲击,所以同步款线上销售团队没有定价权。

网络特供款——为了符合线上客户对新品的需求,而又不冲击线下直营新品的销售,研发部根据流行趋势统一开发具有相同风格的新品,由公司按一定的价格结算,由电商部组织线上销售,销售团队具有较灵活的定价权。而这个比例是浮动的,要根据公司前一年的库存比例进行调整,如果库存比例高,线上特供的比例就下调。这样,在清晰的电商产品线明确并且比例不断调整的基础上,能很好地促进电商部各自网络销售平台业绩的快速发展。

二、相关理论

(一)价值链管理理论

1. 迈克尔·波特的价值链思想

波特在《竞争战略》一书中指出,"每一个企业都是在设计、生产、销售、发送和辅助其产品的过程中进行种种活动的集合体。所有这些活动构成一个价值链"。这些活动可分为"基本生产活动"和"辅助生产活动"两类,基本生产活动包括内部后勤、生产作业、外部后勤、市场和销售、服务等;辅助生产活动包括采购、技术开发、人力资源管理和企业基础设施等,其主要论述概括如下:

(1) 企业生产活动的本质是一个创造价值的内部价值链条。波特创造性地提出链条的概念,理顺了企业原本看似孤立的各部门经营活动的关系,将这些活动整合到价值链的链条概念中,提出企业价值创造是整个链条中各环节共同作用的结果。

(2) 价值链分析的目的在于发现价值链中价值创造的环节,并维持和增强企业的价值创造能力,即竞争优势。在一个企业众多的"价值活动"中,并不是每一个环节都创造价值。企业所创造的价值,来自企业价值链上的某些特定的价值活动;这些真正创造价值的经营活动,就是企业价值链的"战略环节"。

(3) 强调价值链各环节的分工协作。波特说:"消费者心目中的价值由一连串企业内部物质与技术上的具体活动与利润所构成,当你和其他企业竞争时,其实是内部多项活动在进行竞争,而不是某一项活动的竞争。"

(4) 企业价值链的差异源于竞争战略的不同。波特将企业战略基本划分为成本领先战略和差异化战略。战略的实施是在基本生产活动和辅助生产活动中实现的,价值链是企业竞争优势的来源,竞争战略是通过企业的成本管理和价值链资源的有效配置实现的。

2. 约翰·桑克和戈文德拉贾的价值链思想

约翰·桑克和戈文德拉贾对价值链理论最重要的贡献在于拓展了波特的价值链理论，指出价值链分析包括内部价值链分析、行业价值链分析和竞争对手价值链分析，他们的主要理论有如下几点：

(1) 延伸价值链的概念。戈沙尔和诺曼等指出"波特的价值链理论是静态的"。约翰·桑克和戈文德拉贾的价值链理论弥补了这个缺陷，将波特的内部价值链拓展到企业外部，涉及行业价值链和竞争对手价值链，将供应商、销售商、客户、最终客户和竞争对手引入其中，不仅找寻企业内部价值链上的价值创造环节，更关注企业在整个行业价链条中所处的价值定位。

(2) 拓展了价值链分析。波特的内部价值链关注企业自身经营活动中价值创造过程，目的是找寻企业价值增加的关键环节，并不断发展该环节。但一个企业的价值不是自身赋予的，而是在行业中相对比较其他企业产生的。企业行业的价值定位确定了企业存在的价值基调，故而企业的行业价值链分析意义重大。企业的产品成本等因素也并不是企业自身单一因素决定的，供应商和客户的议价能力也决定了企业的成本和最终销售价格等，这也影响了企业的价值创造。因此有效的价值链分析，更应关注企业在行业价值链中上下游价值链的地位和议价能力，分析自身与供应商、客户等的关系。

(3) 引入竞争对手价值链。竞争对手价值链与企业自身的价值链是平行关系，企业通过分析竞争对手的价值链，尤其是判断明确竞争对手的关键价值创造环节，才能做到知己知彼，通过与竞争对手的比较，尤其是关键价值创造环节的比较，确立自身的比较竞争优势，明确自己在行业中的定位。

(二) 价值链成本管理理论

价值链成本管理理论源于约翰·桑克和戈文德拉贾在1993年发表的经典论文《战略成本管理：价值链视角》，文中首次将价值链分析应用于战略成本分析中，指出确定价值链各环节的成本驱动因素，可以有力地分析各环节的成本和价值。对于价值链成本的概念，西方管理会计并未给出一致的定义。但基本认同汉德菲尔斯和尼克尔斯(Handfield 和 Nichols, 1999)提出的两个层面的含义：一是生产作业流程成本维度；二是价值链内部及价值链组织间的关系管理维度。

关于价值链成本管理的成本驱动因素，学者通常将其分为战略成本动因和作业成本动因。对于战略成本动因分析，瑞利(1985)的研究最具实用性，其将战略性成本动因分为结构性成本动因和执行性成本动因。结构性成本动因是与企业构建价值链的基础经济结构相关的成本动因因素，是价值链存在的内外部大环境成本动因，是生产开始前便存在的企业运营整体因素动因，构成了以后产品成本的约束成本，其形成是长期的过程，难以在短时间内改变，对价值链成本有本质和深远的影响。结构性成本动因具体因素包含规模、范围、学习和溢出、技术、复杂性和地理位置。执行性成本动因是与价值链实际执行程序有关的成本动因,是企业实际作业和流程选择的结果,相较于结构性成本动因的前瞻性,执行性成本动因更倾向于过程和结果控制,其因素对企业的成本大小有更直接和直观的影响。执行性成本动因具体包括价值链生产能力运用模式、关系、全面质量管理、时间和组织成员的参与。

相较于传统的成本管理,价值链成本的分析框架具有如下特点:

(1) 以客户需求或价值流程为主导的成本管理方式。传统的成本管理理论通常以生产为主导,仅将成本的视角限制于生产车间内,忽视成本控制的根本目的在于满足客户需求和实现价值。价值链成本分析框架从愿景和战略出发,演化出成本规划、控制、执行和反馈系统,使成本系统与企业战略保持一致,实现成本控制的最终目的在于为战略服务。

(2) 价值链分析框架的成本动因是多动因成本分析,包括结构性成本动因和执行性成本动因。结构性成本动因分析主要指进行成本规划、成本定位和战略性成本驱动因素分析,执行性成本动因管理主要涉及过程控制和结果控制。而传统的成本管理仅局限于以生产为主、以数量为基础的单一成本动因分析。

(3) 从成本抑制方法上看,价值链成本分析框架存在明显优势,其利用供应商价值链、客户价值链和企业内部价值链,从整条价值链的上游和下游多处入手,分析企业成本驱动因素,从上中下游共同控制企业成本。而传统的成本管理仅通过控制责任中心的产品成本,实现成本的降低,控制手段单一,且收效有时甚微,因为如原材料成本等不是企业内部产品生产责任中心可以控制的。

(4) 价值链成本分析框架是一种跨组织的成本管理方式。价值链成本分析框架是一个开放的系统,与内外部环境,如供应商和客户、市场状态和竞争状态相结合,跨越了传统的组织边界。它主要体现在关系管理维度的成本管理上,凸显了组织间关系管理所产生的交易成本管理,重视上下游企业价值链对本企业自身价值链的成本影响。

(三) 作业成本法

作业成本法,最早可追溯到埃里克·科勒(Eric Kohler)对水力发电行业间接费用如何分配的讨论,其1952年编著的《会计师词典》中,首次提出了"作业""作业账户""作业会计"等概念。乔治·斯托布斯(George Staubus, 1971)在《作业成本计算和投入产出会计》中系统阐述了作业成本的概念。20世纪80年代后期,以卡普兰为代表的一些学者认为科技发展使得成本结构发生重大变化和间接费用比重大幅增加导致成本信息的相关性遗失,作业成本法开始受到理论和实务界的重视。

作业成本法的基本思想及其精髓,可归纳为其具有的二维观念(Turney,1992),一是"成本分配观"(Cost Assignment View),二是"流程观"(Process View)。作业成本法不仅仅将视角局限于提供成本信息,更关注成本产生的根源,即作业中心。

1. 成本分配观

作业成本法认为成本对象引起作业需求,作业需求引起资源需求。将消耗的资源按资源动因首先分配到作业中心,形成作业成本,再将作业成本按作业动因分配给成本对象。作业是需要进行操作并因此消耗资源的流程或程序。作业中心是完成同一最小作业项目的作业集合。分配到作业的资源构成该作业的成本要素,多个成本要素构成作业成本池,多个作业构成作业中心。产品(服务)最终成本是由各个作业中心分配的成本加总得到的。相较于传统的成本方法,作业成本将着眼点落足于作业,而不是成本资源内容,从而将传统意义上的直接成本和间接成本同等对待,按作业活动分配,将其同等计入总成本,使计算出来的产品(服务)成本更准确真实。

2. 流程观

作业成本法将作业中心作为核算单位,作业中心构成企业的作业链条,即作业流程。传统的成本方法,仅关注成本资源内容,无法找到成本消耗的源头,但是作业成本法使得人们能够看到资源消耗与所从事作业之间的直接联系,这样便可以分析哪些成本投入是有效的,哪些成本投入是无效的,即区分增值作业和非增值作业,进而减少乃至消除非增值作业,进一步提高增值作业效率,抓住关键增值作业和重要成本驱动作业,优化作业链条,实现成本的控制和降低。

3. 与价值链的关系

价值链各环节,在作业成本角度,即一项作业中心。企业从投入至产出,既是价值创造的价值链过程,又是作业操作的作业链过程。

作业链的价值表现形式是价值链,价值链的实物载体即为各项作业活动组成的作业链,因此价值链和作业链是企业运作的两个角度。基于价值链的战略成本管理需要一个基于价值创造环节进行核算,满足不断改进各价值环节的成本管理体系,作业成本法无疑是最好的选择。由于作业成本法在成本动因分析上的显著优势,作业成本和价值链结合运用,可更清晰地实现成本管理跨越组织界限。向上,考虑供应商成本;向下,分析客户成本;横向,通过对竞争对手的作业链(价值链)分析,找寻自身的成本优势。

(四)薪酬的公平理论

亚当斯(J. S. Adams)1962年在《工人关于工资不公平的内心冲突同其生产率的关系》中提出了公平理论,也称社会比较理论,该理论的基本观点是:当一个人作出成绩并取得报酬以后,他不仅关心自己的所得报酬的绝对量,而且关心自己所得报酬的相对量。因此,他要进行种种比较来确定自己所获得的报酬是否合理,比较的结果将直接影响今后工作的积极性。

人们主要通过两个方面的比较来判断其所获得的报酬的公平性,即横向比较和纵向比较。所谓横向比较,是将自己获得的"报酬"(包括金钱、工作安排以及获得的赏识等)与自己的"投入"(包括教育程度、所作努力、用于工作的时间、精力和其他无形损耗等)的比值与组织内其他人的报酬和投入比值作比较。纵向比较是把自己目前所获得报酬的感觉与目前投入的感觉的比值,同自己过去所获报酬的感觉与过去投入的感觉进行比较。

薪酬的公平性对于一个企业的发展是至关重要的,但是,目前我国企业中具有良好薪酬管理制度的企业还是少数。从上述公平理论的比较中可以看到,造成这种现象的原因是多方面的。主要表现在以下三点:

第一,薪酬制度本身才是引起员工不公平感的最主要原因。薪酬制度本身的不合理、不完善造成分配的不公平。解决的方法当然是修正和完善相关的薪酬管理制度,但是这项工作十分复杂,不仅要求很细,而且还要求切合实际,同时还要照顾到不同部门、不同岗位之间的平衡。因此,管理者还得提高自身水平,克服主观偏见和个人感情,进行科学考评、合理奖励。要求他们善于创造条件,坚持绩效与奖酬挂钩的分配奖励制度。公平合理地处理职工提职、提薪、发奖金、分配住房等问题,尽量减少职工产生不公平感的主观因素。

第二,平均主义大锅饭是产生不公平心理的主要原因。公平理论告诉我们:人人都有一种追求公平的需要。这种需要一旦受到挫折,其奖酬的绝对值再多也会失去激励作用。平均主义则以表面上的合理、公正、公平和所谓的调动员工的积极性,掩饰本质上的"分配不公"和对员工积极性的极大破坏,这是一种奖懒罚勤的现象,极大地遏制了企业员工的创造精神,必然导致企业效率低下和组织目标的难以实现。这种现象不仅在国有企业普遍存在,在外企和合资企业也在一定程度上存在。相对于平均主义大锅饭,内部收入差距大还不是导致员工产生不公平感的主要因素,原因就在于这个差距大家都是有目共睹的,这种分配的差别也就不会有多大的负面影响。

第三,员工个人主观判断失误也是很重要的原因。公平理论认为员工不论是与他人作比较,还是与自己过去作比较,往往带有较强的主观色彩,倾向于高估自己的投入,而低估自己的报酬。对别人则相反,尤其是在企业员工信息不对称的情况下,更容易造成员工对自己和其他人的比较结果失真。这是一种误会,在相当程度上是可以消除掉的。管理者要及时体察职工的不公平心理,并认真分析,教育职工正确认识自己和对待他人。同时,引导他们以大局为重,多比贡献大小、少比报酬多少,克服追求绝对公平、斤斤计较的思想。

参考文献

[1] ROMANO, MALOTITY G PATRICK. Where is Cost Management Going[J]. Management Accounting,2002(8).

[2] MATT BLOOM. The performance effects of pay dispersion on individuals and organizations [J]. The Academy of Management Journal,1999.

[3] 王琴. 作业成本法在 B2C 电子商务企业中的应用[J]. 财会通讯,2013(2).

[4] 潘飞. 作业成本系统的设计——企业成本管理的模式转换[J]. 审计与经济研究,2008(1).

[5] 程琼,彭家生. 试述价值链分析与作业成本管理[J]. 经济研究导刊,2014(4).

[6] 赵婷. 基于价值链分析的电子商务企业成本管理分析[J]. 时代金融,2012(1).

[7] 何洁. 基于价值链的移动电子商务的商务模式研究[D]. 重庆大学,2012.

[8] 迈克尔·波特. 竞争优势[M]. 陈小悦,译. 华夏出版社,2005.

[9] 徐国虎,韩雪. 社会化电子商务产业价值链分析[J]. 武汉理工大学学报(社会科学版),2014(1).

第九章

无锡威泰迅电力科技有限公司(A)[①]

引　言

2015年伊始,寒冬还没有过去。无锡威泰迅电力科技有限公司(以下简称"威泰迅")的年报也刚刚出炉,公司发展正面临困境:销售增长乏力,销售费用支出居高不下,利润空间缩小。公司赵总经理感觉,自己的公司本是高科技公司,如今却给人"未老先衰"的感觉。赵总经理是做研发出身,一直以来深信高科技公司只要把研发做好,其他一切OK,"酒香不怕巷子深"。对自己的产品品质还是比较自信的,自己对研发管理也相对熟悉。但就目前局势来看,是销售出了问题。而销售对高科技公司来说,又是最为头疼的事。面对当前激烈的竞争环境,困扰当前企业多年的一个问题也日益突出,那就是骨干销售人员离职时往往把客户也一并带走了,尤其是那些至关重要的大客户,而这些客户一旦被销售人员带走,会给公司的业绩带来非常大的负面影响。

电力行业情况

电力市场变革及电力行业相关政策变化

从电力体制改革历史看,1997年国家电力公司成立是电力改革的尝试。1998年电力部撤销,国家电力公司承接原电力部下属的五大区域集团公司、七个省公司

[①] 本案例由郭思永根据实地调研的资料撰写。郭思永,博士,上海立信会计金融学院会计学院副教授,硕士生导师。

和华能、葛洲坝两个直属集团,实施"政企分开"。到 2002 年,国务院下发《电力体制改革方案》(国发〔2002〕5 号文件),被视为电力体制改革开端的标志。新方案的三个核心部分是:实施厂网分开,竞价上网;重组发电和电网企业;从纵横双向彻底拆分国家电力公司。同年,国家电力公司按"厂网分开"原则组建了两大电网公司、五大发电集团和四大电力辅业集团。2003 年电监会成立,尝试实施"政监分开",同年电价改革方案出台。2004 年标杆上网电价和煤电价格联动机制出台。

尽管系列方案出台了,但形式重于实质,一直到 2011 年,两大电力辅业集团中国电力建设集团与中国能源建设集团挂牌成立,并与国家电网、南方电网签订了分离企业整体划转移交协议。历时近 9 年的电力行业主辅分离告一段落。可见 10 年来电力体制改革并不顺利,进程缓慢。

2013 年 3 月份,国务院批转国家发改委《关于 2012 年深化经济体制改革重点工作的意见》,明确提出"深化电力体制改革"。这个文件被视为中国再次启动新一轮电力体制改革的总体设计工作的历史起点,使得始于 2002 年的上一轮电力体制改革得以延续。在新一轮电力体制改革内容讨论中,市场预期可能涉及:推进政企分开、公权独立;重组全国电网企业,构建更好的电力规模经济效益;建立需方生产力,放开大用户直接购电,建立多买、多卖的电力交易格局;销售电价定价权下放到地方,建立权责对等的地方保电机制等,最终使中央政府、地方政府、电力生产者、电力消费者和国家电网的多数利益获得新的平衡,保证电力能够长期稳定供应。

2013 年 5 月 15 日,国务院出台《国务院关于取消和下放一批行政审批项目等事项的决定》,主要内容为取消和下放共计 117 项行政审批项目。其中取消行政审批 71 项,下放管理层级行政审批项目 20 项,取消评比达标表彰项目 10 项,取消行政事业性收费项目 3 项。该文件的下达,与李克强总理多次强调的以简政放权稳增长、退转型和促就业的讲话呼应,也为新一轮电力体制改革作铺垫,有利于电力行业进一步推进市场化改革和清洁能源、分布式能源建设的快速发展。与电力行业相关审批取消:直接购电试点取消审批和电力市场份额核定取消审批。这将鼓励发展直购电试点机制,使得发电端受电网公司的束缚得以解开,上网电价和电煤将形成良性的联动,有利于坑口煤电销售的火电企业如内蒙华电和成本较低的水电企业如国投电力。若再进一步,重组全国电网企业,销售电价定价权下放地方等内容得以通过,则两家电网巨头的垄断体系将被打破,输电、配电将分开。中共十八届三中全会给出电力体制改革新的方向,根据全会通过并于 11 月 15 日公布的《中共中央关于全面深化改革若干重大问题的决定》,对国有资本继续控股经营的自然垄断行业,实行以政企分开、政资分开、特许经营、政府监管为主要内容的改革,根据不同行业特点实行网运分开、放开竞争性业务,推进公共资源配置市场化。中共十八届三中全会的总体思路是,使竞价上网、输配电分开将成为可能。

2014年,全国电力消费增速放缓,全社会用电量55 233亿千瓦时,同比增长3.8%,比2013年回落3.8个百分点;全口径发电量55 459亿千瓦时,同比增长3.6%,比2013年回落4.1个百分点。截至2014年年底,全国发电装机容量13.60亿千瓦,比上年增长8.7%。全年发电设备平均利用小时数为4 286小时,同比下降235小时;受电力消费增速放缓和水电发电量快速增长等因素影响,全年火电设备平均利用小时数同比下降314小时,为4 706小时。

上下游产业链分析

电力自动化行业的上游为电子元器件、集成电路等行业,下游为包括电力、煤炭、石化、冶金等各领域在内的电力用户。

图9-1　继电保护及自动化设备制造产业链示意图

上游行业提供电能的能力、设备质量及工程质量直接影响下游客户的用电和供电企业的经营。从技术应用角度看,电力供应行业与其上游行业之间是共同发展的关系。上游供应商的采购价格和数量直接影响企业的利润。因此,从经济角度看,电力供应行业与供应商之间是互相依存的供应关系。

下游客户的用电主要依赖于电力供应行业,电力供应行业的利润主要取决于下游客户的用电量,所以行业与下游客户之间的关系也是相辅相成和互相依存的供应关系。下游客户的用电量主要取决于其所处行业的发展情况,下游大客户主要从事汽车配件、食品饮料加工、机械加工、采矿、冶金、医药、化工等第二产业。这些下游行业的高速增长将会拉动供电企业电量销售的高速增长。

由于在我国发电装机容量中,火电占据了绝对领先的份额,煤炭行业成为我国电力行业的重要上游行业。由于煤炭价格已经实现市场化,其价格波动不仅受供需影响,也与全球经济和大宗商品价格具备较大关联度,而电力价格是由国家制定,因此,煤炭价格的波动是火电行业的主要风险之一。对于水电、风电,两者的原材料均与自然气候密切相关,河流的来水和雨量以及风力的变化等自然因素直接影响其发电总量及稳定性。发电企业的下游是电网公司,包括国家电网公司和南方电网公司。

电网行业属于非行政性的自然垄断行业。由于电网运行的特定性质及关系到国家战略安全的需要,可以预计,即使在电力体制改革以后,电网将仍然保持较高的垄断性质。虽然上网电价由政府制定，但是上网电量主要靠电网调度机构掌握。相对于发电企业，电网企业处于强势地位。由于水电的电调顺序靠前，与火电相比，来自电网的竞争压力相对较小。从电力最终消费者来看，工业用户用电量占全社会总用电量的70%以上，而其中钢铁、有色、化工、建材四大耗能行业更是重中之重。此外，居民用电也是电力的主要消费者之一。

中国上游发电，最主要的有五大发电集团：华能、国电、大唐、华电、中电投，它们的主营业务就是发电，剩下还有一些规模相对较小的，诸如华润电力等，属于副业。对于供电，主要是国家电网和南方电网，就是买发电企业发的电，然后输送到各地，国家电网是电力行业中实力最强、待遇最好的。

无锡威泰迅电力科技有限公司简介

公司背景

无锡威泰迅电力科技有限公司（以下简称威泰迅或公司）成立于2002年，在智能电网领域拥有多系列研发平台、自主知识产权、产品和核心技术，在中国电力市场中，是电力监测、控制保护及管理的系统产品与服务的主要提供商之一。

公司获得江苏省高新技术企业称号、无锡市智能电力监测工程研究中心称号、无锡市巾帼科技创新示范基地称号，通过ISO9001:2000认证，取得质量管理体系认证证书。平均每年投入产值的12%作为研发费用。公司成立至今始终立志于保证电力系统的安全、节能、稳定和经济地运行。经过多年在该领域市场核心竞争力的建设，在团队建设、人才培养、技术储备、产品设计、研发和生产及市场拓展、销售网络建设等方面，均形成了一个成熟完整的电力监测、控制及保护产品系列和体系，并成功运用于国内电力系统的发电、输电、供电等主要和相关环节中。公司所有产品的设计和研发以及所涉及的领域均顺应国家的要求和符合国家电力管理部门关于电力管理和产品设计要"由粗放型向精细化管理发展"及"节能降损"的主流方向。

公司目前申请授权知识产权27项，其中授权发明专利2项，实用新型专利11项；软件著作权证书12项；另有2项发明已进入实质审查。获得了软件产品登记证书5项、高新技术产品证书2项。

公司的业务方向：

（1）物联网方向。威泰迅在中国率先推出了基于物联网与云计算技术的电力监测预警及综合安全保障示范项目，发挥威泰迅在电力行业所积累的专业能力，建设这个项目，帮助广大配电用户维护和管理好配电系统，使其配电无忧，从而为其主业的发展提供保障,并促进现代社会合理分工合作。

该项目可以更大限度地保障电力系统的安全运行、提高广大配电用户的科学化和信息化管理水平;除此之外,此项目将成为智能电网在配用电层面上的一个具体的子系统,从而有益于智能电网整体目标的最终实现。

项目已经在中国移动、麦德龙、中国工商银行、上海城投污水等公司得到成功应用。

(2) 新能源节能减排方向。公司为高耗能工业的余热发电提供服务,实现绿色能源被安全利用的目标,借助综合自动监控系统,保障绿色能源被安全利用目标的实现。

(3) 发电厂、大型工业用户方向。公司整合所有方法,提供全套解决方案,协助客户拥有更安全、更可靠的电力系统,使电力设施具有更强的智能化、可视性和可控性。公司的产品还远销国外,如印度亚临界燃煤项目,土耳其 CNK WHPG PROJECT 纯低温余热发电工程,在电厂、钢铁、市政水处理及水利枢纽等不同领域已成功实施。

企业战略转型及经营模式

2008年之前是电力行业发展的黄金时期,电力工业是国家投资最多的行业之一,威泰迅的规模亦随着电力行业的发展而快速扩大。威泰迅主要向电力行业这些客户提供发电、输电、变电、配电、供电控制系统设备以及相关的配电产品,当公司客户的配电系统出现异常情况时,威泰迅也会为其提供及时高效的检修、维修和配件供应支持服务。

但是,随着国家对于电力行业投资的限制,电力行业的发展逐步放缓,处于电力系统自动化领域的企业被动地跟随行业发展而发展的战略已不可行。同时随着世界范围内信息技术、网络技术以及计算机技术的快速发展以及电力系统相关专业控制理论的完善,电力系统自动化控制的方式方法也在逐步发生变革,此外,之前电力行业投资而产生的日益复杂的电网结构和运行方式也要求企业有更加强大、更加有效的手段来对电网进行管理以确保电网能够安全可靠并且经济高效地运行。越来越多的用户重视电力的安全性,并且开始加大投资力度以选用功能更强大、安全性也更高的电力管理系统,或对其原有系统的硬件进行升级、软件进行改版以便能够支持更多的电力监控高级应用软件功能。

基于以上的行业发展变化,2009年之后,威泰迅准确把握了产业和行业发展的趋势,对原有的产品进行了改变。公司的产品逐步由电力系统调度自动化的系统设备向全面的电力系统调度、管理、决策集成软件产品进行升级,因此公司推出了基于物联网与云计算技术的电力监测预警及综合安全保障示范项目,发挥威泰迅在电力行业所积累的专业能力,通过智能电网模式(G2)帮助配电用户维护和管理好配电系统,为电力公司等用户提供配电变压器的检测系统,这一系统对于涉及供电安全的方方面面,包括管理、人员、设备、环境等方面,都进行检测,对于企业的供电安全状态进行量化,按照检测结果对系统进行保养与修理,将事后的维修变为提前干预,排除故障与隐患,更大限度地保障电力系统的安全运行、提高配电用户的科学化和信息化管理水平(见表9-1);此外,公司也逐步由软件产品提供商向软件产品、应用服务以及全面解决方案的提供商进行转变,面对公司的发电厂、大型工业用户,公司整合所有方法,提供包括产品与服务的全套解决方案,协助客户拥有更安全、更可靠的电力系统,使电力设施具有更强的智能化、可视性和可控性。通过此次转型,威泰迅逐步成为中国电力市场中,电力监测、控制保护及管理的系统产品与服务的主要提供商之一。

表 9-1 配电服务模式比较

	事后维修	定期预防式维修	按状态维修
运用手段/体系	经验	经验	G2(智能电网模式)
效果	保障不足	过度保障	合理保障
成本	不可控	不可控	固定
范围	点	针对设备	设备、环境和人

资料来源:威泰迅内部资料。

市场营销和销售

2008年之前,威泰迅的客户主要为华东地区的供电局以及一些工业用户。2009年之后,公司致力于成为产品与服务的供应商,公司的顾客也发生了一些变化(威泰迅主要客户及业务变化情况见图9-2)。

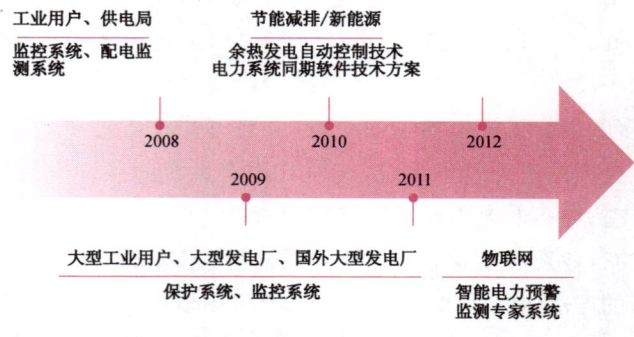

图 9-2 威泰迅主要客户及业务变化情况

资料来源:威泰迅官网。

至2014年，威泰迅新的营运模式已经运行了5年。稳定可靠并且优异的产品质量，实时监控、大量的工程经验所产生的优质服务满足了电力系统对安全运行的苛刻要求，因此威泰迅的物联网方向产品不仅在电厂、钢铁、市政水处理及水利枢纽，如上海城投污水等不同领域成功实施，此外在中国移动、麦德龙、中国工商银行等公司也得到成功应用。而且威泰迅的产品也远销印度、土耳其等国家和地区，如发电厂、大型工业用户方向有印度亚临界燃煤项目，土耳其CNK WHPG PROJECT纯低温余热发电工程等。

威泰迅公司服务顾客的组织架构的现况

赵总深知销售业绩是企业利润的主要来源，提高销售工作效率是现代企业管理中的重点，但是在管理执行中总是遇到多个问题。其中，最令人头痛的，就是骨干销售人员离职及带走已有的客户。想想也是，销售人员对工作安定的需求不大。销售人员经常想通过跳槽以改变自己的工作环境。而且他们也试图想通过不断的跳槽来找到最适合自己的工作从而使自己对未来的职业生涯有所规划。

赵总是做技术出身，推崇企业产品创新，有时往往亲临一线，与研发部门的人员就产品的设计等问题进行反复探讨，而这种会议往往持续到深夜，赵总也习惯了这种状态，因此，办公室的布置就有点像家一样，里外套间，生活设置一应俱全，累了可以倒头休息。

赵总边思考边看着办公室桌上的笔记本、角落里的冰箱和电视，突然想到：这些生产笔记本、冰箱和彩电的企业，是不是也面临和我同样的问题？那他们又是如何解决的呢？赵总想起了公司初创时期，去买冰箱，好像就是到国美、苏宁等实体店看一下实物，然后再到网上在几个电商平台如京东、淘宝等逛一下，比较一下价格，就买了。好像没有接触到厂家的销售人员，即使接触到了，也仅仅是询问价格，问问功能，即使买了东西也好像与这些销售人员的关系不大。那我公司的产品为何要这样倚重销售人员呢？

赵总感觉有点信马由缰了，打开笔记本电脑，想看一下近期的销售业绩。当微软熟悉的开机画面在自己面前展开时，又一疑问扑面而来：为何我们的每台电脑上用的都是Microsoft的操作系统，办公软件用的是Microsoft的Office？虽然存在捆绑销售的因素，但是，现在想来，就算买的是裸机，买回来自己不是还要装Microsoft的操作系统和办公软件吗？除了它，难道我会去装国产的那些软件吗？哦，国产的好像连名字都想不起来，更不用说用了。但问题是，我们这些用户根本接触不到Microsoft的销售人员，或者说Microsoft根本不需要像我们这样企业的销售人员，只要把产品做精让人信服,广告做好让人知晓就可以了。看来,我们的企业还不够强大,品牌效应还太不够有市场号召力。

想到这些,赵总倒感觉似乎有一点思路了。但影响销售的除了产品的特点和行业因素,赵总觉得和企业所处的人文环境也有很大关系。

中国是个讲究人情的社会,常言道,人熟好办事,在产品销售之前,先和客户搞好关系,关系到了,产品自然就好卖了。想当年自己在招聘销售人员时,说是看他的销售能力,不也是除了看对方的销售业绩,更看重对方建立的个人销售关系网络吗?但话说回来,对于像威泰讯这样的企业而言,在公司的初创时期,销售人员这种"私人"的销售网络的确非常有效,对公司产品快速占领市场功不可没。但这种靠"人情"的销售也进一步强化私人关系的作用,造成了现在的被动局面。

看来,私人关系是"双刃剑"。对于像威泰讯这样的企业而言,企业自身特点和中国社会的特质更是加大了对销售人员管理的难度。在企业快速发展过程中,企业制度往往不健全,企业管理更多依靠的是"人治"而非"法制";讲究人情面子的中国社会文化更会强化私人关系的作用。

对于销售人员而言,当企业的正式制度不健全,或者无法对其销售活动以及过程中的各种"灰色"行为给予必要的约束限制时,私人关系的负面作用就会显现出来,其主要表现形式之一就是企业客户关系的私人化,这就会使销售人员离职带走企业的客户资源成为常态。与之相应的另一方面是,讲究人情的社会文化也促使销售人员必须建立与客户之间的私人关系,否则客户关系的维系就成为问题。私人关系的"双刃剑"作用显然为企业的销售人员管理出了一道难题:为了建立与维系客户关系,企业不得不默许或者鼓励其销售人员与客户建立私人关系,而一旦这种私人关系建立了,企业往往就失去了对销售人员及其所掌控的客户的控制。这一点对于以销售为导向的公司而言尤为突出。

但是,现在的问题是,如何去应对?

服务顾客组织架构转型的下一步

这时,办公室主任王总,过来汇报工作,谈及公司最近几个销售人员离职及抱怨。赵总说,客户是公司的顾客,不是销售人员的,客户是冲着公司的产品和服务而来,销售人员仅仅是公司和客户链接的媒介。再发生销售人员离职带走客户的事件,公司就要拿起法律武器,和这样做的销售人员对簿公堂,要他们赔偿公司的损失。

办公室主任王总说:"这倒是个办法,但是操作起来难度很大,最主要的是很难找到直接证据。老客户什么时候再需要我们的产品或服务,现阶段我们根本不知道。再说,原有的客户不买我们产品了,怎么能够就说和离职的销售人员有关？耗费大量的人力物力进行调查取证,不合算。同时,我们当初聘用这些销售人员时,也没有在合同中涉及这些方面。"

赵总说:"这也是我们当初没有未雨绸缪,现在,你要去咨询我们公司的法务人员,看法律在这方面有什么说法。"

望着办公室主任王总离开的背影,赵总也深知,销售人员离职带走客户现象在各个厂家都屡见不鲜,此问题的解决,有时不能光从营销人员身上找问题,更多的时候还要在企业自身内部查找原因。看来,还是我们的管理出了问题。

要尽量使客户关系"去个人化",使客户真正成为公司的客户,赵总暗下决心。销售管理和研发管理不一样,通常在客户关系中,一旦双方达成协议一起合作,关系管理就会变得缺乏。销售人员或者客户经理往往成为与客户的主要,而且通常是唯一联系点。从客户方面看,他们也会削弱联系,只是处理事务。如果想要有黏性,就需要在关系中有更多的接触点。

同时,赵总也知道,在公司当前的销售管理中也存在一定的误区,公司认为一批客户或者区域的销售工作应该由一个销售人员独立完成。这样一方面的确可以提高效率,更重要的是可以给销售人员更大的自主权,调动他们的积极性。但是,这样的弊病也是很大的,如果销售工作由一个人完成,公司就失去了控制力,这有点像公司的财会里面的内部控制。这好比公司财务工作由会计和出纳两个岗位完成,之所以分成两个岗位是为了防范风险,因此现在公司需要将销售工作拆分成两个或两个以上的人共同参与完成,这样销售人员流失就很难带走客户,损失就会大大减小。但问题是,如何拆？拆给谁？

再者,当前的销售管理还存在很大的问题,就是客户的资料都在销售人员自己手里。客户的名称、地点、联系方式、经营状况,更进一步讲也包括客户品行、性格、喜好、特长等等,公司现在统统不知道。虽然,公司以前也尝试建立客户档案,但是,销售人员有很大的抵触情绪,催得急了,则那几个销售人员就象征性地报上几个销售额不太高的客户,至于真假,也无从验证。后来,这事也就不了了之。现在看来,这个销售管理制度的建立必须要重新进行梳理,用当前流行的话来说,就是流程再造。

公司的销售工作也有自身的特点,最大特点就是工作难以监督。销售人员独立开展销售工作,工作时间自由,单独行动多。管理人员无法全面监督销售人员的行为,销售人员的工作绩效在很大程度上取决于销售人员愿意怎样付出劳动和钻研销售,很难用公式化的硬性规定来约束销售人员的行为,而用科学有效的绩效考核制度作为指导销售人员从事销售活动的指挥棒,能规范销售人员的行为,使销售人员全身心地投入销售工作中,提高工作效率。因此,赵总觉得,采用激励方式效果会更好一些。但是,激励也是有成本的,如何在成本可控的前提下,取得好的激励效果,也是需要好好思考的。

同时,公司现在处于快速成长期,销售人员也会很多。销售团队的业绩完成总会遵循"二八原则",也就是80%的业绩往往来自20%的销售人员。所以销售指标的分配肯定不是均分,而是要按照能者多劳的原则分配。任务重的销售人员应该能够动用更多的资源,有更多的发展机会,以及获得更好的待遇,如果大家都一样,谁会愿意去承担更重的销售任务呢?是否需要采用一刀切的方式,也是需要细细琢磨的。

结　　语

提到销售人员的管理,作为企业的管理者,有一种难言的感慨。任何一本营销教材或是企业管理书籍,无一不将销售人员管理列为重点,但现实中,销售人员的管理仍然是企业难以逾越的一道"坎"。面对日趋激烈的竞争,企业是否拥有合格的销售团队已经成为其生存与发展的必要条件。赵总深知企业不能只是说很快就会采取行动,而应该现在就采取行动。

讨 论 问 题

1. 威泰迅公司的当前销售面临怎样的困境?该困境受到哪些因素影响?

2. 客户从销售人员转移到公司会受到行业因素和产品竞争能力等因素的影响吗?是如何影响的?

3. 中国的人文环境对威泰迅公司的产品销售会产生怎样的影响?对客户转移会产生怎样的影响?

4. 为了克服当前销售人员带走客户的困境,你认为对销售流程应如何进行管理?

5. 对销售人员的管理,你认为监督和激励哪一个效果会更好些?

6. 如果对销售人员采用激励,你认为有哪些激励方式?哪种激励方式的效果会更好些。

附录 相关概念和理论

一、客户关系管理

客户关系管理(Customer Relationship Management,缩写 CRM)是企业活动面向长期的客户关系,以求提升企业成功的管理方式,其目的之一是要协助企业管理销售循环:新客户的招徕、保留旧客户、提供客户服务及进一步提升企业和客户的关系,并运用市场营销工具,提供创新式的个性化的客户商谈和服务,辅以相应的信息系统或信息技术如数据挖掘和数据库营销来协调所有公司与顾客间在销售、营销以及服务上的交互。

(1) CRM 的主要手段与目的可由 CRM 的"10C"架构来了解:

顾客数据(Customer Profile):指的是企业对顾客集成性信息的收集,包括人口统计信息、消费心理特性、消费需求、消费行为模式、交易记录、信用等,以充分了解顾客轮廓。

顾客知识(Customer Knowledge):指的是与顾客有关,由信息转换而来,更深更广、更能指导 CRM 的一些经验法则与因果关系等。

顾客区隔(Customer Segmentation):指的是将消费者依对产品、服务(P/S)的相似欲望与需求,区分为不同的顾客群(Need-based),或以顾客获利率来区分(Value-Based),后者对 CRM 尤其重要。

顾客化、定制化(Customization):指的是为单一顾客量身定制符合其个别需求的 P/S,如一对一的价格、一对一的促销、一对一的通路。此为 CRM 重要的手段之一,亦即:大量营销(Mass Marketing)→区隔营销(Segmentation)→一对一营销(One to One Marketing)

顾客价值(Customer Value):指的是顾客期望从特定 P/S 所能获得利益的集合,包括产品价值、服务价值、员工友谊价值、品牌价值等。CRM 的目的在提高顾客的所有价值,与降低其所有的成本。

顾客满意度(Customer Satisfaction):指的是顾客比较其对 P/S 质量的"期望"与"实际感受"后,所感觉的一种愉悦或失望的程度。

顾客的发展(Customer Development):指的是对于目前的老顾客,应想尽办法提升其对本公司的荷包贡献度(Wallet Ration),其主要有两种做法:交叉销售(Cross Sell):吸引老顾客来采购公司其他的产品,以扩大其对本公司的净值贡献。

高级销售(Up Sell):在适当时机向顾客促销更新、更好、更贵的同类产品。

顾客保留率(维系率,Customer Retention):指的是在于如何留住有价值的老顾客，不让其流失，利用优秀、贴心、量身定制的产品与服务来提升顾客的满意度，以降低其流失率(Churn Rate)，获取其一辈子的净值。

顾客赢取率(Customer Acquisition)：指的是利用提供比竞争对手更高价值的产品与服务，来吸引及获取新顾客的青睐与采购。

顾客获利率(Customer Profitability)：指的是顾客终身对企业所贡献的利润，亦即其终身的采购金额扣除企业花在其身上的营销与管理成本。

总而言之，CRM乃是企业利用信息技术与流程设计，通过对顾客信息的集成性搜集与分析来充分了解顾客，并利用这些知识来精确地区隔有潜力的市场或提供一对一的定制化销售与服务，使得顾客从P/S中感受到最大的价值。其目的在能提升老顾客的满意度与忠诚度，并能吸引好的新顾客，共创企业最大的收益与利润。

(2) CRM系统的分类：

CRM系统若依照其应用功能的不同，则可以分为下列三大类，协作型CRM系统、数据分析型CRM系统以及运营型CRM系统。

协作型CRM：帮助企业集成前、后台所有业务流程时，用套装方式，提供各种直接面对顾客需求的自动化服务功能与应用。主要业者包括过去协助企业后台集成，进而提供订单承诺与订单追踪等管理功能的企业资源规划系统与供应链管理系统的业者，以及致力于前端的销售、营销与顾客服务自动化、套装化的业者。

数据分析型CRM：企业根据由上述各种沟通渠道所搜集到的顾客数据，分析顾客行为，作为企业决策判断依据的功能。目前数据分析型CRM业者主要是以传统的数据库、从事数据仓库与数据挖矿的业者为主。

运营型CRM：企业与其顾客不同的接触方式与沟通的渠道，促使彼此间更易于交流交互的功能。目前通路交互型CRM业者主要是以提供电脑化电话语音客户服务中心(Computer Telephony Integration Center，CTI Call Center)，及提供网页、电子邮件、传真、面对面等沟通渠道集成方案的业者为主。

CRM系统亦可按客户的类别进行区分，比如B2B的CRM与B2C的CRM。我们在市场上常见的一般是B2C的CRM，这个是面向消费者的客户关系管理系统。B2B的CRM，则面对渠道或终端客户，而非直接购买企业产品或服务的直接消费者。

CRM系统还可分为传统型CRM和在线CRM两种。随着CRM的逐渐完善，在开发过程中，成熟的CRM系统根据系统的架构设计的不同被拆分成两个系统，则可以分为业务架构系统和平台化架构系统。

CRM业务架构系统：针对行业的通用基本业务架构。

CRM平台化架构系统：对系统的业务架构系统配置，更好地适应使用系统的企业的个性化需求。

第十章

杭州"形尚众至"服饰有限公司(B)[①]

2013年11月12日凌晨,也就是11月11日光棍节刚结束的一刻,杭州"形尚众至"的李总经理打开ipad,点击网易财经的主页,她惊讶地发现天猫、京东等电子商务平台千亿元的单日成交金额已经成为当天的最大新闻。面对电子商务的风起云涌趋势及对传统销售渠道的冲击,李总经理一直思考着一个重要的问题:在已有直营、代理两种主要渠道的情况下,公司如何转入电子商务渠道,实现多渠道销售,以提升公司业绩。公司销售渠道的转型和发展是当前摆在管理层面前最大的挑战。

为此,李总计划在杭州总部召集电子商务部、市场部、生产部、设计部和财务部等部门举行年度销售总结会议,希望能集思广益,对不同销售渠道的成本、效益和风险等进行全面地分析,以便进行销售渠道转型的科学决策,促进公司的进一步发展壮大。

母婴行业分析

根据国家统计局公布的各年《国民经济和社会发展统计公报》,2008—2012年我国每年新生婴儿约1 600万人。据Frost & Sullivan预测,随着我国城市化率的进一步提升,以及2014年我国政府对于单独二孩政策的放开,未来几年中国城镇0~3岁婴幼儿数量会保持一定增长速度,2012—2016年均复合增长率将达到5.4%,并在2016年超过3 900万人,如图10-1所示。

最近几年,20世纪80年代第三次婴儿潮出生的人口已陆续步入婚育阶段,中国迎来了第四次婴儿潮。20~29岁生育高峰人口将从2009年的1.8亿人增长至

[①] 本案例由吴向阳根据实地调研的资料撰写。吴向阳,博士,上海立信学院会计学院副教授,硕士生导师。

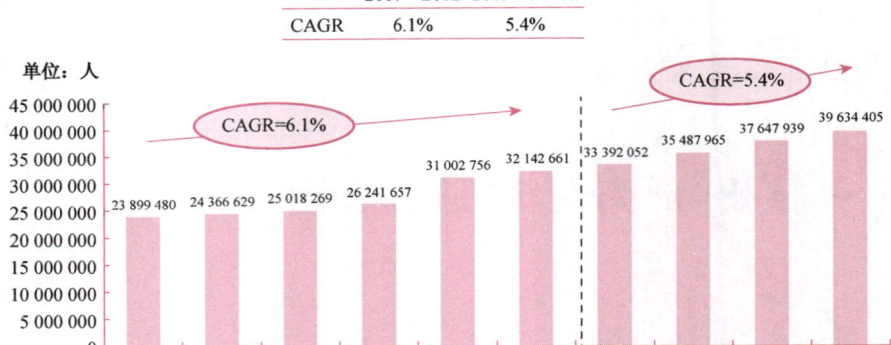

图 10-1　2007—2016 年中国 0～3 岁城镇婴儿人口情况

数据来源：Frost 和 Sullivan 中国婴幼儿服饰、用品市场研究。E 表示预期。

2015 年的 2.1 亿人，特别是 2014 年我国政府对于单独二孩政策的放开，未来几年中国的"大肚子经济"将产生孕妇装市场 50 亿至 100 亿元的潜在市场份额。尤其是 70 后、80 后新一代年轻母亲，她们不仅仅希望生下一个健康的宝宝，同时也希望孕期和哺乳期自己看起来更加漂亮、更有魅力。

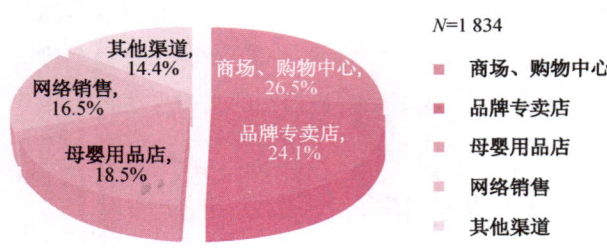

图 10-2　孕婴消费品的销售渠道情况

数据来源：Frost 和 Sullivan 中国婴幼儿服饰、用品市场研究。

孕婴消费品的销售渠道包括百货商场、购物中心，品牌专卖店，母婴用品店、网络销售等，如图 10-2 所示。总体来看，在孕婴幼儿消费品的渠道分布上，主要的几类渠道占比相对比较均匀。商场、购物中心和品牌专卖店是最主要的购买渠道，其次是母婴用品店及网络销售，其他销售渠道仍未成为主流。

（1）商场/购物中心专柜。作为传统的主流零售渠道之一，商场以及购物中心占据着城市重要商圈中的有利位置，为消费者提供"一站式购物"的场所，其中品牌众多，并以其对入驻品牌的高门槛和严格管理在消费者心目中建立起高端、值得信赖的渠道形象，是孕婴幼儿消费品最主要的销售渠道之一。品牌企业一般直接或通过加盟商与商场联营的方式建设运营品牌专柜。

（2）品牌专卖店。根据地理位置的不同，孕婴消费品品牌专卖店分为店中店和街边店两种。店中店开设于大型主题购物中心（Shopping Mall）中，街边店则位于城市商圈、社区、妇幼医院附近等婴幼儿消费较为集中的区域。品牌专卖店专门经营销售特定品牌孕婴消费品,能有效展示产品及卖场形象,体现专业性和品牌性,扩大品牌影响力。

(3)母婴用品店。母婴用品店是近年来逐渐兴起的一种销售渠道,其类似于一个专售母婴用品的小型超市,店内产品种类齐全、品牌众多,具有一定的专业性,主要开设于城市二线商圈及街道社区,所出售的产品品牌档次不一。但随着社会经济的发展,目前国内部分母婴用品店趋向于中高档化,主要经营国内以及国外中高档孕婴幼儿品牌产品。

(4)网络销售。网络销售,即顾客通过互联网检索商品信息,并通过电子订购单发出购物请求,然后通过网上支付,厂商通过快递公司送货上门。网上孕婴幼儿消费品的销售近年来表现强劲,随着网络购物的进一步规范和升级,未来该渠道预期会有更快的增长。

(5)其他渠道。其他渠道包括批发市场,主要经营中低端孕婴幼儿消费品批发并兼营零售。

公司所处行业与上下游行业的关联性

公司所处的孕婴消费品行业,上游行业主要包括面料、辅料生产行业、塑料制品生产行业以及包装行业等。上游行业为孕婴幼儿消费品公司生产提供原材料,协助孕婴消费品公司对各种新型原材料进行开发,保证了孕婴消费品公司产品的品质。原材料价格上升会降低孕婴消费品公司的利润率,但对于孕婴消费品行业而言,生产所需的原材料种类较多,单一原材料的价格变动对行业整体利润影响不大。孕婴消费品行业直接面对终端消费者,宏观经济景气度、消费者可支配收入状况、消费者的消费偏好等因素都将直接影响消费需求,进而影响孕婴幼儿消费品的销售和未来的发展状况。

行业竞争格局

目前国内的孕婴服饰品市场主要分为高端市场、中端市场和低端市场。

高端市场是由奇妮、惠葆、十月妈咪等高端品牌运营的孕婴产品所主导,面对的主要是国内的高端消费人群,主要集中在一线城市和部分经济发达的二线城市。由于其价格定位高于国内居民的平均消费水平,目前国内的高端市场规模较小。中高端市场和低端市场占据着国内孕婴服饰品主要份额。

中端孕婴服饰品市场的竞争主要体现为品牌竞争。按照品牌的发展轨迹,国内的中端市场主要是创立时间较久,品牌知名度较高的境内自有品牌,如今生宝贝、孕之彩等；上述品牌的销售渠道多为优质商场的品牌专柜和品牌专卖店，其品牌形象鲜明，主打品类具有一定差异，品牌风格和产品质量在长期的经营过程中得到市场的认可，积累了丰富的行业经验和众多的忠诚客户群，是细分市场中的知名品牌。

低端市场企业数量众多，市场集中度低，缺乏领先企业，企业多无自有品牌或品牌知名度较低。该类产品附加值较低，主要依靠低价竞争，产品同质化现象严重。

公司的主要竞争对手

目前根据品牌综合力和销售额等指标，国内的孕妇装品牌大致呈现"三梯队"的竞争格局。其中奇妮、惠葆、十月妈咪等品牌处于第一梯队，定位为中高端品牌，在设计、款式、销售渠道上都占一定的领先地位；第二梯队中如今生宝贝、君心、仙娉莱等中档品牌，主要依靠孕婴童组合店的形式进行销售；第三梯队就是一些价位比较低的分散的小品牌。国内孕妇装行业呈现的行业集中度相对较低。

作为第一梯队代表的十月妈咪，定位时尚，主营孕妇装。产品定价处于中高档，直营占比50%左右，主要通过商场渠道销售；加盟业务大约占40%，主要是专卖店与婴儿综合店渠道，电子商务渠道大约占销售收入的10%。目前，十月妈咪的市场占有率为15%左右。另一个品牌"奇妮/101"是台湾品牌，产品定位于高端顾客群，主要通过一线高端综合百货商场进行销售，直营占比100%。作为第二梯队代表的今生宝贝，主要以中高档定位为主，通过旗舰店、专卖店、商场专柜、大母婴店专柜连锁销售。其产品定价中等，直营渠道占比30%以上，主要是百货商场渠道和大型婴儿连锁系统销售；加盟业务占60%左右，主要是专卖店与婴儿综合店渠道，销售收入的10%通过电子商务渠道实现。2010—2014年同行业主要企业的营销渠道收入比例如图10-3所示。

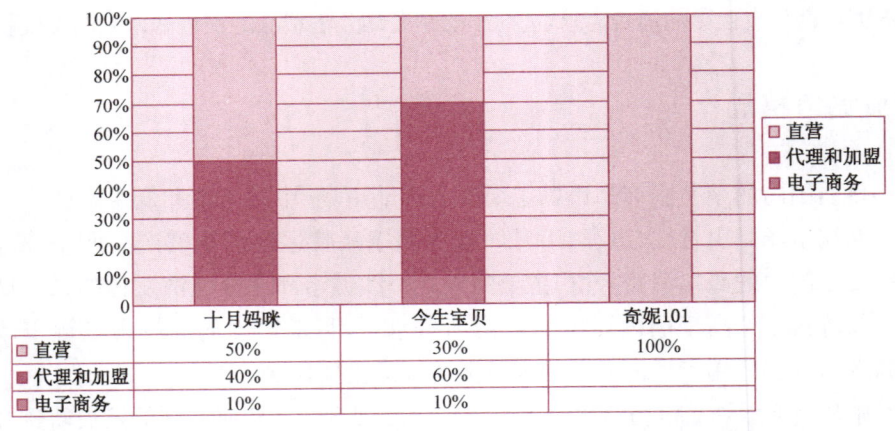

图10-3　2010—2014年同行业主要企业的营销渠道业绩占比

杭州"形尚众至"服饰有限公司简介

公司背景

杭州"形尚众至"服饰有限公司(以下简称公司)成立于 2003 年,是以设计、生产、销售时尚孕妇服饰为一体的专业服装公司。虽然,孕妇服装与传统的女装相比刚刚起步,但行业的想象空间比较巨大,人口的基数和各种消费层次的顾客群体数量众多。

2011 年,公司完成 5 000 万元人民币的销售额,年生产能力为 40 万件左右,过去的几年,公司销售额都以每年 30% 左右的速度增长,公司目前有直营店 36 家,加盟和代理店 92 家,另外还有近 300 个左右的零售点,主要集中在华东地区。公司目前共有设计、开发团队、管理和加工等核心员工 100 人左右,其中研发团队来自公司内部培养,对应的新材料的研发与院校和研究机构、设计所合作,大批量非核心技术的原料通过外购或直接委托外部供应商加工完成。公司的销售通过直营、加盟(代理)、电子商务三个营销渠道,直营产品的毛利率平均达到 70% 左右,是行业中的佼佼者。

公司销售渠道

公司产品主要分为功能性服装和外出服。功能性服装主要有:防辐射系列产品,如防辐射的肚兜、马甲、背心,还有保护和提升性内衣和哺乳用专用服;公司的外出服装以考虑安全、健康舒适为主,同时体现时尚性,主要产品有:"浪漫田园"系列;"清雅都市"系列;"写意运动"系列等服装。

目前公司的产品销售主要通过直营、代理(含加盟)以及电子商务三种形式进行,销售网络的主轴以杭州为中心,在江浙二三线城市方圆不超过 2 小时的车程内选择布局、设立门店。

直营门店截至 2015 年 8 月份共有 95 家,通过个人负责制的形式,销售的产品中外出服与功能性产品的比重各占一半左右。主要分布在杭州市及其辖区内。加盟店和代理:截至 2015 年 8 月份比较稳定的有 145 家左右。公司的代理商由于一般有自己的品牌,产品销售分布主要以外出服为主。电子商务的发展非常快,截至 2015 年 8 月份,公司已经在天猫、京东和唯品会三个电子商品平台销售产品,并通过自己的电子商务公司,销售以外出服为主的"网络专供款"产品,力图设计、生产区别于实体店的产品。

公司最近3年三大销售渠道的产品销售情况如图10-4所示。

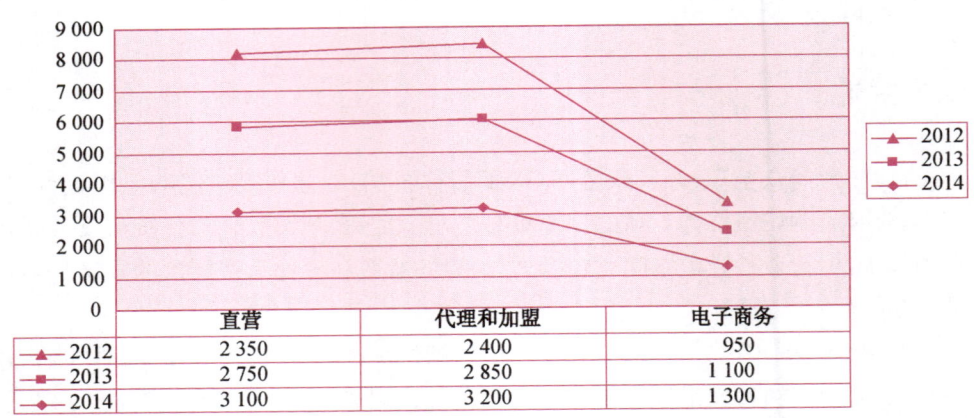

图10-4　2012—2014年公司三大销售渠道收入情况(单位:万元)

不同营销渠道成本、效益与风险分析

直营渠道的效益、成本和风险分析

对于传统的销售公司主要采取直营店和代理商两个渠道。公司直营店主要采取两个选址方式:一种是在专业的妇产科医院旁边设立直营店;另一种是在闹市区的大型商场通过租柜台的方式设立直营店。直营渠道由于公司采取统一的标准进行运营,精心的品牌设计和推广方案,营造良好的购物环境,并且提供的是公司最新的产品,使得直营渠道成为所有销售渠道中最能传达和提升产品品牌价值的渠道。同时,直营渠道的价格比一般的渠道要高,主要定位于高端客户,虽然销售的数量比其他渠道要少,但是销售总额仍十分可观,是主要的传统销售渠道。随着人们收入水平的提高,对孕妇服装的品质要求越来越高,尤其是开放"二孩"政策的实行,使直营店销售收入增长较快。

但是直营渠道的费用也是较高的。其主要费用包括销售人员的人工费及社会保险金;如果采取在医院附近开专卖店的方式,那么会发生房屋租金及店面装修费用;如果采取进商场租柜台的方式,那么要产生进商场费用及商场服务费。还有固定的行政等杂项费用。

在公司传统的销售渠道中,直营渠道占销售收入的61%,是主要的传统销售渠道。目前直营渠道的销售费用组成及占比情况见表10-1。

表10-1 直营渠道营销费用组成及占比情况

营销费用项目	营销费用占比	营销费用项目	营销费用占比
人工费	19.4%	商场费用	32%
房屋租金费	4.4%	行政等杂费	2.8%
装修费	2.4%		

一般而言，直营渠道的人工费占营销费用的19.4%，其中人员的工资占18%，为销售人员缴纳社会保险等三险一金的费用占1.4%；如果采取的是在医院附近开专卖店的方式，发生的房屋租金占营销费用的4.4%，发生的房屋装修费用占营销费用的2.4%；如果采取的是进商场租柜台的直营方式，发生的进商场费用占营销费用的29.3%，同时需要支付的商场服务费占营销费用的2.7%。直营渠道的行政等杂项费用占2.8%。

直营店为了推广公司的品牌，定位于高端客户，对产品的品质要求高，要求产品的设计能紧跟孕妇服装的潮流。这一销售渠道对于设计和生产都提出了很高的要求，同时可以实现销售单价高、毛利率高。虽然直营店销售数量相对其他渠道少，总体的销售收入仍维持较高的水平，但是扣除高额的营销费用后，该渠道的利润率较低。直营店对资金需求量比较大，装修门店、租金等需要一次性投入，像杭州市中心的门店销售业绩比较稳定，但是至于其他区域，一旦扩店后销售额不能稳定地维持，将面临更大风险，可能会侵蚀其他门店的利润。另外，直营店销售的高端产品，如果出现滞销的情况，消化库存的压力很大。这些都是直营渠道需要考虑的风险。

代理商或加盟店的效益、成本和风险分析

代理商或加盟店是公司的一个传统的销售渠道。公司将自己的产品销售给代理商或加盟店，由代理商自己负责销售。通过赚取零售价和厂商价的差价，代理商实现利润，同时自行承担产品销售的风险。因此，对于代理商渠道，公司的库存风险很低。

公司在代理商渠道的管理上，主要发生的费用包括渠道管理人员的人工费及差旅费。这些管理人员通过出差，到代理商所在地，协调与代理商之间的问题，发现和制止代理商在经营中损害公司利益的行为，督促代理商按照协议履行其责任，避免损害公司品牌行为的发生。

从总体上看，代理商渠道由于代理商众多，故销售量很大，但是考虑到代理商的议价能力和为了保证代理商的利润，销售单价比较低。因此，该渠道收入总额很大，毛利率比较低。但是由于营销费用很少，总体的利润仍很高。目前，一个代理商同时销售多个品牌的孕妇服装，对于产品的品质要求不高，收入增长也呈现缓慢的趋势，对于品牌价值的提升，作用不大。

电子商务渠道的效益、成本和风险分析

公司的电子商务渠道从2年前起步，在推行电子商务销售渠道的初期，充分利用了电子商务公司在网络销售方面的专业性和平台的优势，通过支付一定的费用转型到了网络销售的渠道。当时该渠道以消化库存为主，顺带提供一些网络专供版的产品，销售量还不是很大，但是由于电子商务的推广费用较高，几乎只能是维持微利，有10%左右的毛利，电子商务渠道的初始阶段主要起到宣传产品和提高顾客对公司品牌认知度的作用。

经过近半年的运营，公司发现，电子商务外包的方式虽然使公司快速地实现了网络销售的转型。但是由于电子商务公司平台上的产品十分众多，电子商务公司只关心整个平台中的顾客流量，往往是重点推广能带来大流量客户的产品，而对于孕妇服装这种小流量产品的关注度和推广的力度仍显得不够。平台从自身利益角度考虑流量，而对公司产品的销售业绩和销售利润的关注度明显不够，使得公司网络销售发展到一定程度后存在很大的瓶颈。虽然网络销售的费用基本维持在原来的水平，但是网络销售收入增长率从开始的50%以上，降低到10%。

经过半年多与电子商务平台公司的合作，公司已经培养了相关电子商务销售的人员，熟悉了在网络上推广产品的方式和推广的要点，初步熟悉了网购的消费习惯和支付习惯，把握了网购消费者的价格敏感性，能妥善处理网络销售的投诉，熟悉了网购的配送流程和配送费用。综合各方面的因素，公司已经具备了自己独立进行电子商务销售的条件。为此，公司自己独立运营电子商务渠道。

经过1年多的运营，对于电子商务的运作模式，公司积累了一定的营销费用数据。一般而言，电子商务的营销费用包括：人工费、网络推广费、平台使用费和平台销售扣点、物流费和杂费等几项费用。其中，人工费占整个销售费用的7%左右，网络推广费占销售费用的10%～15%，平台使用费占销售费用的7%左右，电子商务渠道的办公费等行政杂费占销售费用的3%左右。

表 10-2 电子商务渠道营销费用组成及占比情况

营销费用项目	营销费用占比	营销费用项目	营销费用占比
人工费	7%	平台销售扣点	收入的 5%~8%
网络推广费	10%~15%	物流费	7%~8%
平台使用费	天猫 8%，淘宝 0~6%	杂费	3%

对于平台使用费，其中天猫的平台使用费比较高，约占销售费用的 8%；而淘宝的平台使用费比较低，而且不同的产品的平台使用费不同，有些产品的平台使用费为 0，有些产品的平台使用费占销售费用的 6%。在网络销售中，除了平台使用费之外，还需支付平台销售扣点，一般是销售收入的 5%~8%。根据网络销售目前的情况，商家要承担物流费用，尤其针对江浙一带的消费者，公司往往实行包邮，即快递费用由公司承担，而不是由消费者承担。

公司的品牌和产品通过电子商务的形式，在短短的 1 年多时间内走出了江浙沪等华东地区，逐步被二三线城市的网络销售者了解和接受，而公司产品的价格定位在网络上销售具有很大的竞争力，衣服款式新颖，价格中等，切合网络购物客户的需求。因此，电子商务的业务近年来销售增长速度最快，从原来销售库存商品的低单价、低毛利率和低利润的状况，转变为销售网络版产品的较高售价、较高毛利率，也实现了较高的利润率。

开展电子商务模式，对于公司信息系统的及时性提出了很高的要求，给公司管理提出了新的挑战。这些商务模式要求库存管理能及时反映，设计、生产等内部流程要跟上电子商务销售的节奏；网络支付方式对于财务部门应收款及现金的安全和及时管理提出了更高的要求。这些促使公司管理发生新的变革。

线上和线下相结合的营销模式(O2O 模式)的效益、成本和风险分析

目前电子商务销售渠道呈现新的发展趋势，就是实现线下体验和线上支付的模式。一种情况是，怀孕的准妈妈或哺乳期的妈妈在逛线下的实体店，了解最新款式的服装，体验最新的流行趋势，借助专业销售人员的服务找到自己合适的孕妇服装，最后通过支付宝或微信等线上支付的方式完成购买。一般而言，线上的价格要比线下的价格要低一些，因为线上经营没有房租和销售人员的人工费，所以妈妈们愿意通过线上支付的方式，目前这已经成为一种流行的购买趋势。另外一种情况是，公司将自己的产品通过微信公众号展示在微信平台上，孕妈妈通过微信朋友圈，将公司的产品推介给朋友，朋友们先利用微信，通过图片和文字对产品进行初步的了解，经过比较和筛选寻找合适自己的产品，然后有目的地到实体店去试穿和

体验,最后通过线上的价格进行结算支付。

这种 O2O 模式,对于品牌的推广十分有利。由于微信是私人圈子,是熟人圈子,通过口碑相传,使得产品不断地推广。中国社会是熟人经济的社会,借助微信平台使得"时尚和个性"的品牌理念不断获得孕妈妈的认可和推崇,快速和有效地提升了公司的品牌。微信圈内的商品,由于产品新颖,品质优良,定价比较高,但是由于熟人的推荐,口碑营销,销售的数量不断增加。O2O 模式呈现出营业收入高的情况,并以 20% 以上的速度增长。在 O2O 模式下,充分利用和盘活了原有实体店的资源,使得产品的毛利率比较高,加之熟人圈的口碑营销和实体店的良好体现,使得销售收入和销售数量呈现快速增长的趋势。微信营销只要开设企业的微信公众号,通过熟人之间互相加微信的方式进行推广,营销的费用十分低廉,而产品的推广效果却十分显著。相比其他的电子商务销售渠道,既不需要支付平台使用费,也不要支付平台推广费,具有成本低、推广效果极佳的特征。线上和线下的结合,促使销售量的增加,使得线上实体店的固定成本,如房租、销售人员的工资等摊薄,促使企业利润的增加。微信营销模式也存在一定的风险,主要表现为:第一,线上和线下的结合给管理造成了一定的难度,如孕妈妈在微信公众号看到一款比较喜欢的产品,但是其到附近的实体店去试穿时,发现这款产品却没有,因此其无法享受到现实的体验,这会影响其是否购买。第二,微信支付的安全问题是一个令人关注的问题,一些不法分子利用电子支付系统的漏洞,或手机持有人的安全意识不强,盗用密码,窃取资金,从而使得消费者蒙受经济损失。目前这些案件有不断增加的趋势,已经引起了社会公众和监管部门的高度关注。

公司未来销售渠道转型的下一步

公司销售渠道正面临着转型:从传统的直营店和代理商等线下销售转型到电子商务等的线上销售;从传统的线下销售为主逐步转型到线上和线下结合的 O2O 销售模式。为此,公司应该从效益、成本和风险等多角度综合考量,作出科学的销售渠道转型决策。

讨 论 问 题

1. 请结合案例公司营销渠道的情况,从管理会计的视角阐述营销渠道的效益、成本和风险的内涵。

2. 从传统直营渠道转型到天猫、淘宝等电商平台销售需要考虑哪些成本、效益和风险因素？

3. 从传统代理商渠道转型到天猫、淘宝等电商平台销售需要考虑哪些成本、效益和风险因素？

4. 从传统直营渠道转型到O2O销售模式需要考虑哪些效益、成本和风险因素？

5. 通过对效益、成本和风险的整体分析，公司下一步的销售渠道应以何种渠道为主？为什么？

附录　相关概念和理论

本附录分为两个部分，第一部分对案例背景和情境中涉及的主要相关概念进行说明；第二部分对案例分析和应用涉及的主要相关理论进行说明。

一、相关概念

（一）销售渠道

销售渠道（Channel），所谓销售渠道是指产品从生产者向消费者转移所经过的通道或途径，它是由一系列相互依赖的组织机构组成的商业机构。即产品由生产者到用户的流通过程中所经历的各个环节连接起来形成的通道。销售渠道的起点是生产者，终点是用户，中间环节包括各种批发商、零售商、商业服务机构（如经纪人、交易市场等）。正确运用销售渠道，可以使企业迅速及时地将产品转移到消费者手中，达到扩大商品销售，加速资金周转，降低流动费用的目的。任何一个企业要把自己的产品顺利地销售出去，就需要正确地选择产品的销售渠道。

（二）销售渠道的选择

影响销售渠道选择的因素有：①产品因素，包括商品的性质、商品的时尚性、商品的标准化程度和服务、商品价值大小、商品市场寿命周期等；②市场因素，主要包括：目标市场范围的大小及潜在需求量，市场的集中与分散程度，顾客的购买特点，市场竞争状况等；③企业本身的因素，主要包括：企业的生产、经营规模，企业的声誉和形象，企业经营能力和管理经验，企业控制渠道的程度等，公司的规模和品牌价值，管理的能力和经验，销售渠道的控制程度等；④外部环境因素，如政府的相关法律、法规和地方政府的有关规定，往往会极大地影响企业营销渠道的选择。另外，企业面临的外部经济形势也对营销渠道的选择有直接的影响。当市场大的经济环境不景气时，生产者往往希望直接将产品送到目标市场或最终用户手里，以尽快回笼资金。

(三) 加盟销售模式

加盟销售是指品牌企业作为特许人通过与具备一定条件的加盟商签订特许经营合同而给予其加盟商资格,授予其在一定时间及范围内销售公司产品的权利。实际经营中,加盟商自行运营加盟店/柜,向公司直接采购产品并向消费者零售。加盟是一种以特许经营权为核心的销售方式。

(四) 直营销售模式

直营销售模式是指品牌企业通过开设自营零售终端直接从事品牌经营的销售方式。品牌企业通过投资开设实体或网络销售网点,直接面向终端消费者销售品牌产品,对销售终端的人力、财务、物流、商流、信息流等实施统一管理。自营模式包括商场联营专柜、直营专卖店、网络销售等多种形式。

(五) 经销模式

经销模式是指企业按照一定的标准选择经销商,由经销商在规定的期限和地域内购销指定的商品。经销商以自己的名义购进货物,在规定的区域内销售。

(六) 电子商务

电子商务通常是指在全球各地广泛的商业贸易活动中,在因特网开放的网络环境下,基于浏览器/服务器应用方式,买卖双方不谋面地进行各种商贸活动,实现消费者的网上购物、商户之间的网上交易和在线电子支付以及各种商务活动、交易活动、金融活动和相关的综合服务活动的一种新型的商业运营模式。电子商务可划分为广义和狭义的电子商务。从狭义上讲,电子商务(Electronic Commerce,简称 EC)是指:通过使用互联网等电子工具(这些工具包括电报、电话、广播、电视、传真、计算机、计算机网络、移动通信等)在全球范围内进行的商务贸易活动。它是以计算机网络为基础所进行的各种商务活动,包括商品和服务的提供者、广告商、消费者、中介商等有关各方行为的总和。人们一般理解的电子商务是指狭义上的电子商务。从广义上讲,电子商务一词源自 Electronic Business,就是通过电子手段进行的商业事务活动。通过使用互联网等电子工具,使公司内部、供应商、客户和合作伙伴之间,利用电子业务共享信息,实现企业间业务流程的电子化,配合企业内部的电子化生产管理系统,提高企业的生产、库存、流通和资金等各个环节的效率。

(七) O2O 模式

"O2O 模式"最早是沃尔玛公司在 2006 年率先提出的思想,是由 B2C(Business to Customers)商务模式衍生的特殊的形式,是指采用线上营销和线上购买从而带动线下经营和线下的消费的商务形式。通过网络用户的线上营销、体验和消费,带动线下产品销售。"O2O 模式"这一名词,最早是由 Trial Pay 创始人兼 CEO Ales Rampell 在 2010 年提出的。

"O2O"模式是一个将线上虚拟经济与线下实体店面经营相融合的商业模式。Online to Offline 即从线上到线下，这一模式的核心就是把线上的消费者带到现实的商店中去——消费者可以在线上筛选线下的商品和服务、成交、在线支付、结算，然后自主去线下享受服务。

可见，在 Online to Offline 中，互联网成为线下消费的交易前台，线下服务可以用线上来揽客，消费者可以在线上筛选服务。O2O 模式如图 10-5 所示。

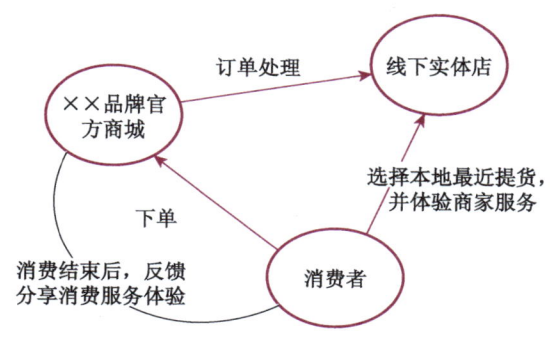

图 10-5　O2O 模式图解

O2O 与传统电商 B2C、C2C 的最大区别在于：B2C、C2C 是把你购买的商品放到箱子里通过物流公司送到你手中，O2O 电子商务是指消费者在线支付，购买线下的商品、服务，再到线下去提取商品、享受服务的商务模式，因此 O2O 模式可以节省很多中间的物流成本和时间成本。团购是比较常见的一种 O2O 形式，但 O2O 不仅仅就是团购，团购只是 O2O 的冰山一角。图 10-6 展示了 O2O、B2C、C2C 与团购的关系。

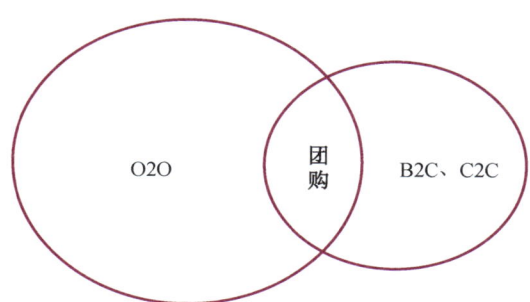

图 10-6　O2O、B2C、C2C 与团购的关系

（八）渠道冲突

渠道冲突是指渠道成员发现其他渠道成员从事的活动阻碍或者不利于本组织实现自身的目标，从而发生矛盾和纠纷。互联网和信息技术的出现使得消费者获

取多渠道的销售信息的成本日益降低(Bakos，1997)，这极大地提高了渠道间搭便车行为发生的可能性。随着电子商务的日益普及，渠道冲突出现了新的特点：一是渠道冲突问题不仅存在于渠道主体之间，不同类型的渠道之间也存在冲突，这种冲突主要存在于网络渠道与传统渠道之间。企业不仅要对代理商之间的冲突进行管理，还要面对网络渠道与传统渠道之间的冲突。后者更成为企业在渠道问题上面临的首要问题。二是渠道之间的关系从单一的竞争关系演变为竞争—合作关系。

（九）渠道整合

营销渠道整合是指将企业所有营销渠道作为一个系统，运用系统理论和方法加以整合，借此来营造企业的核心能力和竞争优势。营销渠道整合有两种基本类型，即营销渠道间整合与营销渠道内整合。营销渠道间整合是指多渠道营销系统中每一营销渠道独立地承担其服务于营销的功能，各自独立形成销售通道实现产品销售，以提高市场覆盖率和增加产品销售量。营销渠道间整合的各营销渠道是相互独立的。营销渠道内整合是指将营销过程中的各销售任务——分配给较低成本下能较好完成该任务的营销渠道，各营销渠道组合起来形成一个最优销售通道，来实现产品销售的目标。

（十）营销渠道的运营成本分类

1. 按渠道成本与制造商的关系分

可以把与营销渠道有关的成本分为四类：固定成本和变动成本，直接成本和间接成本。其中，固定成本是指在短期内不会变化的成本，如公司管理层的薪水；变动成本是指在一段时间内会依据销售量的变动而发生变化的成本，如销售佣金；直接成本包括销售佣金、折扣、销售人员的底薪以及对本渠道投放的促销费用等；间接成本主要包括产品的原材料、产品的直接劳动成本、供货时的运输成本，以及由于本渠道的存在而发生的固定费用，如整个公司的广告费用，公司管理层的薪水等。

2. 按不同层次的渠道成本分

(1) 零级渠道中成本费用的分类。在零级渠道中，制造商直接面对消费者，制造商承担大部分营销渠道成本，主要是物流成本（包括采购成本、运输成本和仓储成本）和直接人员成本。

采购成本。采购成本包括三大部分：所采购的原材料费用、运杂费、保险费等原材料成本；因采购不良而造成的管理不善成本：质量成本、效率成本、资金占用成本、风险成本和其他浪费。

运输成本。运输成本主要有：托运费、包装费、搬运装卸费、保险费、损耗费。如果是自有的运输工具还有牌照费用、司机工资、折旧保险费、维护费、燃料费等。

存货管理成本。存货管理成本主要有：订货成本、持有成本和缺货成本等。

仓储成本。仓储成本主要有仓储管理费用、仓库维修费用、保险费、损耗包装费、折旧费、存货成本等。如果是租赁的仓库则需要支付租赁费。

直接人员成本。该项成本包括销售人员工资、奖金、差旅费、培训费、交际费等。

（2）多级营销渠道中成本费用的分类。在多级营销渠道中，除了运输和仓储费用外，还有与中间商的交易成本。这些成本主要涉及以下方面：价格让渡成本。要想经销商经营自己的产品就必须给经销商合理的利润空间，为此制造商制定包括总经理价、出厂价、批发价、团体批发价、零售价在内的价格体系。因此，与直销相比，制造商在价格上的让渡，构成多级营销渠道成本的组成部分。

对经销商售后服务与技术支持等发生相关联费用。该项费用包括产品损坏度、顾客投诉、顾客退货等。另外，还有给经销商的技术帮助，包括技术说明、教授操作、使用、维修和讲解零配件知识等而发生的费用。

与分销商分担广告费用。该项费用包括广告媒体成本、产品说明书印刷费用、赠奖费用、促销人员费用、展览会费用等。

二、相关理论

（一）销售渠道的风险管理

作为渠道风险优度评价的基础，首先要确定评价对象——细分渠道。为简单计，将企业销售渠道单一化和简化，分为以下四个渠道：

零层渠道：制造商→消费者；

一层渠道：制造商→零售商→消费者；

二层渠道：制造商→批发商→零售商→消费者；

三层渠道：制造商→代理商→批发商→零售商→消费者。

从经济性、控制性、适应性三个方面出发对销售渠道风险产生的五个来源进行原则规定：①渠道设计风险——渠道策略与公司战略目标相适应的程度；②渠道结构风险——渠道层次及其关系、覆盖率能否适应社会、文化、政治和经济差异；③渠道成员风险——中间商的合作意识、销售及市场服务潜力能否适应市场变化；④渠道管理与控制风险——掌握控制机制与激励制度能否有效制约中间商并与之产生良好的合作关系；⑤渠道调整风险——渠道调整方式是否适应宏观政策的改变、是否平衡中间商利益。

（二）营销渠道的运营成本的控制

1. 零级渠道运营过程中的成本及其控制

（1）采购成本及其控制。集权式采购方法。即将各部门的材料、物资需求集中起来，采购单位便可用较大的采购量作为筹码以得到较好的价格折扣。并在材料、物资规格标准化确立之后,取得供应商标准品的优惠价格,库存量可以相对降低,运输次数可减少,费用亦可降低。同时,行政管理费用的支出也会因采购统一作业而减少,采购部便可以有更多的时间将资源用在开发新的供应商上。

整合采购数量,实行联合采购。由材料物资使用量最多的单位来整合所有采购数量,并负责主导采购议价。由采购部门与使用部门紧密合作,实行联合采购。

(2) 物流运输成本及其控制。在实际工作中,公司在作出运输决策时,必须考虑对各种运输方式之间复杂的利害关系加以权衡,要考虑对其他分销因素如仓储和存货的潜在影响。由于不同运输方式的相对成本会随着时间的推移而发生变化,公司在搜索最佳成本计划时必须分析、研究所作出的选择是否得当,选择什么样的运输方式就要各个企业结合实际情况作出抉择。例如,青岛啤酒认识到自己没有专业化车队,根本就不应该搞运输,物流不是自己的专长,所以青岛啤酒把物流运输全部包给招商局,每年不仅可以节省巨额成本,同时运输速度可以提高30%。

(3) 存货与仓储成本分析及其控制。存货管理成本包括:订货成本、持有成本和缺货成本,订货成本,包括员工为下订单而花费的时间,与供应商联系的费用等,它通常随着订货次数的增加而增加,随着每次订货量的增加而下降。持有成本,包括存货占用的资金、场地租金、保险费、存货损耗以及存储费用等。缺货成本,当客户需要某种产品而公司又没有充足的产品提供时,就会发生缺货成本。经济订货量模型的目的就是试图找到每次订货的最优数量,使得订货成本和持有成本之和最小。

公司必须进行仓储管理,确定所需的储存地点、数量,所需仓库的数量、类型以及所需仓库应该设置在什么地方。储存的地点越多,货物就能更迅速运送交给顾客,但储存成本便会上升,因此,储存地点的数目必须在顾客服务水平和开发成本之间达到平衡。公司可以使用储存仓库和分销仓库两种,自有仓库用作储存仓库,对中长期的货物进行储存。租用公用仓库作为分销仓库,接受各个工厂和供应商的货物,并尽快运转出去,这样大大节约了开发成本,但却并没有影响运营效益。

2. 多级渠道中成本分析与控制

在多级渠道中,制造商直接面对的不是消费者,如一级渠道制造商面对的是零售商;二级、三级渠道面对的是直接批发商,在这里统称为分销商。因此制造商不能完全控制产品的成本,这个时候就必须及时考核渠道成员的绩效,并相应作出相关调整,保证营销渠道的畅通无阻。

站在制造商的角度来度量分销渠道绩效时,应考虑的因素包括:渠道的销售绩效、渠道对利润的贡献、分销商能力、分销商服从度、分销商适应能力、分销商对利润增长的贡献、顾客满意度等。考核时,由于这些因素都是比较抽象的概念,需要分别设置一些专门方法进行评析,从而选择分销商,达到提高企业效益、降低营销渠道运营成本的目的。

(三) 电子网络环境下的营销渠道管理

在电子网络环境下,企业需要考虑哪些特殊的营销渠道管理问题,作出哪些与传统环境下营销渠道管理不同的决策?

与管理的计划、组织、指挥和控制四大职能相对应,营销渠道管理的程序也可以分为渠道设计、渠道组织、渠道激励和渠道控制:①渠道设计指在市场调研的基础上,根据企业外部环境和企业的战略目标、自身的优劣势,对企业的渠道目标、渠道结构、渠道管理办法和政策等进行的规划活动。②渠道组织一方面是指为了实施渠道设计方案而建立起来的组织结构;另一方面是指为了实现渠道目标所进行的组织过程,包括渠道参与者的选择和组织物流配送。③渠道激励是企业在选择和确定了渠道参与者之后,为了高效率地实现企业的渠道目标,促使渠道参与者与自己共同努力工作的活动,因此,激励更多地表现为协调。④渠道控制就是企业对于整个营销渠道或营销渠道中的某些渠道参与者的监督、评估、影响和调整,以使营销渠道的运行不偏离企业的目标。

根据营销渠道的管理程序,我们至少可以从渠道设计、渠道成员选择、物流配送、渠道协调和渠道控制五个方面来观察、思考或讨论电子网络环境下营销渠道管理的特点,见表10-3。

表10-3 电子网络环境下营销渠道管理的分析框架

营销渠道管理程序	营销渠道管理的一般问题	网络环境下营销渠道管理的特殊问题
渠道设计	渠道环境分析,确定渠道目标,设计、评估与选择营销渠道结构	是否使用网络渠道?需要建立怎样的网络渠道?是否需要以网络为基础建立营销渠道或重组原有的营销渠道?网络能否在企业原有的营销渠道中发挥积极的作用
渠道成员选择	选择主要的渠道参与者,如批发商、零售商、物流商以及其他类型的参与者,具体工作包括渠道参与者的寻找、评价以及渠道任务在渠道参与者之间的分配	互联网为渠道成员的选择提供了新的内容和新的途径:新的内容是,哪些决策采用网络中间商渠道的企业,必须选择网络中间商;新的途径是,各种各样的企业都可以通过网络,寻找、了解和选择传统渠道中的渠道成员
物流配送	整个物流活动的管理,包括物流程度的设计、商品运输、商品储存和养护	网络技术可以用于整合企业的物流配送系统,使企业的物流配送系统达到信息化、网络化、智能化、柔性化和虚拟化
渠道协调	渠道成员之间的沟通、合作与冲突,以及渠道冲突的解决	网络技术的介入,改变了原有渠道成员之间的沟通与合作方式,也改变了原渠道的互依结构和权力结构,会引发一些新的渠道冲突,需要企业想办法解决
渠道控制	对渠道策略能否在实施中得到有效贯彻进行监控;对各渠道参与者可能从事的投机行为进行监控	网络的很多特性,有助于企业的渠道控制,但也为渠道控制带来了新的网络交易安全方面的问题

在表10-3中，我们把渠道组织分成渠道成员选择和物流配送两块，是因为物流配送在营销渠道管理中极为特殊。在程序上，它属于营销渠道管理中的一个环节，而在具体的工作内容上，它又涵盖了管理的所有内容，即它需要设计（物流环节与程序的设计），也需要选择（选择物流活动的参与者）、协调（协调物流活动参与者的活动）和控制（对整个物流活动进行监控）。另外，在电子网络环境下，很多数据化的产品或服务往往不需要实质上的物流配送。把它单独列出来，便于后面的讨论。

参考文献

[1] 彭惠,吴利.O2O电子商务、动力、模式与前景分析[J].华南理工大学学报（社会科学版），2014(6)：10-17,98.

[2] 李昊霖.O2O模式研究综述——基于文献计量法分析[J].现代经济信息，2015(3)：115-116.

[3] 张庚淼,陈宝胜,陈金贤.营销渠道整合研究[J].西安交通大学学报（社会科学版），2002(4)：45-48,57.

[4] 张斗胜.营销渠道运营成本分析及其控制[J].商业时代，2008(10)：20-21.

[5] 彭显琪.销售渠道风险管理[J].山西经济管理干部学院学报，2005,13(4)：34-37.

[6] 李春成.营销渠道变革与范式演进研究述评[J].华东经济管理，2008,22(2)：135-138.

[7] ANDY A TSAY. Risk sensitivity in distribution channel partnerships：implications for manufacturer return policies[J]. Journal of Retailing 2002(78)：147-160.

[8] JEHOSHUAELIA SHBERGE, DONALDA MICHIE. Multiple Business Goals Sets as Determinants of Marketing Channel Conflict：An Empirical Study[J]. Journal of Marketing Research Vol. XXI(February 1984)：75-88.

[9] INGE GEYSKENS, JAN-BENEDICT E M, STEENKAMPA, NIRMALYA KUMAR. Generalizations about trust in marketing channel relationships using meta-analysis[J]. International Journal of Research in Marketing，1998(15)：223-248.

第十一章

无锡威泰迅电力科技有限公司(B)[①]

2014年7月1日,在威泰迅电力科技有限公司(以下简称"威泰迅")公司的无锡总部,总经理赵总看着放在办公桌上的公司6月份最新财务报告,长长地叹了一口气,威泰迅近年来虽然公司规模不断扩大,但是利润却没有快速增长,这令赵总不禁开始反思公司规模变大之后,营销渠道出现的成本剧增、而顾客增长缓慢的问题,并且准备在下午召集各部门主管开一个讨论会来探讨公司目前的营销渠道、异业结盟、营销外包,以及APP营销的收益、成本和风险等问题,以找出解决公司当前问题的方法。

无锡威泰迅电力科技有限公司简介

公司战略

公司使命:电力行业全方位解决方案之第一品牌。

企业价值观:诚信、创新、合作。

公司愿景:电力软硬件整合产品之第一品牌;全国电力稳定及安全性专业服务公司。

公司在进行战略布局时,坚持国内市场与国外市场的并行开拓,同时公司坚持电力产品软件与硬件的整合,并聚焦于电厂、水务、钢铁行业以及市政项目。公司的产品与服务侧重于电力的稳定及安全性。

[①] 本案例由巩娜根据实地调研的资料撰写。巩娜,博士,上海立信会计学院副教授,硕士生导师。

内部价值链

企业研发

为了顺应国家要求和符合国家电力管理部门关于电力管理和产品设计的相关要求,公司在产品的设计和研发方面投入了大量的资金,平均每年投入产值的12%作为研发费用[①]。此外,2003年,威泰迅与上海交通大学电力系合作成立了研究中心,在上海徐家汇校园内开展电力领域新技术的研究。威泰迅的电力科技研发中心不仅有实验用房1 000多平方米,并且投入大量资金购买了基础开发、实验及测试仪器和设备,并下设功能实验室。通过产学合作,威泰迅把多项学术领域的研究转化为了实际应用,公司的研究成果多次获奖,并且取得了一批专利、软件著作权等。

2012年,无锡市被国家确定为环保物联网示范城市建设市,威泰迅公司被指定为物联网技术研究和应用的重点单位。

经过多年在该领域市场核心竞争力的建设,公司储备了一大批行业内具有非常深厚研发功底的技术人才,研发部门人员达到了公司员工总数的40%。此外,公司在产品设计、研发和生产等方面,也形成了一个成熟完整的电力监测、控制及保护产品系列和体系。此外,公司还获得"江苏省高新技术企业"称号、"无锡市智能电力监测工程研究中心"称号、"无锡市巾帼科技创新示范基地"称号,通过ISO9001:2000认证,取得质量管理体系认证证书。

市场营销和销售

由于行业内公司的激烈竞争,公司投入了大量的时间与资源到营销部门,营销部门的人员占了公司员工总数的30%以上。

公司的营销也产生了较好的业绩。2008年之前,威泰迅的客户主要为华东地区的供电局以及一些工业用户。2009年之后,公司致力于成为产品与服务的供应商,公司的顾客也发生了一些变化(威泰迅主要客户及业务变化情况见图11-1)。

至2014年,威泰迅新的营运模式已经运行了5年。稳定可靠并且以优异的产品质量,实时监控、大量的工程经验所产生的优质服务满足了电力系统对安全运行的苛刻要求,因此威泰迅的物联网方向产品不仅在电厂、钢铁、市政水处理及水利枢纽,如上海城投污水等不同领域成功实施,在中国移动、麦德龙、中国工商银行等公司也得到成功应用。而且威泰迅的产品也远销印度、土耳其等国家和地区,如发

---

① 资料来源:威泰迅官网。

电厂、大型工业用户方向有印度亚临界燃煤项目，土耳其 CNK WHPG PROJECT 纯低温余热发电工程等。

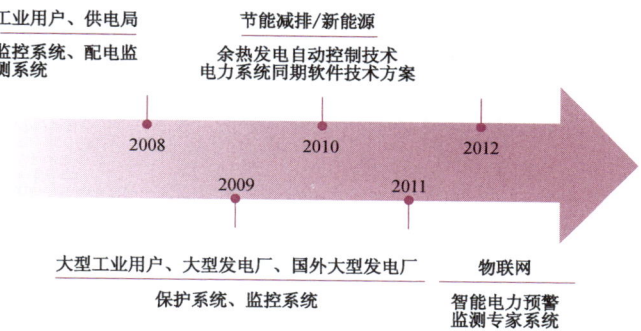

图 11-1　威泰迅主要客户及业务变化情况

资料来源：威泰迅官网。

威泰迅公司销售渠道的现况

　　但是，公司在不断壮大的过程中也面临极大的困境。虽然公司具有较多的创新经验以及良好的创新机制，能够保证威泰迅在先进技术研发以及创新的方向上不致发生较大偏差，但是行业中大多数的用户对于事先维护的概念没有建立，需要公司逐步改变客户对于用电安全的认知，这就导致了虽然公司新的营运模式运行了5年，但是客户开发与利润增长速度缓慢，而行业当中越来越多的企业开始模仿公司的营运模式，其他公司与威泰迅经营的同质化，使得公司的经营优势逐步减少。

　　威泰迅作为理念较新、技术性较强的电力监测及控制，保护软、硬件产品与配电服务的提供商，人才，特别是营销人才对企业新营运模式的运行以及企业的快速发展至关重要。虽然在2009—2014年公司也竭力开发新客户，提高市场占有率，但是公司过去的营销力量相对薄弱，公司目前的营销模式是"寻找顾客—初次交易—后续服务"。由于公司主要产品以及技术水平已达到或接近国际先进水平，并且威泰迅对于公司的核心技术具有完全自主的知识产权，再加上公司能够根据客户的需要提供产品和服务以满足不同用户的不同要求，而且公司服务及时周到，价格合理，所以在行业竞争中具有一定优势，因此如果公司在第一阶段能够成功找到顾客，并进行初次交易，大多数顾客对于公司的后续服务均比较满意，顾客的流失率也较低。所以公司营销的重点与难点在于第一阶段如何寻找公司的潜在客户。

过去的5年当中公司的营销,主要是通过新进员工打电话进行推销,而将一个新进营销人员培养为业务能手,需要较长时间,新进营销人员一般至少需要2年时间才能熟练工作,公司需要为此付出大量的人力、物力与财力,而每个营销人员工作初始能够为企业带来的收入却相对较少。因此,2009—2014年之间,公司的员工成本持续上升,但是利润却在不断下降。2014年公司的情况更为严峻,2014年6月份公司出现了营运模式转变之后的首次亏损。

不同营销渠道成本、收益与风险的考虑

公司的创始人兼总经理赵总对于公司目前的状况非常担心,正在考虑是否转变公司的营销渠道来改变公司的困境。可供公司选择的营销渠道包括使用自己的营销人员开拓市场、进行异业结盟、将营销工作进行外包以及使用APP营销,每一种渠道的成本、收益与风险都各不相同。

目前渠道(公司培养营销人员)的效益、成本与风险分析

随着中国经济的发展以及电力行业对企业发展重要性的提升,电力行业潜在的市场规模将会进一步扩大。而只有通过对市场需求的分析以及营销策划才能够了解顾客潜在的需求。比如,像钢铁、化工这些生产型企业,它们对于电力产品和服务的需要就和移动、银行这些服务型企业有所不同,如移动、银行等这些大型的服务型企业,这些企业的资金雄厚,而且对于用电稳定性要求高。只有了解并掌握顾客的需求以及对公司产品的反馈意见,才能够通过对产品与服务的持续改进与提高,最大限度地提升顾客满意度,能够进行与顾客的长期耕耘,能够有效地稳定这些客户,这样会给公司带来黏着度很高的忠诚客户,以达到市场份额持续扩张的目标,进而提高企业的利润。所以销售人员作为公司一线员工的重要性不可忽视。像东方电子公司,连续10年以上在国内电力自动化市场占有率名列前茅,为了能够提高对客户反应的灵敏度,建立了省级的地区性销售分支机构,而且对于业务较多的省,同时派驻了技术人员进行安装维修服务。

此外,公司要想获得核心竞争力就必须建立自己的品牌,而品牌营销是一个长期的过程,一个品牌从投放到成熟需要一个漫长的过程,需要有自己的营销人员不断地去收集、总结、分析,及时找到制约品牌培育和发展的因素,采取有效的措施、方法,确保品牌健康成长。而其中品牌分析直接关乎品牌营销水平,需要公司由自己的营销人员来完成。虽然外包或者其他营销渠道能迅速使公司获得客户、为企

业开拓市场,但是它对于打造有助于保持产品领先地位的内在技能、产生企业的核心竞争力却贡献甚微。而且使用公司产品和服务的顾客,钢铁行业的也好,银行的也好,都是大型企业,这些品牌企业,在找合作对象的时候,都希望能够找到有相对品牌地位的企业进行合作。从公司长期业绩来看,建立公司自己的营销队伍是很必要的。

但是一想到之前公司在营销方面的投入,以及公司的利润增加,赵总就觉得很头疼,公司不仅需要支付营销人员的工资,还要承担与营销相关的固定资产的折旧、差旅费、办公费、租赁以及物业管理费等。如果公司新招聘营销人员,公司还需要投入招聘以及培训成本,尤其是如果要进驻新市场、扩展新客户,又需要额外增加企业开拓新市场的成本。而无论是新进营销人员还是新开发的市场,在短期内都不会给企业带来客户和营业收入。销售成本的急剧增加以及营销收入的缓慢增长造成了公司近年来毛利率的下降甚至造成公司亏损。

同时,公司投入大量的人力、物力来培养自己的营销人员也存在风险,公司近两年招收了大量的应届毕业生,并且投入很多对于他们进行培训,但是这些新进大学生很多人都认为公司进行培训的时间太长,很多员工认为他们看不到未来发展的前景,所以过去两年新进营销人员流失率非常严重,有的月份新近人员流失率甚至超过了80%,像2014年3月公司新招毕业生40多人,现在留下来的还不到8个人;而且威泰迅是行业当中第一个这样大规模培养营销人员的公司,如果公司成功培养出来的精英被其他公司挖角,则公司会损失非常严重,并且成为其他公司人才的训练营。

异业结盟的效益、成本与风险分析

关于异业结盟这种战略联盟赵总也有所了解,这种联盟在企业界非常盛行,1990年以来,美国国内及跨国性质的企业战略联盟,每年以25%的增长率快速发展,根据汤姆森金融公司的报告,至2000年,美国公司共组成了5 200个新的企业联盟。到2005年,这个数字几乎增加了1倍,美国IBM公司在2000年就已拥有500多个战略合作伙伴。虽然培养自己的营销人员会带来回报,但是现在社会普遍存在不信任。通过公司营销人员电话营销这种方式开拓市场却需要很长时间,而且随着电力体制改革的深化以及市场开放程度的逐步提高,以后将会有更多的国内外大中型厂商进入国内的电力自动化市场,随着竞争对手的增多以及竞争水平的提高,威泰迅以后面对的形势可能会更加恶劣,因此企业需要尽快变大、变强,而如果进行异业结盟,时间短,见效快,也许不用3年时间,公司的客户就能够从现在100家扩展到500家。

异业结盟或者已有顾客为企业推荐潜在顾客,让公司的一些客户,比如保险公司与公司形成战略联盟,进而为公司推荐潜在的客户,同时向它的保险客户推荐威泰迅。异业联盟既能够扩大客户群又能够巩固客户群,不仅能提升促销效率,而且能够产生双赢甚至是三赢的结果。比如保险公司推荐它的保险客户使用公司的安全性更高的产品,尤其是"十二五"规划当中提及了用电安全的问题,如果保险公司针对这一点向保险公司的顾客推荐威泰迅公司,这些保险客户安全性高了,缴纳的保险费下降,对于保险客户有益,而公司也增加了客户与收益,同时保险公司也能够获得收益,帮助客户找到一个好的电力解决方案的公司,解决了客户的问题,提高了保险公司的安全系数,降低了发生险情的概率,节省了保险公司对客户的理赔费用。所以异业联盟,是从顾客的利益角度出发,同时实现了保险公司和企业目标,获得"1+1>2"的更大收益,长期收益非常可观。而且中国移动、麦德龙在用过威泰迅公司的智能电网之后,都有非常好的反馈,如果能够请这些公司为威泰迅作推荐,比公司自己营销更令人信服、更有效。

异业结盟虽然有很多优点,也能够节省大量固定的营销费用,但是这种渠道并不是无代价的,公司需要保留必要的营销人员,每年需要为这部分营销人员支付工资,此外,如果合作伙伴为公司推荐了顾客,在第一年公司也需要相应支付很高的"中介费",每次预计为营业收入的20%,如果公司1年新增加的客户数量为10~20个,"中介费"也是一笔很大的开支。虽然这笔中介费仅在第一年发生,但是客户介绍的这些顾客,到底能为公司带来多少的收入,是否能使企业利润增加,这些都是未知的。

此外,过分依靠异业结盟也存在风险,如果没有自己的销售团队,公司完全依赖异业结盟,一旦结盟的公司发生重大改变,比如战略、领导人等方面发生变化,则公司的客户开发会受到极大影响,而且如果结盟对象并不积极作为,公司也没有任何办法。同时,顾客是否能够成为公司的长期顾客也未可知。

营销外包的效益、成本与风险分析

营销外包可以说不仅仅是一种商业工具,而且更是一种商业思维。公司将与营销相关的活动特别是客户的开发与管理全权委托给经验丰富且拥有专门技能和渠道的外部机构,公司只需要在战略上进行全程监控以及规定收益回报的下限,而其他的营销所产生的风险则全部由外包机构承担;公司可以将节约下来的资源都集中于公司现有产品的研发等关键性的领域,以提升企业的核心竞争力。而且威泰迅过去几年当中很大一部分营业收入来自国际市场,根据威泰迅过去在印度、越南、土耳其的成功案例来看,总包商这种营销外包形式非常适合海外市场的开拓。

但是,如果企业将营销进行外包,就需要支付高额的费用,这对于公司将是非常沉重的负担,而且随着中国人力资源成本的逐年上升,可以预期这种外包的费用也会逐年增加。一般情况下外包采用提成制,给予外包公司佣金,常见的形式是固定薪酬加提成,比如每年 30 万元薪酬外加营业收入的 10%,或者没有固定薪酬但提供较高的提成比例,比如营业收入的 20%,到底选择哪种方式也是需要公司好好考虑的。

营销外包也存在风险。营销外包对于某些行业比较适用,比如房地产和家电行业,但是这并不意味着所有的行业都适用。威泰迅不能不考虑在行业营销外包存在的风险。比如这些外包公司不将客户的资料给公司,或者双方中途产生纷争带走了客户,怎么办? 外包过程中是否要多派遣一些"督军"来保证营销的效率与效果? 是否要多找几家外包公司以相互制约或激励? 如果承包公司竭泽而渔、透支公司的品牌怎么办?

APP 营销的效益、成本与风险分析

APP 营销是近几年兴起的一种营销模式,赵总经理也在考虑它的适用性。根据公司的特征开发出自己产品的 APP,将其投放到各大应用商店、网站以及手机上,供用户免费下载使用,用户不仅可以随时随地地浏览网站获取所需商品信息、促销信息,而且能够进行即时下单,这种模式不仅内容丰富、快速便捷,使企业能够接触过去所没有接触到的客户群,而且也能带来庞大的数据量,扩大客户的基础,实现精准营销,用户参与或者转发、下载、反馈等信息都可以让企业在第一时间直接了解,是便利且快速地与消费者沟通的营销方式。在精准定位的基础上,APP 营销能够建立个性化的客户沟通服务体系,通过高科技手段保持企业和客户的密切互动以及更加良好的沟通,从而不断地满足客户个性需求,建立稳定的企业忠实客户群。可以说,谁能抢占 APP 营销的先机,谁就有可能在现在及未来的同行业竞争中领先一步。

移动应用也可以提高企业的品牌形象,公司可以通过 APP,以顾客喜欢的形式推送他们乐意参与的事,让用户了解品牌,进而提升品牌实力。比如,可以使用软件设计,在程序中加载图片、视频等丰富的表现形式,向顾客阐述公司所推广的事前预防与事后维修的差别,两者存在的成本差异,等等,这种营销方式能够比较全面地展现产品的信息,让用户在没有购买产品之前就感受到产品的魅力,降低了对产品的抵抗情绪,通过对产品信息的了解,刺激用户的购买欲望。此外,APP 营销模式需要投入的费用比通过电视、报纸、甚至是网络等方式要低很多,只要开发一个适合公司品牌的应用就可以,可能还会需要一些推广费用,但其营销的效果是电视、报纸和网络不能替代的。而且一旦 APP 被用户下载到手机成为客户端,就

会形成持续性的使用。只要不是用户主动删除,APP 就会一直在用户的手机里,公司的品牌就有了对用户不断重复、不断加深印象的机会,实现客户链式反应增值,达到企业的长期稳定高速发展的需求,而且这之后的推广是长期且免费的。

但是,赵总经理也有一些忧虑,APP 营销最近几年可能比较"火",但是有许多企业为了 APP 而 APP,有一些企业为了跟风,盲目地开发 APP,而一个投入了数万元甚至近十万元的企业 APP 系统最终却可能成了"没有心脏的钢铁侠",不能发挥任何的实际效用。APP 推广主要的渠道是应用市场,但是现实当中的效果怎么样呢?有调查显示,常规的门户广告投放方式,转化率可能低于 3%。如果想要达到 10 万的安装量(免费应用),则官网的访问就得超过 350 万——可以说性价比奇低无比。而且通过 APP 能够了解的企业信息很多时候是格式化的、有限的,而营销人员的面对面沟通能够更有效地传递公司品牌信息、品牌文化、品牌内涵,快捷地解决客户遇到的困难,公司的服务很难通过 APP 沟通来进行。尤其是,公司的产品将事后的维修变为提前干预,排除故障与隐患,更大限度地保障电力系统的安全运行,这种对用电安全度没有很深了解的人,是不会下载 APP,并且关注公司的,所以 APP 营销不一定能够给公司产生预期的收益。公司是实体销售的公司,并且已经开拓了一定市场,是否能够只做网上的营销?

APP 营销实现的前提是:好的 APP 应用程序、好的创意方案能够吸引用户。如果 APP 应用设计得不好的话,那么营销工作做得再好也不会有很多用户来下载。对威泰迅这样的中小企业来说,最佳的解决方案是把开发 APP 的事情交给专业的人员来做,选择一家优秀的 APP 开发公司,来帮助企业打造专属 APP,构建一个新的营销平台。在这一过程中就不开避免地要发生寻找开发团队的成本、机会成本,还有开发维护成本,APP 一次开发成本至少在 5 万元至 10 万元之间,这还只能实现一些基本的功能,如果要形成较好的 APP 应用设计则需要一个长期的过程,因此后面会有持续改进成本等。

APP 营销不仅存在着这些成本,投放的 APP 应用与产品、服务还可能存在脱节的现象,有时 APP 营销并不能很好地融入企业整体的营销环节中,最理想的状态当然是能将 APP 营销整合到公司营销活动,形成统一的营销目标、营销计划,但是现在大多数企业在使用 APP 营销之后,各个营销手段之间没有衔接起来、各自为政,因此出现了 APP 定位不清、营销目标不清等问题。此外,不是所有的企业都愿意在网上,这种方式更适用于个人消费者,而不是 B2B 的、以企业为主的客户。还有,APP 都是用户主动下载的,苹果和安卓的应用商店都已拥有了几十万的应用程序,并不是每个应用软件都会被下载到用户的手机上,如果应用软件没有装到用户手机上那就没有什么媒介价值了,别人怎么知道公司?企业要采取一系列措施来保证用户能够知晓这个 APP,并引导其将公司 APP 下载到自己的手机上,但是如何保证用户不会删除而会持续使用公司的 APP？这些都是需要在具体实践当中考虑的事情。

营运模式转型的下一步

赵总经理在办公室陷入了深深的思考之中。经过关于公司目前营销渠道、异业结盟、营销外包以及 APP 营销，这几种营销渠道的成本、收益与风险等进行的全面思考可以发现，各种营销渠道各有利弊。现在困扰赵总的问题是，公司是否应该改变目前的营销渠道？如果要改变，异业结盟、营销外包、APP 营销这几种方式又该选择哪一种？

讨 论 问 题

1. 威泰迅公司目前面临的竞争环境以及战略分析。
2. 威泰迅公司目前采取什么营运模式，有什么优缺点，遭遇到了什么困境及风险？
3. 分析威泰迅公司自身培养营销人员的成本、效益与风险。
4. 分析威泰迅公司异业结盟的成本、效益与风险。
5. 分析营销外包的成本、效益与风险。
6. 分析 APP 营销方式的成本、效益与风险，如何选择一个优秀的 APP 开发公司？
7. 从成本、效益与风险的角度分析，自己培养营销人员、异业结盟、营销外包、APP 营销方式，你会选择哪一种渠道？为什么？

附录　相关概念和理论

本附录分为两个部分：第一部分对案例背景和情境中涉及的主要相关概念进行说明；第二部分对案例分析和应用涉及的主要相关理论进行说明。

一、案例背景的相关概念

（一）企业营运模式的概念及企业营运模式创新

罗珉等(2005)认为，营运模式至少包括三个层面的含义，即任何组织的营运模式都隐含有一个假设成立的前提条件，商业模式是一个结构或体系，包括组织内部结构和组织与外界要素的关系结构,商业模式本身就是一种战略创新或变革,是使组织能够获得长期优势的制度结构的连续体;原磊(2007b)指出,目前国外商业模式的定义总体上是从经济向运营、战略和整合递进的;张敬伟和王迎军(2010)认为,关于商业模式的基本观点,可以总结为三类,分别是:商业模式=经营系统;商业模式=经营系统+盈利模式;商业模式=经营系统+盈利模式+价值主张。根据研究对象与视角的差异,邢小强等(2011)认为,营运模式的定义可以分为三类,最初营运模式被认为是企业获取并使用资源以赚取经济利润的核心逻辑,也有很多学者把营运模式等同于企业进行价值创造与传递的运营系统,此外,战略学派则把营运模式理解为企业通过市场定位、价值主张、获取和构建核心资源能力等创造差异化与可持续竞争优势的方式与手段。

而许多学者在定义企业营运模式的时候,或多或少都要提及企业的价值链(高闯和关鑫,2006)。程愚等(2012)则指出在当今商界,企业竞争日益呈现全方位态势,如果能在全价值链上取得积极的整合性效应,将有助于形成竞争优势。而价值链管理的发展引发了运营模式的转变(刘立,2006),因此有学者从价值链的角度分析企业营运模式的转变与创新。以企业基本价值链(波特定义的经典价值链)为基础,运用其在整条产业价值链上的不同变动方式及其自身基础价值活动的创新。高闯和关鑫(2006)解释了企业如何实现商业模式的创新,研究指出,企业既可以通过延长自身基础价值链形成企业商业模式,又可以通过对自身基础价值链分拆、职能外包来缩短价值链,形成企业商业模式,也可以通过对自身基础价值链延展和分拆同时进行而形成企业商业模式,还可以通过对企业价值链上的一项或多项基础价值活动进行创新来形成企业商业模式。在对价值链和运营模式相关文献进行回顾的基础上,刘立(2006)从垄断经营模式、双寡头垄断模式和多商竞争模式等阶段分析了我国电信产业价值链演进过程,并且指出价值链管理会引发企业运营模式的转变。

(二) 营运模式对于企业的重要性

1. 营运模式有助于新创企业持续发展

新创企业即使具备市场机会、新奇的商业创意、充足的资源和有才能的创业者等条件,但是仍然有可能遭受失败,其中一个可能的原因是驱动企业运作的潜在模式造成了这种结果。而好的营运模式能够通过影响经营预见性而对企业发展产生影响(李东等,2010)。营运模式是创业者创意开发的最终成果,具体体现出创业的战略价值和基础意义,营运模式创新也成为个人或企业创业中最具经济潜力的一种重要形式。因此,找到合适的营运模式对于新创企业至关重要。

2. 营运模式能够提升企业的业绩

将商业模式热潮与新经济的特定时代背景联系起来,李东等(2010)指出,企业营运模式的特殊功能在于它的"蓄利"效能,原磊(2007a)也指出,企业营运模式从根本上讲是企业价值创造的逻辑,价值通过顾客、伙伴、企业的合作而被创造出来,并在它们之间进行传递和消费。具体地说,企业营运模式的本质是一整套系统、流程、资产等构成的一种最综合的过程,区别于同行并难以被模仿,从而使企业拥有独有的、更有竞争力的营运效率(程愚等,2012)。如果企业能够建立一套适合自身发展的营运模式,则能够有效地提升企业的经营业绩。李东等(2010)设计了价值效应和固化效应等两个潜变量,以192家上市公司的数据对商业模式性能与企业绩效持续性的关系进行了验证性因素分析,研究表明,营运模式总体性能对企业经营绩效持续性具有正向影响。邢小强等(2011)对六家在中国本土农村地区进行商业运营的企业进行了探索性案例研究,得出了金字塔底层市场企业商业模式的关键构成维度与主要特征。研究指出,这类企业的收益依赖于传统的线性盈利模式,但是商业模式的可拓展性却具有未来的增长期权价值,是支撑企业长期盈利的关键。目前很多企业出现业绩下滑的情况,营运模式的转变是提升公司业绩的手段之一,比如本章中的威泰迅。

3. 营运模式能够促进民营企业发展

当企业从成长期走向成熟期,企业内外环境发生巨大变化,能否通过企业制度变革等方式避免进入衰退期,直接维系企业未来成长性,这个问题对民营企业来说,尤其重要。在全球分工中,我国产业低度化的问题近年来也暴露得更加突出,拼资源、拼设备、拼人工的低成本生产方式前景黯淡,许多中国企业,特别是民营企业已经意识到,要保持和提高竞争力,还必须重视经营方法的创新(程愚等,2012)。

4. 营运模式能够提高企业创新能力

如果技术创新是前卫的或突破性的,就需要以一整套新的商业营运作业去实现技术的市场化,现阶段的创新由技术创新上升到科技创新,这是以科学发现为源头的科技进步,相应的创新主体由企业的创新扩展到包含产、学、研的各个阶段的主体的合作和互动。但是有研究指出,目前以技术创新为主题的企业对提高营运水平重视不够(程愚等,2012),而营运模式有助于增强我国企业应对全球化竞争的能力,"营运竞争"与"产品竞争"同样重要,通过营运竞争获取竞争优势尤其值得我国企业予以重视。因此可以生产技术创新统驭企业全局,围绕生产技术创新设计商业模式。

二、相关理论

(一) 异业结盟与双赢及交易成本

尹卫兵(2007)认为,异业营销是指两个或两个以上的无竞争关系的企业通过分享市场营销中的资源,降低成本、提高效率、增强市场竞争力的一种营销策略。

Nault 和 Tyagi(2001)指出,异业结盟这种形式对于结盟中的每一位成员都很重要。例如,联盟中的成员可以给其他企业增加顾客。联盟能够使各成员之间的信息得到共享,会使信息的损失降到最低。如果联盟之间的成员资源和能力能够得到有效的互补,则所有的成员都会通过联盟而获得收益。

此外,叶匡时、蔡敦浩和周德光(1997)根据交易成本经济的观点解释了异业结盟,作者指出,交易可以是在价格机制制约下的市场交易行为,也可以是被企业"内部化"的各种长期供给活雇佣契约。根据 Willianmson(1975、1981)的说法,前者是"市场",后者是"组织",而战略联盟则是介于两者之间的混合体。从企业利益的观点来看,只有当战略联盟的方式比其他两种方式都合算时,企业间才会进行战略联盟。

叶匡时、蔡敦浩和周德光(1997)进一步指出,比较常见的战略联盟包括市场—技术型战略联盟、技术—技术型战略联盟、技术—制造型战略联盟、市场—市场型战略联盟、市场—制造型战略联盟。

客户推荐被认为是异业结盟的方式之一。

刘石兰(2012)认为,客户推荐营销是产业供应商为吸引和赢得新客户在其营销实践中利用一些重要客户关系和一些重要价值创造实践的营销活动,如图11-2、图11-3所示。

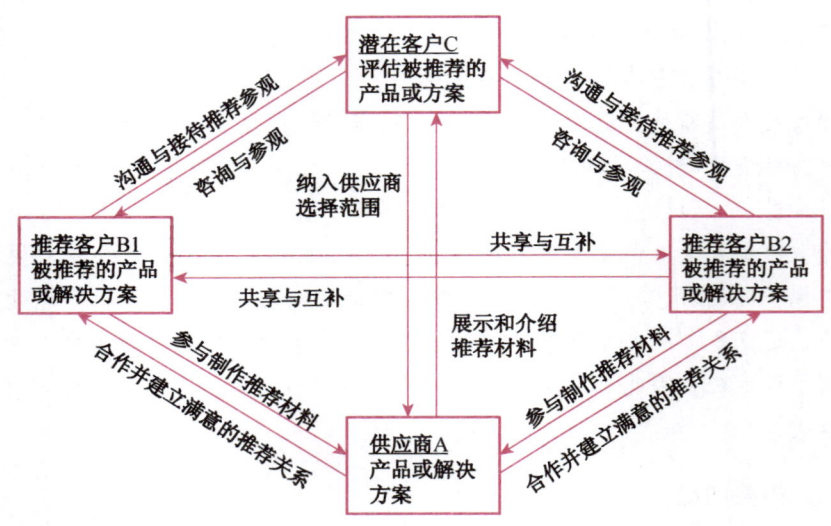

图11-2 客户推荐营销的模式

资料来源:刘石兰. B2B市场供应商开展客户推荐营销的模式和策略研究[J]. 外国经济与管理,2012(7):61-68.

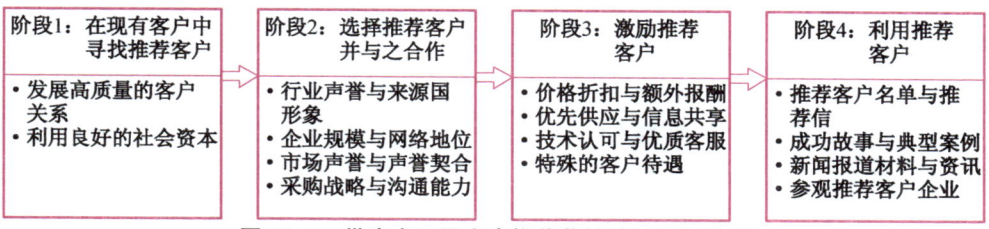

图 11-3　供应商开展客户推荐营销的过程和策略

资料来源：刘石兰. B2B 市场供应商开展客户推荐营销的模式和策略研究[J]. 外国经济与管理,2012(7):61-68.

刘石兰(2012)认为,供应商开展客户推荐营销的过程有:寻找推荐客户;选择推荐客户;激励推荐客户;利用推荐客户。

(二)营销外包与核心竞争力理论

C. K. Prahalad 和 Gary Hamel(1990),于 1990 年发表在《哈佛商业评论》的《企业的核心竞争力》文章,首次提出公司的核心竞争力(Core Competence,也称核心能力)的概念。

从长期来看,竞争优势将取决于企业能否以比对手更低的成本和更快的速度构建核心竞争力,这些核心竞争力将为公司催生出意想不到的产品。管理层需要把整个公司的技术和生产技能整合成核心竞争力,使各项业务能够及时把握不断变化的机遇,这才是优势的真正所在。而公司的战略架构必须把资源分配的优先顺序清清楚楚地摆在整个组织的面前,为最高管理层提供一个资源分配决策的模板。成功与失败公司的差别在于,前者把自己看成是一些能力的组合,而后者则把自己视为一些业务的组合。

C. K. Prahalad 和 Gary Hamel(1990)同时在文章中首次提出"外包"概念,并指出常见的外包有生产外包、销售外包、IT 外包、人力资源管理外包等。而营销外包是指依据服务协议,将某些营销职能的持续管理责任转嫁给第三方执行,真正意义上的营销功能外包在于获得战略价值的吸引力(徐勋美,2007)。

营销外包是企业将营销活动尤其是渠道的开发与管理全权委托给一个拥有专门技能和网络的外部机构,企业只是在战略上进行全程监控和规定收益回报的下限,其他的营销风险全部由外包机构承担;加之将生产、人力资源管理、财务管理等价值链环节也外包给了专业的外部机构,企业可以将核心能力集中于"产品研发+品牌经营"的关键性领域,以获取巨额"净值"回报(陈明,2008)。

外包能迅速使公司获得竞争力强的产品,但是它对于打造有助于保持产品领先地位的内在技能却贡献甚微。但是,如果公司已经决定了在哪个方面打造核心竞争力,公司需要积极地投入一系列资源,包括差旅费、一群敬业的员工、试验性设备、消化和验证所学内容需要的时间。这就需要企业的管理层使用有效的管理手段来整合分散在多个业务部门的资源,比如使用外包会加强公司的资源分配效率,强化企业的核心竞争力。

(三) APP 营销与精准营销

1. APP 营销概念

张建凤(2012)指出,APP 是英文 Application Program 的简称,即客户端应用程序,包括 PC 及移动终端上即智能手机上的第三方应用程序。APP 营销是依托移动互联网进行,使用移动终端呈现,以 APP(客户端应用)形式发布产品、活动或服务、品牌信息的营销方式。相对于个人电脑,移动终端的出现确立了一种自主的尺度,可在任意时间和地点进行自主阅看,自主订阅打破时空线性结构,确立一种新的人与媒体的互动关系。用户不必再输入特定网址,也不必调频,通过触摸方式即可进入。

2. 精准营销

美国著名的营销理论专家罗伯特·劳朋特(Robert Lauterborn)教授,1990 年在其《4P 退休 4C 登场》(New Marketing Litany: Four Ps Passé; C-Words Take Over)专文中提出了一个与传统营销的 4P[即产品(Product)、价格(Price)、渠道(Place)、促销(Promotion)]相对应的新的营销模式,被称为 4Cs 营销理论,其中 4C 为顾客(Customer)、成本(Cost)、便利(Convenience)以及沟通(Communication)。4C 理论不再强调企业以产品为中心,而且强调营销应当更加关注顾客的需要,注重与顾客的沟通。

在 4C 理论基础之上,营销大师菲利浦·科特勒(Philip Kotler)于 2005 年在一次世界级营销会议上提出,公司需要更精准、可衡量和高投资回报的营销沟通,需要更注重结果和行动的营销传播计划,还有越来越注重对直接销售沟通的投资。这一理论被称为精准营销。

APP 精准营销使手机应用程序成为用户生活、学习、工作上的好帮手,这一措施保持了企业和客户的密切互动沟通,从而不断满足客户个性需求,建立稳定的企业忠实顾客群,实现客户链式反应增值,从而达到企业的长期、稳定、高速发展的需求。

参考文献

[1] NAULT B R, TYAGI R K. Implementable Mechanisms to Coordinate Horizontal Alliances [J]. Management Science. 2001,47(6):787.

[2] PRAHALAD C K, GARY HAMEL. The core competence of the corporation[J]. Harvard

Business Review, 1990, May-June.

[3] ROBERT LAUTERBORN. New marketing litany: four Ps passé: C-words take over[J]. Advertising Age, 1990, 61(41):26.

[4] WILLIAMSON O. Markets and Hierarchies: Analysis and Antitrust Implications[M]. New York: Free Press, 1975.

[5] WILLIAMSON O. The Economics of Organization: The Transaction Cost Approach[J]. American Journal of Sociology, 1981(87):548-577.

[6] 陈明. 营销外包：一种策略性价值增长方式[J]. 现代营销, 2008(4):17.

[7] 程愚, 孙建国, 宋文文, 岑希. 商业模式、营运效应与企业绩效——对生产技术创新和经营方法创新有效性的实证研究[J]. 中国工业经济, 2012(7):83-95.

[8] 高闯, 关鑫. 企业商业模式创新的实现方式与演进机理——一种基于价值链创新的理论解释[J]. 中国工业经济, 2006(11):83-90.

[9] 李东, 王翔, 张晓玲, 周晨. 基于规则的商业模式研究——功能、结构与构建方法[J]. 中国工业经济, 2010(9):101-111.

[10] 刘立. 我国电信业价值链与电信企业运营模式演进的实证研究[J]. 管理世界, 2006(6):85-91.

[11] 刘石兰. B2B市场供应商开展客户推荐营销的模式和策略研究[J]. 外国经济与管理, 2012(7):61-68.

[12] 罗珉, 曾涛, 周思伟. 企业商业模式创新：基于租金理论的解释[J]. 中国工业经济, 2005(7):73-81.

[13] 邢小强, 全允桓, 陈晓鹏. 金字塔底层市场的商业模式：一个多案例研究[J]. 管理世界, 2011(10):108-124.

[14] 徐勋美. 试论营销外包. 企业技术开发[J]. 2007(11):82-84.

[15] 叶匡时, 蔡敦浩, 周德光. 策略联盟的发展策略——交易成本的观点[J]. 管理评论, 1993(12):99-117.

[16] 尹卫兵. 异业营销：从非竞争走向合作[J]. 现代营销, 2007(2):28-30.

[17] 原磊. 国外商业模式理论研究评介[J]. 外国经济与管理, 2007b(10):17-25.

[18] 原磊, 商业模式体系重构[J]. 中国工业经济, 2007a(6):70-79.

[19] 张建凤. 移动互联网APP营销三模式[J]. 现代营销, 2012(9):292-293.

[20] 张敬伟, 王迎军. 基于价值三角形逻辑的商业模式概念模型研究[J]. 外国经济与管理, 2010(6):1-8.

第十二章

日正食品工业股份有限公司(B)①

这是 2015 年年初的一个美好早晨,灿烂阳光从路旁的黑板树树梢穿越,洒在李副总开车子的车窗上。她刚拜访完客户,稍后要回台北总公司主持作业价值管理(Activity-Value-Management,AVM)的第二次会议,讨论昨天刚收到的 AVM 报表。

她回想这将近两年的情况,就如同她刚刚所经历的高速公路上的车流一般,经过一段时间的拥堵与不顺之后,终于回归顺畅。导入 AVM 的过程也是充满挫折感在前,满怀成就感在后。1 年多前营业部黄经理的话似乎还在她耳边回荡。

"每天都在外面跑,没时间填这个什么工时表啦!"业务主管黄先生大声地说出心里话,眉头深锁,双手握紧拳头。"这个什么 AVM,不是只要厂务那边做就好了吗?那是公司内部制造的事吧?我是业务耶,在外面跑时间都不够了,还要搞这些行政的东西,没有意义嘛!你知道我手下的那些人每天要干嘛吗?他们要拜访新客户、确认商品在卖场上架的情况,还要帮店家他们整理货架,还要去拿退货补新货,跟他们聊天以便了解景气与产业的变化,这些事情要是有一个没做好,还要被客户打脸。每天这样奔波,还要回来开这个会,到月底又要紧盯我们的业绩。拜托,不要让我们回来开这个什么 AVM 的会议嘛!这些时间我们都出去跑客户、服务客户不是更好吗?"

李副总现在想到这件事情,总是笑容满面,因为现在的黄经理可是大力支持 AVM 的重要骨干,到处叮咛他的下属,要记得填工时表,而且要好好填,不能乱填。

回想这段时间导入 AVM 的历程,就跟公司从创立至今的历程一样,虽然中间有些风浪,但是总算是倒吃甘蔗,表现 1 年比 1 年好……

---

① 本案例由田耕铭根据实地调研的资料撰写。田耕铭,台湾政治大学博士研究生。本章所讲的营业所是日正食品工业股份有限公司的二级部门,具体请参见本书第五章。

日正营业所的现况

日正营业所的设立与组织架构的划分都有其目的性,不同营业所负责不同的产品与客户。就产品而言,日正公司的产品的差异性可以分为产品体积差异与产品来源差异,产品体积差异将产品区分为大包装与小包装,一般来说大包装适合商业行为使用的客户,如餐饮店;小包装则是适合家庭与个人使用。

产品来源差异是指产品的制造是日正工厂自制产品或是从第三方购入的代理产品,一般而言,自制产品的优势是成本多由日正公司所掌握,因为日正公司拥有自己的制造工厂,所以利润较高;相对而言,代理产品的成本则是掌握于第三方,所以毛利较低,但是代理产品的优点是品牌知名度较高,渠道商与消费者的接受度较高,所以营业所可以借不同的产品搭配组合包裹销售等方法,开创公司自制新产品上架的机会。举例而言,如日正公司拥有某知名色拉油A品牌的独家代理权,所以若有任何一家的渠道商想要品牌A的色拉油上架,必须要取得日正公司的同意与供货,所以日正公司就拥有筹码可以与渠道商谈条件,如果渠道商想要上架A品牌色拉油,就必须要同意将日正的产品同时上架,如日正自制的豆类产品。但是产品的搭配组合要如何才能获利,似乎需要更多的产品获利资讯提供给业务主管以确定搭配组合内容。

因为资讯不足,以往只能使用简单的毛利进行估算。理论上,高毛利产品同时搭配低毛利的代理产品上架,应该可以通过交叉补贴得到比较好的获利结果。但是,从公司历年来的整体绩效似乎没有看到这样的效果;公司的营业收入蒸蒸日上,但是公司整体获利却是维持不变,换而言之,逐年获利率下降。以往的毛利估算法的效果似乎不如预期。如果进行渠道产品上架与产品搭配决策的同时,没有将直接成本以外的间接成本一同纳入考虑,似乎难以正确地进行产品搭配的决策。

就顾客种类而言,日正的顾客的差异性可以按顾客营业类型与顾客所在地区分。按顾客营业类型可以区分为渠道商、餐饮店与加工制造工厂。按顾客所在地可以分为台湾岛内与岛外顾客。台湾岛内的客户可以是全台的连锁商店以及地区性的商店,岛外客户可以简单区分为我国内地与五大洲的其他顾客,我国内地的顾客可以是连锁超市或是加工制造厂,而五大洲顾客则涵盖北美与欧洲地区华人超市(见表12-1)。

表 12-1 营业所负责市场与客户类型

营业所	市 场 类 型		
	家用市场	餐饮市场	业务加工市场
一部	台湾零售渠道、台湾连锁超市	—	—
二部	岛内地区超市	台湾小型餐饮渠道	—
三部	台湾零售渠道	—	—

(续表)

营业所	市场类型		
	家用市场	餐饮市场	业务加工市场
四部	台湾以外五大洲外销	—	—
五部	—	台湾大型餐饮渠道	台湾食品加工厂
六部	—	我国内地餐饮渠道	我国内地食品加工厂

数据来源：日正公司内部数据。

日正的营业所分为六大营业部。营业一部专门负责经营大卖场与连锁超市渠道，如家乐福、大润发。营业二部设五大营业科，分别位于台北、台中、台南、高雄、宜兰，负责一般渠道及餐饮渠道之经营，餐饮渠道如一般的餐厅、面店等。营业三部专门负责经营军人、公务员、教师等客户，如全联。营业四部则负责全球五大洲产品销售贸易，及代理商品的推广与销售，如外销到美国、加拿大的华人商店。营业五部负责餐饮渠道、业务加工渠道的推广与销售，跟营业二部的差异是营业五部主要针对大型餐厅。营业六部负责我国内地渠道、业务加工渠道的推广与销售。

营业所的顾客经营

日正公司是中小企业，但是产品铺货范围，横跨台湾市场与海外市场，顾客包括大中小型商店与渠道。这样的渠道理念，近似于"哪里有顾客，哪里就有日正"，只要有顾客需求，日正公司就满足顾客需求。这样的理念虽然能够让日正的营业收入提升，但是随着产品线与渠道持续成长，营业收入持续上升但是获利却停滞不前。其中的原因之一就是营业收入不等于获利。

铺货范围广、渠道多，代表顾客种类多样化，顾客要求也会不同。顾客的要求包括不同程度的服务需求。有些大型渠道商有促销活动，需要日正提供赠品；有些渠道商要求独家供货，也就是日正的产品只能独家在他的渠道销售，这样的要求可能就让日正必须变更包装外表或是规格。但是变更包装与规格，都牵涉制造端的变动。例如，大包装1千克装变成超大包装3千克装，不仅包材需要改变，产线的包装机器设置也必须改变，在产线制造的程序不同，需要产线停止，重新更换包材与设置之后，重新启动，这些变动都需要成本。但是公司的产能有限，对顾客的需求不可能全数同步达成，所以公司的资源就会面临竞争。

不同的渠道对于公司的重要性与获利程度都不相同，要先满足哪个顾客一直困扰着管理当局。当公司要分配资源在不同的渠道与不同顾客时，到底哪些渠道是真正赚钱的渠道？如何决定产品线的去留？一直困扰着日正公司。

营业所的经营模式

现就四个要素说明其经营模式：顾客价值主张；获利模式；资源；流程。顾客价值主张包含两种顾客的顾客价值主张，不同顾客类型有不同顾客价值主张。营业所顾客分为 B2B 与 B2C 两种：B2B 是代表 Business to Business，也代表顾客购进日正产品是为了商业使用而非直接消耗。此类顾客主要为渠道商，如超市与卖场。这类顾客的价值主张为，未来收入增加与未来成本下降。让顾客未来收入增加包括各种费用的收入，如上架费、栈板费等。顾客未来成本下降包括，进货成本下降与促销活动的配合，以达成顾客营销费用下降。

B2C 顾客代表 Business to Consumer，代表顾客购进日正食品是直接消耗，主要代表为餐饮渠道，如面摊与餐厅等。B2C 顾客的价值主张主要为，财务有利与取得容易。所谓财务有利代表以较低的金额完成工作，也就是较低的进货成本。取得容易，代表 B2C 顾客可以很容易地取得产品，如当存货耗尽之前就有自动补货的服务，让产品取得相当容易。

获利模式，就是在日正公司满足顾客价值主张的同时可以获得利润。如果满足了顾客价值主张，却没有获利，将使公司无以为继，无法永续经营。资源代表公司所拥有的渠道品牌。日正公司品牌是所有家庭主妇心中的第一首选。日正公司与渠道的合作时间也相当长久，已没有进入障碍。流程则是代表可以复制的流程。日正公司从接单到铺货的流程已经施行多年。除了可以提供完整的产品线，也可以代理知名食品品牌进行捆绑销售。

营业所的内部价值链

公司的价值链包括采购物流、制造作业、出货、营销销售与服务。营业所人员与厂务人员是两个内部价值链中的重要角色，厂务人员主要负责采购、制造作业、出货，而营业所业务人员则负责营销销售、部分储运与顾客服务。

销售人员的主要业务内容，大致可分为业务开发、报价、外访与参展。业务开发包括新客户开发的陌生拜访，与静止的旧客户重新开始交易行为。报价也是日常主要行为之一，业务人员面对对方采购，必须提出报价单供顾客比价。外访则是除了电话拜访之外的亲自拜访顾客，当面介绍公司产品与服务。参展也是重要的业务行为之一，因为每年在台湾地区与海外都有多种食品展，可以直接接触潜在重大买家。厂务人员则是将原料转变为成品的重要角色，从进货、制造、包装到出货。然而营业所业务人员与厂务人员的合作也是价值链的关键活动。

厂务部则属于后勤支持部门，对于厂务人员来说，首要工作就是符合公司管理当局的政策与计划安排，其次为满足业务人员提出的顾客需求。因为业务人员是接触市场的第一线人员，他们需要上卖场铺货，拜访卖场主管，安排促销档期，接受客户抱怨，处理运货退货。他们最了解当地市场上产品销售的现况，也会拥有很多的信息，也极力希望满足顾客需求，增加销售。所以业务人员会立即反映第一线的顾客需求给后勤支持的厂务部，同时要求厂务同仁帮忙满足这些顾客需求，但是产线的产能有限，临时安插新的产品进入生产日程，会造成产线运作与产品开发效率降低甚至是浪费的情况，要安排产线运作同时满足顾客需求，使业务与厂务之间一直都有冲突。

例如，业务反映卖场客户为了要满足中元普渡的档期，对小包装面粉的短期大量需求，业务人员会要求厂务人员马上制作，随即出货以满足顾客。但是厂务人员也会因为这样的急单需求，必须要先将原本的产线停工，更换产品线材料、包材与机器参数设置等等，会造成原有的生产效率下降。另外，业务人员也会给予开发新产品的建议，只要顾客有需求，就马上要求厂务部开发新产品，造成 40 年来，产品线越来越多。要如何决定旧产品的保留或是淘汰，管理当局需要信息协助决策，导入作业价值管理 AVM 的决策就在这样的背景下开始进行的。

作业价值管理 AVM 制度的导入

日正营业所于 2013 年导入 AVM 制度，吴安妮老师为该制度设计的义务顾问。在设计时主要分成八大步骤：确认策略性管理方向（管理议题）、价值目标设计、作业中心设计、资源分类与资源动因设计、作业设计、作业动因设计、作业属性设计、管理报表产出。此八大步骤，可以粗略区分成三大类型，沟通、执行与信息使用。

第一步属于第一类型"沟通"。第一步骤"确认策略性管理方向"是一切步骤的开端，也是以沟通为首要重点。第二步到第七步则是第二类型"执行""价值目标设计、作业中心设计、资源分类与资源动因设计、作业设计、作业动因设计、作业属性设计"都是建立在第一步确认策略性管理方向的基础上的，决定了设计的精细程度与重点。第八步属于"信息使用"类型，在先前的"沟通"与"执行"之后，产生的 AVM 管理报表供管理层使用。

日正公司 AVM 制度导入的 8 个步骤，如图 12-1 所示。

对于一个制度的导入，公司管理当局必须要思考清楚，导入这项管理制度的原因为何？该制度是为了解决何种管理问题？所以当日正公司于营业所导入 AVM 时，也必须思索这些问题。李副总与一级业务主管经过多次讨论，决定延续总公司的使命愿景与核心价值，即：

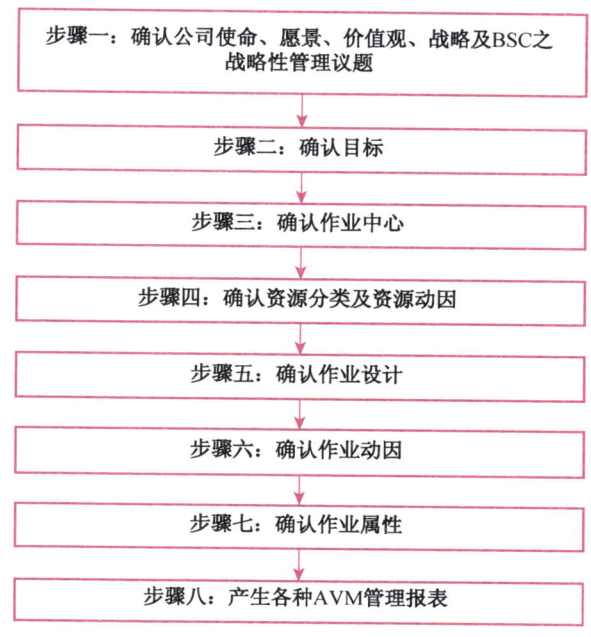

图 12-1　日正公司实施营业所 AVM 制度的步骤图

数据来源：吴安妮.管理会计技术商品化：以 ABC 为核心之作业价值管理系统（AVMS）为例[J].会计研究月刊,2015(359):22.

使命：成为天然、便利、健康的杂粮食品专家。

愿景：2015 年成为冬粉类产品的领导品牌，2017 年成为面食类专家。

核心价值：诚、勤、康、新。

李副总认为，日正公司管理相关的议题至少包括价格管理、成本管理、利润管理、质量管理、产能管理、绩效管理、效率管理、时间管理、SOP 管理与代工空间管理。每种管理都有它的重要性，如产品的价格管理，可以分成新产品与旧产品的价格管理。除此之外，公司管理层由高级经理至中级主管，不同层级的干部，对于信息的需求应该有所不同，李副总判断，如果只询问总经理，管理方向似乎过于武断，所以她决定召开会议。

"为什么要开会？AVM 导入不是你们上层决定就好了吗？"会议才一展开，业务主管的困惑马上脱口而出。李副总听到这样发言，认为这是一个关键的沟通时机，因为根据以往推行管理制度的经验，让第一线的人员参与，应该会有所帮助。她深信沟通的效果一定是大于沟通不良，她回答："对，这就像是穿衣服一样。上层是裁缝，有能力与权力决定这件衣服要长成什么样子，多长多短多宽多窄都是上面可以决定的。但是，如果这件衣服是要穿在你们这些第一线的干部身上的话,你觉得可以上面说了算吗?穿起来不合身,你们不是不舒服吗?"

业务主管一听,觉得似乎有道理,口气和缓了些:"好吧。那开会内容你说是什么……"业务主管隔着老花眼镜瞄了一眼会议大纲"……决定管理议题"。他抬起头摘下眼镜,往椅背一靠,微笑说道:"我们营业所当然最重要的就是客户跟产品嘛,这还需要讨论什么呢?就专注在大客户,卖那些毛利高的产品。我们过去这么长的时间不就是这样经营的吗?"

"没错,过去我们都是这样做的。你看我们公司也经营几十年了,如果希望公司可以表现得更好,我们却持续用旧方法,这样能够产生新的结果吗?大客户之所以为大客户,因为他的销售金额最高,但是销量最高代表我们在他身上就赚到最多的获利吗?你想想你手上的最大客户,你花了多少员工去服务他。这些员工的时间就是薪水,都是费用。你想象一下,如果现在你知道有客户的获利金额而不是毛利金额,你觉得对你安排拜访客户有没有帮助?"李副总淡定地问了他。

"应该有吧?"业务主管不太确定地应声,但是他随即又问,"那产品呢?看毛利高低不就好了?又快又方便,我自己就可以算出来了。"

"你想想。毛利高的产品,就一定获利吗?如果你为了这个毛利高的产品,花了很高的运费,这个高毛利的产品还会赚钱吗?我们这次导入AVM就是希望可以产生这些资讯,你在日常营运的时候都可以帮助你。"

李副总再接下去说:"你想想,如果你知道哪个产品的获利最高,你难道不会去推荐那项产品上架吗?当公司获利高的产品都顺利上架销售,公司获利了,分给员工的钱是不是也会增加。在公司待了这么久的时间,公司赚钱会亏待你吗?"

业务经理听到这里,频频点头。一听到公司赚钱自己也能多拿到奖金,他的兴致又更高昂了,随即又举一反三地提到,若把客户分类之后,就可以了解某类顾客属于哪些渠道,也可以了解整个渠道的获利情况。把产品、客户跟员工做联结,也能够知道员工的生产力。业务主管的反应能力也相当令人惊讶。会后李副总整理会议上面的议题,发现大家关注的议题在产品的价格管理、成本管理与利润管理方面最有共识。也发现业务部门对于时间管理的需求也相当高,李副总对于业务销售流程也相当熟悉,她知道业务人员从顾客名单搜集、了解顾客、拜访顾客到后续追踪等,业务销售环节是一个连一个,每个都不能出差错,所以时间管理也相当重要。

管理当局希望借导入AVM制度,产生各种价值目标成本利润信息,作为营业所决策的重要依据,如表12-2所示。

表 12-2　日正公司营业所管理议题与价值目标矩阵

价值目标	1.价格管理	2.成本管理	3.利润管理	4.品质管理	5.产能管理	6.效率管理	7.时间管理	8.SOP管理	9.代工代理管理	10.空间管理
1. 作业		△▨	△	△▨	△▨	▨	△▨	△▨		▨
2. 急单		▨	▨	▨△	▨		▨	▨		▨
3. 产品：新产品	△▨	△▨	▨	▨	▨	▨	△	△▨	△	▨
4. 产品：旧产品	△▨	△▨	▨	▨	▨	▨		▨	△	▨
5. 品牌	△△	△△	△△	△			△	△		
6. 客户：新客户	△△	△△	△△	△			△	△		
7. 客户：旧客户	△△							△		
8. 渠道	△△			▨				△		
9. 地区	△			△				△		
10. 员工/部门	△	△▨	▨	▨	△▨	▨	△	△▨		▨△
11. 机器		▨		▨	▨△			▨		
12. 供应商		▨		△▨				△▨	△	

业务管理经销 △　工厂 ▨　总经理 △

数据来源：日正公司内部数据。

　　将价值目标区分是为管理所需，营业所针对数个价值目标、针对产品与客户，进行不同层级设计。所谓价值目标是为管理所需而设计，营业所的日常营运需要这些价值标的的成本与获利资讯协助营业所进行决策。经过公司干部们的讨论，确定了管理议题与价值目标矩阵。他们认为日正的营销部门（营业所）营运所需的管理包括顾客管理、渠道管理与产品管理，而且与这三个管理最攸关的是顾客、产品与渠道。例如，顾客价格管理、产品价格管理与渠道价格管理都是目前最重要的任务，因为价格制订有多种方法，制订价格需要考虑竞争对手、需要考虑顾客能否接受，最重要的是定价之后公司是否能够获得应有的利益，让公司存续在竞争的市场之中，所以若不知道产品、顾客的获利，对于竞争者的价格要如何反应，对于顾客降价的需求要如何响应，都无法掌握，会使业务经理在谈判、定价等时，难以掌握获利底线。

以产品与客户为例，产品分为旧产品与新产品，可以产生营业所相当重要的价格、成本、利润与质量信息，了解新旧产品的不同定价与追求不同质量水平下的产品获利。这对于营业所业务人员与同一客户进行不同产品的协商与讨论时，能够提供重要的参考信息。

以客户方面为例，营业所是接触客户的最前线，业务人员的时间有限，必须要安排不同时间与不同顾客接触，了解不同顾客带给日正公司相异的获利程度，对于业务人员的行程安排大有帮助。所以，会议讨论之后，了解营业所日常营运的信息需求，对于设计与选择价值目标相当关键。业务人员的日常行为大概可以区分为规划拜访行程、接触顾客与后续追踪。规划顾客拜访行程内容包括对顾客的了解等，虽然有新客户与旧客户的差异，但是主要流程仍然差异无多，业务人员花费时间进行资讯搜集，如果是新顾客就需搜集相关联系方式资讯，如果是旧顾客就必须了解顾客的过去表现状况（采购量、采购类型、采购频率、最近一次采购时间等），而接触顾客与后续追踪，都需要耗费业务人员的时间，而这些时间就是公司的资源。能够理解销售部门为何也将顾客时间管理等纳入重要价值目标与管理议题。

在作业中心设计、资源分类与资源动因设计、作业设计、作业动因设计及作业属性设计等设计步骤，需要依赖AVM导入人员与营业所同仁进行交谈，将当前营业所运营方式与营业所特殊需求列入管控的重要流程，一并设计入AVM之中。

在资源分类与资源动因的设计过程，会发现AVM与传统财务会计的系统入账方式的设计有所不同，因为AVM的基本理念是使用者付费，但是财务会计的入账逻辑是归纳的方式，将日常营运所发生的类似费用都归纳到同一个会计科目之中。也因为这个步骤，让日常营运的动作与财务会计账上的科目的因果关系消失，如果要将会计科目的费用数字直接按人工小时分摊，也不符合AVM使用者付费的精神。因此，AVM导入的关键步骤之一，是要将财务会计的"费用科目"转化为管理会计的"资源"。

以运费为例来说明，运费是一个会计科目，归属于营业费用项下，在财务报表中也只能看见营业费用，在分类账中以"运费"的科目呈现。但运费会发生的原因相当多，如送货到顾客的运费、产品被顾客退货的运费以及营业厂务之间的运费，在财务会计的角度，都是运费，单据凭证都相同。但是，从管理的角度而言，这些运费具有不同性质。换句话说，日正公司营业所相关的财务会计的框架需要被调整，将性质相似的会计科目重新分类，通过新增的会计子目，将原本海纳百川的会计费用科目里面不同性质的费用一个一个依据费用性质，重新梳理清楚。

日正公司营业所的资源与资源动因如表12-3所示。以交通费为例,原本会计科目上就是以交通费为单一会计科目将所有的交通类费用记载入账,但是如果业务经理想要知道营业所在哪些顾客身上花了最多运费,传统的会计系统就无法精准地回答这个问题,常见的实务做法,是将全部运费使用某种方式分摊给客户,如使用销售产品数量或销售金额为分摊基础,所以销售金额高的顾客就分摊多一点的交通费。但是实际的交通费耗用情况可能并非如此,因为并非全部的交通费与销售金额都有直接的因果关系,如业务人员为了成功销售,需要实际拜访顾客,假设顾客A要拜访10次才能谈成订单,顾客B只要拜访2次就能成交,业务人员拜访顾客A的次数远远高于顾客B,但是若日正销售给A与B的金额相同,使用销售金额分摊交通费给A与B,就会以为A与B的服务需求是相同的。所以,可能造成报告失真,因为传统的财务会计是以报告为目的,而非管理为目的。

表12-3 日正公司营业所资源与资源动因

会计科目	资源重组	资源动因	价值目标
交通费(可归属)	可归属	直接归属作业中心	作业中心
交通费(不可归属)	不可归属	作业中心人数	作业中心
交通费(直归客户)	直归客户	直接归属客户	客户
交通费(直归产品)	直归产品	直接归属产品	产品
交通费(过路费明细)	过路费明细	直接归属作业中心	作业中心
薪资支出(可归属)	可归属	直接归属作业中心	作业中心
薪资支出(用人费用明细)	用人费用明细	直接归属作业中心	作业中心
租金支出(可归属)	可归属	直接归属作业中心	作业中心
租金支出(不可归属)	不可归属	作业中心人数	作业中心
租金支出(直归客户)	直归客户	直接归属客户	客户
租金支出(直归产品)	直归产品	直接归属产品	产品
租金支出(影印费用)	影印费用	使用比例	作业中心
租金支出(公务车)	公务车	公里数比例	作业中心
租金支出(房屋租金)	房屋租金	使用面积比例	作业中心
租金支出(内部回补)	内部回补	—	作业中心
文具用品(可归属)	可归属	直接归属作业中心	作业中心

数据来源:日正公司内部数据。

导入AVM将会计科目重新分类为资源,目的是能满足管理上的需求,因为费用不再只是笼统整体的数字,而是依据顾客、产品等价值目标进行归属,如果要回答同一个问题,"公司本月在某顾客身上耗费多少交通费?"为了能够清楚地回答出来,将财务会计的费用重分类为资源是关键的步骤。

在决定资源的同时应设计具有因果关系的资源动因,资源动因可以理解为资源是被谁耗用的以及是如何耗用的。以租金支出(公务车)为例,资源名称是公务车,已经将此资源由租金支出重分类为公务车资源,思考资源动因,就是判断"谁"使用公务车且"如何"使用公务车,由表12-3可以发现,是作业中心使用了公务车资源。AVM系统中作业中心在日正有数个,如业务部、销售部、厂务部等都分别是一个作业中心。同一辆公务车可能被不同作业中心的员工使用,所以公司就会记录到底是哪个作业中心使用了公务车,了解公务车被谁使用。资源如何被使用,则要看行车里程数,哪个部门使用的里程数越高,就需要被归属较多的公司车租金。所以每一个资源都有相对应的资源动因,资源分类越细致越能提供精细的资料,但是天下没有免费的午餐,资源种类越精细代表资源种类越多,导入的时间也会更久,日后维护成本也会升高,尤其当未来公司扩张或是顾客数量增加等情况发生时。要将资源分类到怎样的精细程度呢?这也让李副总大伤脑筋。

在将资源与资源动因梳理清楚之后,要落实使用者付费的关键步骤,就是将资源与作业联结在一起,其中的关键步骤就是作业与作业动因设计。营业所除了运输车辆与事务机器之外没有任何机器设备,换句话说,营业所都是人在做事,不是机器做事。既然是人在做事,所有的作业都与人离不了关系,每个员工每天做什么事情、做了多久,需要追踪了解就需要记录工时。

工时的记录有很多种方法,如量测、填写时数,或是选择用百分比的方式表达,每种记录的方式都有不同的优缺点。因为是人工作业,所以很有弹性。例如,在现实生活中人员常有兼任多项任务的情况,当一个业务员要去拜访客户,同时顺便帮忙带一些货品给顾客,这样业务人员身兼储运的功能;又如,业务人员即使坐在办公室也可能同时进行很多工作,一边决定拜访计划规划路线,一边又要打电话安排拜访、接电话处理客诉,还要打报告,准备开会资料,如同八爪章鱼一样。

为了提升管理效益,AVM导入的关键步骤除了设计作业与作业动因之外,针对每种作业以及与作业相关的成本,都需要给予不同的属性,这些属性包括质量属性、产能属性与附加价值属性。质量属性成本区分为预防成本、鉴定成本、内部失败成本、外部失败成本及与质量无关的成本。产能属性相关的成本包括生产力作业、无生产力作业及无法要求效率的作业。附加价值属性包括有附加价值作业、无附加价值作业及必要性作业。这些作业属性与成本属性互相搭配,可以产生有意义的信息,这些信息可以协助管理当局针对作业流程进行分析,如流程中发现具有大量无附加价值的内部失败成本,就是需要避免与减少的成本。这些信息都将协助管理当局持续改善与追踪各种作业的效益。

日正公司营业所的作业、作业属性与作业动因分别摘要如表12-4与表12-5所示。

表 12-4　日正公司营业所作业与作业属性

作业大项	作业细项	质量属性	产能属性
进货作业	点收	鉴定成本	间接生产力
进货作业	搬运——成品	—	间接生产力
出货作业	理货作业	—	直接生产力
出货作业	车趟安排	—	直接生产力
出货作业	路线货品上车	—	直接生产力
出货作业	路线货品上车——A车	—	直接生产力
出货作业	送货	—	直接生产力
出货作业	客户上架服务	—	直接生产力
收款作业	收款作业	—	间接生产力
出货作业	清点、分类	外部失败成本	无生产力
出货作业	报废处理	外部失败成本	无生产力
车辆保养	车辆保养	预防成本	直接生产力
行政作业	会议参与	预防成本	直接生产力
行政作业	教育训练	预防成本	直接生产力
行政作业	年度盘点	—	间接生产力
行政作业	数据处理	—	间接生产力
行政作业	其他	—	间接生产力
行政作业	会议交通时间	—	间接生产力

数据来源：日正公司内部数据。

表 12-5　日正营业所作业动因

作业大项	作业中项	作业细项	作业动因	价值目标
销售计划	销售计划	销售计划	销售计划工时	
业务开发	外访	新客户	外访新客户工时	
业务开发	外访	旧客户	外访旧客户工时	
业务开发	外访交通	新客户	外访新客户(交通)工时	
业务开发	外访交通	旧客户	外访旧客户(交通)工时	
业务开发	客户来访	新客户	新客户来访工时	
业务开发	客户来访	旧客户	旧客户来访工时	
业务开发	电话	新客户	电话开发新客户工时	客户
业务开发	电话	旧客户	电话开发旧客户工时	
业务开发	国内外参展	国内参展	国内参展工时	
业务开发	国内外参展	国内参展交通	国内参展(交通)工时	
业务开发	国内外参展	国外参展	国外参展工时	
业务开发	国内外参展	国外参展交通	国外参展(交通)工时	
业务开发	举办试吃	举办试吃	举办试吃工时	
访价作业	访价作业	访价作业	访价作业工时	
报价作业	报价相关作业	自有品报价	自有品报价工时	
……	……	……	……	……

数据来源：日正公司内部数据。

李副总与业务主管们一步一个脚印地共同经历了上述八个步骤的 AVM 系统导入过程，导入的过程中充满挑战，也经历了一次又一次的会议，在过程中也似乎看不到终点，一切都相当漫长，但是到今天总算是苦尽甘来，想着想着，李副总已经走到了会议室的门口……

讨 论 问 题

1. 传统成本制度的优点为何？缺点为何？需改善传统成本制度的原因为何？AVM 为何能解决传统成本制度的问题？
2. 日正食品公司营业所面临的产业环境及目前定位为何？又面临哪些管理问题？
3. 日正食品公司营业所导入 AVM 之前，营业所活动有哪些？为何仍无法提升营业所的绩效？
4. 管理议题的决定应该要注意什么？如何决定？
5. 决定营业所的价值目标时要注意什么？如何决定？
6. 资源分类与动因的决定要注意什么？如何决定？
7. 作业设计、作业属性与作业动因的决定要注意什么？如何决定？
8. 就整体而言，渠道导入与制造端导入 AVM 有什么主要不同？

附录　相关概念和理论

本附录针对案例分析和应用涉及的主要相关概念和理论进行说明。

1. 包裹销售（产品捆绑销售）与交叉补贴

交叉补贴（Cross-Subsidization）这个名词在多个领域中都有提及，如会计领域、管理策略领域与营销领域，虽然个别的定义不相同，但是却拥有同样的逻辑，就是一个目标（如产品成本、市场或是产品利润）的财务数字刻意流向另外一个目标。

会计领域的交叉补贴是指成本计算错误；当间接成本与数量相关的分摊基础没有直接的因果关系，传统成本法的分摊基础会导致交叉补贴，以产量为例，也就是低产量的产品目标会多分摊成本，产量高的产品会少分摊成本，造成成本计算的错误（Tai, Wang 和 Katrichis, 2015）。

管理学中的全球化竞争策略相关文献（Hamel 和 Prahalad, 1985）是提及交叉补贴的概念代表，当一个全球化的公司要在本国以外的海外地区开拓新市场时，他很可能会使用交叉补贴策略。从资源角度而言，如果设立于 A 国的新公司可以拥有母公司的资源支持,所以可以将获利降低,低到竞争对手无法跟进的程度,所以顺利取得市场占有率,成功地于 A 国当地开创市场(Hamel 和 Prahalad, 1985)。

交叉补贴的概念用于营销领域,通常是将交叉补贴与产品捆绑销售(Product Bundling Sales)一起讨论。经济学领域中讨论的包裹销售可以分为纯包裹销售,非包裹销售与混合包裹销售。纯包裹销售代表顾客必须同时购买多种产品,非包裹销售代表顾客可以单独购买某种产品,混合包裹销售代表顾客可以选择单独购买某样产品或是必须同时购买某些产品,以往文献显示混合包裹销售的获利程度高于非包裹销售(Adams 和 Yellen, 1976)。

2. 顾客服务内容

(Howell 和 Soucy,1990)列举顾客服务的相关内容包含如表 12-6 所示。

表 12-6　顾客服务的相关内容

服务内容 (Howell 和 Soucy,1990)	本案例所提供之补充说明
1. 数量折扣	当顾客购买数量达到一定规模所给予的折扣
2. 佣金	当有中间人协助商业行为的促成,公司所提供给中间人的劳务报酬
3. 业务支持	提供给业务人员或业务部门的行政支持。例如,回复顾客问题与邮件、处理顾客抱怨与追踪相关销售案件进度
4. 存货支援(Inventory Support)与配送支援(Distribution Support)	存货支持包括存货管理、仓储、配送、零件供应等。配送服务包括订单处理、出口贸易文件准备、保险等
5. 存货存量维持要求	顾客要求公司必须备有一定数量的库存,用于面对额外需求时作为缓冲
6. 货运条件	货运条件与收款时间点有关,例如起运点交货与目的地交货
7. 赊销与收款支援	赊销与收款支持包括赊销核准、开立账单、应收账款管理(如提醒顾客偿还应收款还款)
8. 应收账款周转天数	长时间且定期追踪应收账款周转天数,确认顾客还款能力变动
9. 订单输入与顾客服务	类似业务支持与存货支持
10. 驻点技术援助服务(Field Service)	例如,工地施工等情况,公司派驻相关员工于现场直接处理与公司销售产品或服务之相关问题

3. 定价策略

无论从营销角度还是管理会计角度,设定"正确"的价格是一件相当具有挑战性的任务,因为价格必须是顾客能够且愿意支付的金额,同时此金额又需要考虑公司是否能从这个定价之中获利,让公司可以生存。从营销角度 Dhruv Grewal 和 Levy(2016)提出三种定价方式:

(1) 成本基础法(Cost-based Method)。

实施方式:以成本金额为起点,加上一定获利比率或获利金额后成为销售价格。

优点:①简单易于实施。②较能保证获利。

缺点:①没有考虑消费者与竞争对手。②若成本信息错误将可能造成损失。

(2) 竞争基础法(Competitor-based Method)。

实施方式:以竞争者价格为基础,决定产品或服务之价格。

优点:①简单。②能传达意义。当价格与竞争对手相近,能使顾客将其解读为两种产品、服务质量类似。若价格较竞争对手高,能让顾客解读为本公司产品、服务质量较竞争者好。

缺点:未考虑成本,可能造成损失。

(3) 价值基础法(Value-based Method)——改善价值法。

实施方法:①通过问卷调查等方式,了解公司估计此产品、服务的各个新增改良部分(如性能、外观等改良)价值(A),以及消费者认定各个改良部分的重要性给予权重(B),以类似产品的价格(C)为基础加上此价值为新价格(新价格=C+A×B)。

优点:①将消费者认定需求的价值纳入考虑,可有较高较合理的价格。

缺点:①消费者认定的价值改变快速。②不同顾客群不同市场区隔需要进行不同调查,较为复杂。

4. 业务推销(Personal Selling)

业务人员在企业对企业(Business to Business:B2B)的销售过程中,有一定的流程,这是营销管理的重要一环。Kotler(1998)提出推销的流程,简述如表12-7所示。

表 12-7 推 销 过 程

大分类	编号	步骤	说 明	相关行动举例
规划	1	决定对象	在进行任何销售活动之前,必须先确定销售的对象,公司可能会提供潜在顾客名单给业务人员,或由业务人员自行搜寻相关信息	1. 询问现有顾客可能的潜在顾客 2. 由供货商、非竞争对手与经销商等搜集顾客名单与联系方式 3. 发放邮件或拨打电话寻求相关潜在顾客联系方式 4. 由报纸杂志等的公开信息搜寻相关数据
规划	2	接触前准备	业务人员于接触客户之前要对顾客有所理解,并且决定最佳的接触方式	1. 了解公司的可能需求为何 2. 谁是关键人物,能够做采购决定 3. 何时是最佳的接触时间点 4. 拟订销售策略
接触	3	接触	发展顾客关系的第一次见面	1. 业务人员的穿着可依顾客不同进行必要更换,让自身穿着与顾客类似 2. 与顾客说话的话术训练
接触	4	演示与简报	向顾客说明自身公司产品与服务,如何让顾客获得好处	1. 获得顾客注意 2. 引起顾客的购买需求 3. 引领顾客进行购买行为

(续表)

大分类	编号	步骤	说　　明	相关行动举例
接触	5	克服拒绝	顾客拒绝业务人员的提案	顾客的抗拒分为心理与逻辑面： 1. 心理面：品牌偏好、不喜欢业务人员、无法放弃现有的东西或不喜欢做决策等 2. 逻辑面：不满意价格、不满意交货条件、不喜欢特定产品、不喜欢公司
接触	6	结束销售	销售与推销流程结束，到确定订单的步骤	业务人员要决定何时是结束销售的时间点，可由不同讯号观察，包括顾客的问题、顾客的心理状态与顾客的评论等，进行判断
后续追踪	7	后续追踪	顾客订单确定之后，追踪后续交货时间等顾客在乎的购买条件，确保顾客满意	顾客所在乎的交易条件必须追踪，确保达成。例如： 1. 购买品项正确 2. 交期正确 3. 额外服务需求等

参考文献

[1] ADAMS W J, YELLEN J L. Commodity bundling and the burden of monopoly[J]. The Quarterly Journal of Economics，1976：475-498.

[2] DHRUV GREWAL, LEVY M. Marketing[M]. 5 TH ed：Richard D. Irwin, Inc. 2016.

[3] HAMEL G, PRAHALAD C K. Do you really have a global strategy[J]. Harvard Business Review Juli/August. 1985.

[4] HOWELL R A, SOUCY S. Customer profitability. Management Accounting[J]. 1990，72（4）：43-47.

[5] KOTLER P. Marketing management[M]. 9th edition：Prentice Hall. 1998.

[6] TAI Y-H, W-Y WANG, KATRICHIS J. The Impact of Improved Costing Methods on Customer Portfolio Management Activities. Advances in Management Accounting[M]. Emerald Group Publishing Limited，2015：259-287.

[7] 吴安妮. 管理会计技术商品化：以 ABC 为核心之作业价值管理系统（AVMS）为例[J]. 会计研究月刊，2015(359)：20-24.